ILS SONT PARTOUT SUR LES ROUTES

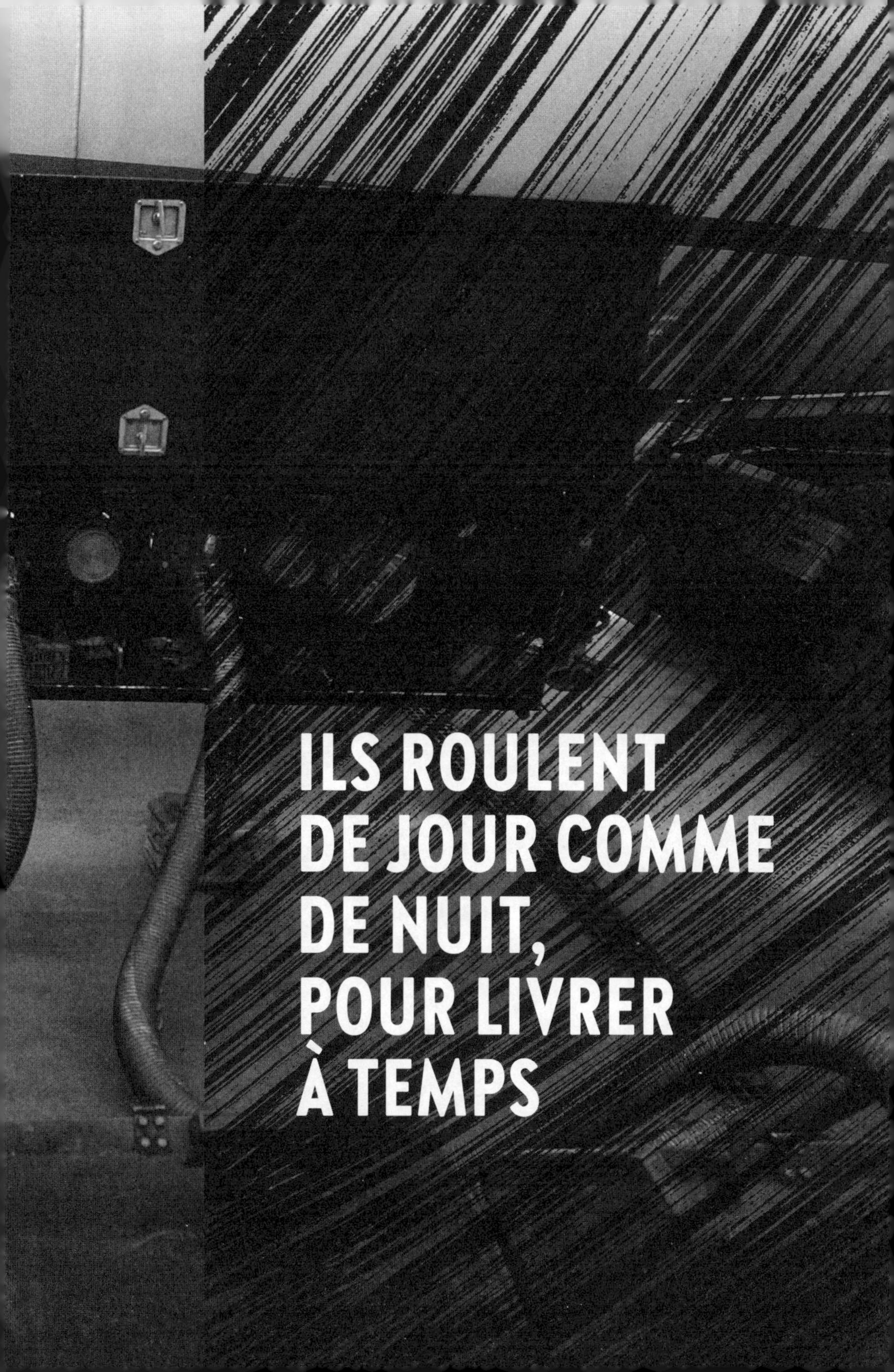
ILS ROULENT
DE JOUR COMME
DE NUIT,
POUR LIVRER
À TEMPS

Toupinette
VOLVO

ILS SONT INDISPENSABLES À L’ÉCONOMIE, MAIS SE SENTENT MÉPRISÉS

SANS LES ROUTIERS, TOUT S'ARRÊTE

MAIS QUE
SAIT-ON
D'EUX ?

SAINT POL DE LEON

DU MÊME AUTEUR

Bertrand Tavernier, Flammarion, 2001

Je prends la liberté, avec Jacques Gaillot, Flammarion, 1999

L'Esprit de résistance, avec Serge Ravanel, Le Seuil, 1995

La Haine antisémite, avec Serge Moati, Flammarion, 1991

L'Iconoclaste
26, rue Jacob, 75006 Paris
Tél. : 01 42 17 47 80
iconoclaste@editions-iconoclaste.fr
www.editions-iconoclaste.fr

JEAN-CLAUDE RASPIENGEAS

ROUTIERS

L'ICONOCLASTE

À mon père,
qui connaît la route et le chemin

L'aventure de ce livre, inattendue, démarre à la faveur d'un reportage pour mon journal, La Croix, *qui se prolongera par une série d'été.*

Janvier 2019. C'est l'hiver. Je pars pour L'Escale-Village, le plus grand resto routier de France, à Déols, près de Châteauroux, ouvert jour et nuit depuis 1937. Pour décrire ce chaudron de l'intérieur, raconter le rythme des serveurs, la cadence des cuisiniers, l'enchaînement des heures, l'atmosphère de passage, la solitude nocturne et la gestion d'un lieu où chaque nuit viennent se poser près de deux cents poids lourds.

Dès le premier soir, passé le round d'observation pour dissiper la méfiance que provoque la présence d'un journaliste dans leur cercle, les routiers commencent à me raconter leur vie, loin de chez eux, enfermés dans leur cabine, prisonniers d'une perpétuelle urgence. Un mot revient toujours dans la conversation, écho d'une souffrance que je sens ravalée : le mépris... Le regard porté sur eux.

C'est la fréquence de ce mot, chargé de violence symbolique, et la répétition des témoignages qui me poussent à vouloir connaître ce monde, privé d'attention, de compassion, de solidarité, et à y entrer.

À chaque saison, j'embarque avec eux pour plusieurs jours.

Le printemps avec la Normande Annick Niquet (Toupinette) et son porte-conteneurs qui, tous les jours, fait la navette Le Havre-Paris.

L'été avec le joyeux conteur girondin Pierre Audet (Pierrot 64), pédagogue formateur, bon vivant, dont je vais découvrir la part de drame que lui a réservé la route.

L'automne avec le Mosellan Bruno Triquet, au verbe rare mais précis, au flegme imperturbable, qui suit son bonhomme de chemin mais gamberge en écoutant des radios québécoises.

L'hiver avec la Martiniquaise Stivelle Malfleury (Maya 972), vibrionnante routière de poche, toujours rigolarde, qui roule la nuit.

Ils m'acceptent dans leur cabine, intrigués qu'on s'intéresse de si près et si longtemps à la réalité de leur condition. Ils m'invitent chez eux, me reçoivent avec hospitalité. Les discussions s'éternisent autour de bons repas. Généralement le week-end, avant de reprendre la route pour la semaine. Je vois et je vérifie ce qu'ils disent. J'interroge beaucoup d'acteurs de cet univers dont j'ignorais tout. J'enquête.

Je découvre des rites, un folklore, l'épaisseur, rude et fraternelle, d'une culture, ouvrière et populaire, qui en mérite le nom, sur fond de valeurs, de transmission et de rayonnement, à laquelle personne ne prête attention.

Ouverts, coopératifs, expérimentés, routières et routiers m'ont beaucoup parlé, expliqué, décrit, montré. Ils m'ont surtout accordé leur confiance.

MOTEUR !

« Peu importe l'endroit du globe où il vit, la marque du camion qu'il conduit ou la marchandise qu'il transporte, le chauffeur routier est partout un homme à part. »

Carole Pither, *Un camion dans la tête*

Les routiers sont partout. Et on ne les remarque pas. Omniprésents, ils sont invisibles. Indispensables, ils sont ignorés.

Même dans la période critique du coronavirus, au printemps 2020, alors que leur engagement était vital pour toute la société, ils ont été oubliés, abandonnés à leur sort.

Personne dans l'opinion ne prend conscience, y compris en temps de survie générale, que tout, absolument tout, dans notre existence comme dans l'économie de nos sociétés, passe par les routiers, arrive par eux, nous parvient grâce à eux. Tout ce que nous désirons, voulons, produisons, échangeons, achetons, consommons.

Quand les boutiques ont fermé, le recours massif et paniqué à l'e-commerce a reposé *in fine* sur leur disponibilité. Mais nul ne s'intéresse à la réalité de leur condition ni ne leur demande leur avis.

Ignorés. Caricaturés. Méprisés. Partout. Tout le temps. Qualifiés de grandes gueules, rustres, bas de plafond, incultes, sans manières. Où qu'ils aillent, plus personne, par exemple, ne leur offre un café. Ce geste d'accueil, si spontané, si simple qui, le temps d'un moment partagé, soude des communautés éphémères et délie la parole, ne leur est plus accordé. Ce détail, le « petit noir » jamais proposé, symbole d'indifférence, ils le remarquent, s'en plaignent souvent, en parlent beaucoup.

Rivés à leur volant, ces galériens solitaires ne jouissent pas de l'estime réservée à d'autres catégories sociales, ne serait-ce que pour saluer le haut degré de formation, d'organisation et de maîtrise technologique que nécessite aujourd'hui la conduite d'un poids lourd. L'estime, ils se la forgent eux-mêmes, avec rudesse, sur fond de ressentiment.

Leurs monstres lancés sur les routes inquiètent. On les craint. Ils font peur. Ils peuvent tuer. Ils tuent par accident.

Beaucoup de chauffeurs meurent aussi, perclus de fatigue, de stress, de cadences, le corps usé, au bout du rouleau, victimes d'AVC, de burn-out, écrasés dans leur cabine qu'ils ne quittent jamais.

Il est loin le temps où les automobilistes les saluaient, d'un geste de la main, les remerciaient à l'occasion d'un coup de klaxon, où le chauffeur répondait par un appel de phares complice, où RTL leur réservait quatre heures d'antenne tous les soirs, où Max Meynier popularisait l'expression « les routiers sont sympa », les appelant « les artistes », leur octroyant une fierté aujourd'hui perdue.

Au XXe siècle, le camion puis le poids lourd devient l'outil universel du développement des sociétés, l'instrument idéal pour assurer la fluidité des échanges. Même long et massif (44 tonnes chez nous, jusqu'à 60 tonnes dans certains pays-continents), il va partout, se faufile jusque dans les coins les plus reculés. Il est le plus économique des moyens de transport. Ni l'avion, ni le bateau, ni le train ne peuvent rivaliser avec lui en souplesse, en réactivité.

On peut le déplorer, s'en inquiéter, crier au désastre écologique, le nombre de poids lourds ne cesse d'augmenter. Les sociétés comme les économies ne peuvent se passer ni des camions, ni des routiers. Ils ne disparaîtront pas de sitôt.

En trente ans, le trafic a augmenté de 50 %. En France, pays de transit traversé par ce flot massif et ininterrompu, le TRM (transport routier de marchandises) représente

88 % du transport de marchandises. Le secteur, avec ses 37 200 entreprises dans l'Hexagone, emploie 420 000 personnes, dont 358 000 routiers.

Dans le secteur du transport routier, bastion viril et machiste, les femmes ne sont admises qu'au compte-gouttes. Réduites au rang de Pénélope, à guetter le retour du guerrier, certaines ont pris le volant par les cornes. Les pionnières ont défié les hommes, jusque sur les routes les plus périlleuses. Recrutées avec méfiance, reçues avec distance, voire hostilité, importunées avec insistance, elles ont dû se faire une place et s'imposer. Encore très minoritaires sur les routes, elles sont à peine 3 % dans l'une des rares professions où l'égalité des salaires hommes-femmes est respectée.

Dans un monde soucieux d'écologie, de sauvegarde environnementale, affolé par l'urgence climatique, les routiers sont montrés du doigt, vilipendés, stigmatisés comme pollueurs, destructeurs de routes, dangers publics. Sans que l'on voie leur place dans la société. En réalité, les poids lourds condensent les maux de l'époque. Inconscience et inconséquence.

Les routiers sont les soutiers de la mondialisation, l'une des variables d'ajustement de l'économie du « flux tendu ». Des fantassins du *just in time* (juste-à-temps) que l'essor fulgurant de l'e-commerce, la sophistication de la logistique, le besoin forcené de traçabilité et nos impatiences de consommateurs contribuent à pressurer. Qui se soucie du tortueux et si rapide cheminement des objets de nos désirs ? Qui se demande à quoi ressemble l'existence de ces porteurs au long cours ?

Au milieu des années 1960, face à la grogne des automobilistes englués derrière eux dans d'interminables embouteillages, enfumés par leur pot d'échappement, les routiers avaient plaqué à l'arrière de leur remorque, bien en évidence, ce rappel : « Je roule pour vous. »

Ce que le consommateur du XXIe siècle commande, il exige qu'on le lui apporte sur-le-champ. Pour l'appâter, les sites sur Internet lui garantissent qu'il sera livré au plus vite. Et gratuitement. Pourquoi devrait-il attendre ? Le moindre retard le met sur les nerfs. Il tempête, réclame des compensations.

Il n'a d'attention que pour le carton, pas pour le livreur. Le consommateur est un vieil enfant capricieux. Il a besoin de sa dose de Père Noël. Les rennes et les traîneaux, ce sont les camions qui encombrent les routes, souillent l'atmosphère, et qu'il dénonce avec bonne conscience.

Se sent-il quelque peu responsable ? Pas le moins du monde. Cherche-t-il à connaître l'origine et le circuit de l'exploitation des uns et des autres ? Pas vraiment.

Un camionneur, s'insurgeant contre l'image négative de « nuisance » que la société renvoie de son métier-passion, lâche : « Je suis loin des miens pour que vous ne manquiez de rien... »

Tout est acheminé, nuit et jour, par un réseau de fourmis infréquentables. Toute l'économie est suspendue à ce manège incessant de convois, relégués aux marges des villes, détournés et parqués vers les confins d'immenses plateformes logistiques qui dessinent les nouvelles frontières périurbaines. Ces parallélépipèdes grisâtres, *no man's land* sous surveillance, laboratoires de la nouvelle ère numérique, où s'active un peuple d'intérimaires que commandent des robots, sont alimentés en permanence par le carrousel des poids lourds. Dans ce décor impersonnel de quais et d'entrepôts, la réserve vitale du monde contemporain est approvisionnée. À l'abri des regards, épargnée par la curiosité.

Jamais le monde n'a été aussi dépendant des routiers. Dans tous les secteurs d'activité, le seuil critique d'autonomie n'excède pas quarante-huit heures. L'économie serait vite en péril si les chauffeurs jetés sur les routes coupaient le contact, tiraient le frein à main et restaient bras croisés sur le volant. L'ensemble du système de production-distribution repose sur la flexibilité des routiers, sur leur exploitation à outrance. La crise de 2020 n'a fait que le confirmer et l'amplifier.

Or on manque de chauffeurs. Les transporteurs en cherchent partout, jusqu'au bout du monde. Ceux qui triment vieillissent sur la route. Et les jeunes répugnent à les remplacer.

En 1957, dans *Routiers*, livre au style magnifique révélait la rudesse de leur vie, Louis Caro écrivait : « Ce sont des gens à part. Ils n'ont qu'un but : arriver en temps voulu, à bon port, avec leur chargement intact. Ils n'ont qu'une loi : la loi fraternelle et exigeante de la route. Ce sont des errants perpétuels ; ils ne vivent qu'en passant. »

Routier… Ce métier de passe-frontières, avec ses épopées lointaines, sa mythologie de débrouillard, ses postures de fiers-à-bras, sa solidarité à toute épreuve, s'effondre. Victime de sa mauvaise image, de ses conditions de travail, de ses salaires au rabais, torpillé par la concurrence sauvage et déloyale des pays de l'Est encouragée par une Europe si peu sociale, où le coût du travail peut varier de un à dix, selon les pays.

Avant, disent les anciens, les chauffeurs se respectaient. Aujourd'hui, la concurrence internationale, l'urgence de livrer, la guerre des prix et des salaires achèvent de dégrader l'ambiance sur la route.

« Ne méritent-ils pas qu'on les mette en lumière ? », demandait Louis Caro. Tentative de réponse, ce livre entrepris début 2019 vise à faire partager la grande solitude de leurs jours et de leurs nuits, loin de chez eux, enfermés dans leur cabine, les mains collées au volant, le regard sur le bitume, perdus dans leurs pensées.

À les suivre sur les aires d'autoroute, sur les parkings où ils échouent, dans les restos routiers, condamnés à mal manger, et trop vite, à mal dormir sur leur couchette étroite, à souffrir des horaires décalés, à se soumettre à des plans de route erratiques, à cravacher pour rattraper des retards irrattrapables.

À montrer aussi comme on les traite, le plus souvent comme des chiens, des moins-que-rien.

À raconter ce que signifie, aujourd'hui, être corvéable.

À leur accorder ce qui leur est trop souvent refusé. Apprendre à les connaître, à les écouter parler de leur passion de la route, se décrire en hommes libres, à les entendre soupirer, amers, frustrés, de n'avoir ni vécu avec leur famille ni vu grandir leurs enfants.

À pénétrer dans cet univers opaque et malmené, le monde des routiers.

ROULER AU TEMPS DU COVID-19

> *« Tout travailleur a droit à des conditions de travail qui respectent sa santé, sa sécurité et sa dignité. »*
>
> ***Charte des droits fondamentaux de l'Union européenne,*** article 31

« On nous traite comme des pestiférés ! » Mi-mars 2020. Ce cri de rage se répand comme une traînée de poudre sur les réseaux sociaux. La vague pandémique de Covid-19 envahit la France. Tous aux abris. Le président de la République parle solennellement de « guerre ». Parmi les « soldats de la deuxième ligne », les routiers ont droit à un traitement discriminatoire. Les témoignages précis, circonstanciés, affluent. Aires d'autoroute, parkings, restaurants, douches et sanitaires leur sont fermés. On leur refuse l'entrée des stations-service, des entrepôts, la présence sur les quais, l'accès aux salles de repos. Dans une usine, à Vesoul, ils découvrent ce panonceau sur le distributeur automatique de café : « Strictement interdit aux routiers ».

On les tient à distance, sans ménagement. Roule et tais-toi ! Certains se filment et font circuler leur dégoût sur Facebook. On les voit éructer ; d'autres craquent, pleurant de colère, d'injustice, d'impuissance.

Il faudra du temps, presque deux semaines, pour que les autorités, alertées chaque jour, commencent à se pencher sur leur sort et consentent à les ranger parmi les « héros du quotidien ». À comprendre qu'il y a danger à laisser s'envenimer la situation, qu'il faut réagir pour endiguer une nouvelle colère sociale. Les médias et l'opinion publique tardent à voir que les routiers accomplissent une mission. Ils ravitaillent le front : les hôpitaux, les pharmacies, et les entrepôts de la grande distribution pour nourrir la population. Ils apportent l'essentiel dans un pays qui sombre, faute de s'être préparé à cette invasion virale. S'ils s'arrêtent, tout s'arrête.

Les routiers maintiennent le lien. Avec les moyens du bord, guère plus. Longtemps sans disposer d'équipements de protection élémentaires, sans masque ni gants. Les transporteurs finissent par leur fournir du gel hydro-alcoolique. Quand un parking les accepte ou qu'une aire leur est enfin ouverte, les sanitaires sont fermés ou rarement désinfectés. Faute de personnel, le plus souvent.

Les cabines se transforment en garde-manger, salle de bains et sanitaires de fortune. Conserves, nourriture industrielle glanée ici ou là pour manger. Bassines, packs d'eau et lingettes pour se laver dans l'habitacle. Les femmes souffrent plus encore de cette situation humiliante. « Les conducteurs travaillent dans des conditions déplorables et inhumaines », dénoncent les organisations professionnelles, qui lancent les mots-dièse #OnRoulePourVous et #AidonsLesRoutiers afin de centraliser les informations de secours. « La clef de toute victoire en temps de guerre, c'est le transport et la logistique », insiste Florence Berthelot, déléguée générale de la FNTR (Fédération nationale des transports routiers).

Les premiers jours de la pandémie, représentants patentés de l'agroalimentaire, de la grande distribution et ministres se relaient dans les médias. Il n'y aura pas de pénurie, assurent-ils à une population qui dévalise les magasins. La sécurité de l'approvisionnement alimentaire sera garantie, répètent-ils, sans une parole pour les chauffeurs, chargés de consolider ce pont fragile.

Une nouvelle fois, les routiers se retrouvent confrontés au sentiment d'abandon et à leur éternelle solitude. Leur amertume constante, depuis des années, face au mépris dont ils sont l'objet, vire en quelques jours à la révolte. Mais pour autant, ils ne suivent pas les mots d'ordre des syndicats qui les poussent à lever le pied, à descendre des camions, à exercer leur droit de retrait. Ils continuent à rouler, par sens du devoir, pour ne pas dégrader davantage leur image en ces temps difficiles, et parce qu'ils sont étranglés financièrement. Avec près de la moitié de la profession à l'arrêt, la plupart des conducteurs, mis au chômage partiel, se retrouvent avec moins de 1000 euros net par mois. Certains prennent un congé anticipé. Tous savent que l'été, ils le passeront à trimer pour rattraper le retard pris par l'économie sinistrée.

Fin avril 2020. Les « pestiférés » paient leur tribut à cette pandémie. 35 morts, 5500 malades parmi les chauffeurs. Le bilan est à la fois lourd et moins important qu'on ne pouvait le redouter, au regard de l'hécatombe générale et de leur exposition quotidienne sur les chemins du virus. Blindés face aux épreuves, les routiers ont décidément la peau dure.

Au fil des jours, la situation s'améliore, par petites touches, de manière inégale, anarchique. Loin des discours officiels volontaristes, rideaux de fumée que déchire l'abondance des témoignages, c'est du rafistolage, un peu partout, au cas par cas, avec une gestion erratique des aires de repos, des stations-service, de l'accueil dans les usines et les entrepôts. Une chaîne de solidarités, initiatives isolées d'entreprises ou de particuliers, se met en place, mais trop discontinue et sans réelle organisation. Bison futé sort de sa réserve pour répertorier les oasis avec douches et sanitaires ouverts. Des sociétés d'autoroutes font quelques gestes.

Le seul avantage de cette drôle de période est de rouler, dans une ambiance étrange, sur des axes délestés des automobilistes et de la moitié du trafic habituel des camions. Donc de gagner du temps, ce bien si précieux après lequel les routiers courent sans arrêt. Pourtant, les heures au volant s'allongent. Interdits de quai, condamnés à rester dans leur cabine lors des phases de chargement-déchargement, les chauffeurs, pourtant responsables de ce qu'ils transportent, ne voient ni ce qui monte dans leur camion ni la manière dont la charge est répartie. Une opération qui, mal menée, peut compromettre leur tenue de route et leur sécurité au volant.

Leur nombre et la densité de leur présence demeure un indicateur fiable de la vitalité d'un pays. Deux mois après le confinement général, le retour et la montée en puissance des poids lourds est le signe le plus visible d'un frémissement de reprise. Dans cette économie du flux tendu, les stocks en souffrance ne peuvent plus attendre. Les usines manquent de matières premières, de pièces détachées, d'éléments d'assemblage. Les chantiers doivent redémarrer, les magasins rouvrir. Et les consommateurs n'ont qu'une hâte, retrouver au moins les apparences d'une vie normale.

Les routiers font la soudure. Comme d'habitude.

1

SUR LA ROUTE AVEC BRUNO TRIQUET

« Il y a des routes où l'on se fait les muscles, et d'autres où l'on voudrait s'endormir, tant elles sont douces. J'aime mes outils, j'aime le bruit de mon diesel quand il cogne à plein tube dans une côte et qu'il enlève ses 10 tonnes comme une fleur. J'aime les types de ma corporation, parce que c'est une bande de durs qui, en général, savent vivre, qui n'ont pas peur de se salir les pattes, ni de donner un coup de main aux copains. »

Georges Bayle, *Du raisin dans le gaz oil*

PREMIER JOUR

3H, UN LUNDI DE NOVEMBRE
BURLIONCOURT (MOSELLE)

Le réveil, inutile, vient tirer Bruno Triquet des eaux noires où s'agitent ses sombres pensées. Sa nuit a été scandée, tous les quarts d'heure, par la cloche de l'église. Le sommeil ne venait pas.

« C'est dur ! J'ai dû dormir deux heures. Le blues du dimanche soir et l'angoisse de ne pas me réveiller. C'est comme ça toutes les semaines. » Il est là, dans sa cuisine, la mine fripée devant son café, Thermos à portée de main, sans rien avaler d'autre que cet excitant. Sa femme, Chantal, est restée au lit.

Dans ce village de 180 habitants, Bruno est sans doute l'un des rares d'attaque à cette heure-ci. Olivier, son frère cadet, routier lui aussi, a décollé il y a une demi-heure. Jérémy, son neveu, sur les traces de ses aînés, va suivre. Ils sont sept dans la famille Triquet à « tenir le cerceau ». Trois générations de camionneurs.

4H

Cueilli par la fraîcheur humide de l'automne, Bruno, équipé d'un sac à dos avec ses effets de rechange pour la semaine, se hisse dans son Volvo 500. Il ne sera de retour que vendredi soir. Ou samedi. À moins que la déveine de la route ne l'arraisonne sur un parking, loin de chez lui, pour le week-end. Comme tant d'autres.

Clef de contact. Le tableau de bord s'illumine. Bruno glisse sa carte personnelle, le mouchard portatif, dans la fente du chronotachygraphe. Le moteur s'allume, la cabine vibre, le temps d'installer ses affaires, de se caler sur le siège. Inspection rapide pour vérifier l'état général de son outil de travail, jauger les pneumatiques, détecter une fuite éventuelle d'eau, d'huile, de gas-oil.

Pour épargner le moteur, Bruno traverse lentement son village natal. Blottis sous l'édredon, dans leur demi-sommeil, certains habitants doivent reconnaître ce bruit familier. Ils songent peut-être, sans connaître leur drôle de vie, à ces enfants du pays qui partent on ne sait où avec leur cargaison.

Bruno se tourne vers moi, son passager pour la semaine. « Vous voyez la loupiote bleue sous le tableau de bord ? À partir de maintenant, mon patron sait que je suis sur la route. Il peut me suivre à la trace, minute par minute, avec exactitude, vérifier le nombre de kilomètres que j'ai avalés, et à quelle distance je me trouve de ma prochaine destination. »

Au loin, une voiture sort en marche arrière d'un garage. « C'est Jérémy. Il part à son tour. » Appel de phares complice. Les feux de son neveu s'évanouissent au loin.

Bruno accroche sa remorque, stationnée le week-end en lisière de la commune. Espadrilles aux pieds pour conduire, il retraverse Burlioncourt avec son lourd chargement – 24 tonnes de conserves, qui s'ajoutent aux 17 tonnes du tracteur –, qu'il doit livrer à Ludres (Meurthe-et-Moselle), près de Nancy. À une heure de route.

Premières rafales de vent et de pluie. Les feuilles mortes virevoltent devant le pare-brise. Au-delà du ballet des essuie-glaces et de la trouée des phares, partout l'obscurité.

Secoué mollement sur son siège hydraulique, Bruno manœuvre pour franchir la pénible série de ronds-points et de « gendarmes couchés » qui cassent l'allure aux carrefours et protègent l'entrée des communes. Cette mise en jambes déverrouille les muscles de ses épaules et de ses bras, sollicités pour enrouler et dérouler le volant. Compas dans l'œil et juste impulsion du pied pour freiner puis relancer, avec déjà dans les reins les obsessionnels coups de boutoir de la remorque qui encaisse chaque obstacle, Bruno se plaint de la dégradation des nationales, aux chaussées défoncées. « Depuis 2013, depuis que la charge des poids lourds est montée à 44 tonnes, les routes ont souffert. Les départements n'ont pas les moyens de les entretenir. »

5H
LUDRES (MEURTHE-ET-MOSELLE) - KM 50

Ponctuel, Bruno se présente à l'entrée, gardée et surveillée, de l'un de ces entrepôts gigantesques où les poids lourds viennent charger et décharger.

Interphone. Une voix enregistrée répète mécaniquement que sa demande est prise en compte. La barrière tarde à lui céder le passage. Pas de contact humain.

À la réception, derrière leur guichet, deux employés, gilet de sécurité sur les épaules, ne lèvent pas les yeux de leur ordinateur. Ni bonjour ni sourire. Plusieurs chauffeurs poireautent. Personne ne se préoccupe d'eux alors qu'ils viennent livrer ce qui a été commandé.

Pendant ce temps, casque émetteur sur les oreilles, des caristes exécutent les ordres qu'une voix de synthèse numérique leur transmet. Ils glissent, avec la cargaison qu'ils amassent au fur et à mesure des indications, le long d'interminables rangées de structures métalliques où la marchandise s'étage jusqu'à 20 mètres de haut. Ballet bien réglé, ambiance de film à la Jacques Tati, ponctuée de bips intempestifs pour signaler le passage d'un chariot élévateur qui s'annonce par ses clignotants bleutés.

5H30

Le jour n'est pas levé. Les chauffeurs attendent toujours. Aucune explication. Ils se regardent, haussent les épaules. Ils ont renoncé à toute forme de révolte ou d'énervement qu'ils savent contre-productive. Armée désordonnée de fantassins, soumis au bon vouloir des réceptionnaires. Et au pouvoir tout-puissant des caristes qui, sans avoir à se justifier, décident du moment et de l'heure où ils entreront en action, sans tenir compte de la charge de travail des routiers ni même leur accorder l'aumône d'un mot, d'une poignée de main.

Triste et saumâtre spectacle d'une classe ouvrière qui achève elle-même de briser la solidarité traditionnelle qui la liait et la rendait forte. Une hiérarchie absurde et sans fondement se met insidieusement en place, anonyme et fonctionnelle. Le capitalisme peut se frotter les mains. Il est parvenu à ses fins. La classe ouvrière est désormais fracturée, divisée, atomisée. Affaiblie, donc corvéable à volonté. Indispensables et négligés, les routiers en sont l'un des meilleurs exemples.

5H40

Des employés et des caristes entrent et sortent du bureau, sans un regard pour les chauffeurs. Quarante minutes se sont écoulées avant que l'un des réceptionnaires ouvre enfin la fenêtre de son guichet, papiers en main, et s'adresse à Bruno. « Tu vas quai 36 ! » C'est un tutoiement de supériorité, non d'égalité ni de camaraderie. Partout, le routier est traité comme un moins-que-rien, par cette forme détachée de routine impersonnelle.

6H

Installé à quai, Bruno enlève les barres « stop fret » qui bloquent les palettes pour les empêcher de bouger sur la route. Puis il attend de nouveau. Un cariste surgit soudain et s'engouffre dans la remorque. Il exécute le boulot sans un mot. Quand Bruno retourne à la réception récupérer sa « lettre de voiture » (son ordre de mission, avec le détail de la cargaison, la preuve du lien de l'expéditeur au destinataire), il est cette fois à la merci d'une vérificatrice qui vient d'embaucher. Elle papote avec ses collègues, prend son temps et disparaît sans que Bruno sache si c'est elle ou un autre qui va passer en revue sa livraison.

6H35

Une demi-heure plus tard, elle réapparaît, toujours aussi fermée, pour transmettre des papiers qu'un employé parcourt des yeux. Signature, coup de tampon, glissement de la vitre. Pas un au revoir, pas un merci. Les documents sont rendus à Bruno. Sans un mot.

Saynète ordinaire dans une plateforme logistique de la grande distribution. À ce petit jeu de l'indifférence, pour quinze minutes de déchargement, Bruno a déjà perdu plus d'une heure et demie qu'il ne pourra plus rattraper. Qui s'en soucie, dans ces bureaux où l'on travaille à heures fixes ?

6H45

Bruno ressort de cette enceinte fortifiée, l'un des fleurons flambant neuf d'une grande compagnie de logistique, l'une des plus importantes de France. « Il faut prendre son mal en patience. On n'a pas le choix. Même quand on arrive au bout de notre amplitude et qu'on les prévient de notre situation, ils n'en ont rien à foutre. C'est partout pareil. »

7H15
NEUVES-MAISONS, PRÈS DE NANCY - KM 60

Le Volvo 500 crapahute dans des ornières noires et boueuses, au milieu d'un décor du XIXe siècle. Usines métallurgiques aux vitres cassées, entassement de ferraille. Bruno vient charger onze bobines de fil machine pour du fer à béton. À livrer demain matin avant le lever du jour, à l'autre bout du pays, à Pierre-Buffière, dans le Limousin.

Sous une pluie battante et glacée, il dégrafe la bâche, la fait glisser, enlève les planches latérales qui maintiennent la structure de la remorque et la cargaison, fait coulisser les poteaux de soutien. Il attend. Encore et toujours.

Un cariste finit par rappliquer. L'opération est vite exécutée. Bruno doit maintenant sangler serrées ces lourdes bobines. Replacer les poteaux, fixer de nouveau les traverses latérales, refaire coulisser la bâche que la pluie alourdit. Quand il remonte dans sa cabine, il est trempé. Pas le temps de se changer, il séchera en roulant.

8H

Bruno tire ses 44 tonnes hors de ce bourbier, passe sur un pont de pesage, descend faire signer ses papiers en quatre exemplaires, remonte, franchit plusieurs barrières de sécurité avant de pouvoir s'élancer sur la grand-route.

Il envoie un SMS à son patron pour confirmer qu'il a chargé et qu'il met le cap sur Limoges.

Il a remis le compteur horaire à zéro. Tout routier a droit à deux fois 4 heures 30 de conduite. Avec une pause obligatoire de 45 minutes, qu'il peut fractionner en chemin (d'abord 15, puis 30 minutes) ou prendre en une fois.

Au volant, pris dans l'engrenage du flux tendu, soldats du juste-à-temps, les routiers ne cessent de calculer temps de conduite, temps de pause, temps de mise à disposition, temps de travail ; de refaire leurs comptes, d'estimer ce qu'il leur reste, d'imaginer, en tapotant sur leur écran de GPS, des trajets qui leur permettront de rabioter quelques minutes. Ils ont une épée de Damoclès à portée de regard : le chronotachygraphe numérique, qui enregistre tout et stocke les données.

Sous surveillance, les routiers sont des calculatrices ambulantes.

8H20

ROCADE DE NANCY - KM 75

Mauvaise heure. Bruno se retrouve d'entrée piégé dans les embouteillages. Pour occuper le temps, il appelle son frère et son neveu. Conversation à trois pour comparer leurs positions, évoquer leurs galères, discutailler de tout et de rien, tromper l'ennui, briser la solitude, évaluer s'ils ont une chance de se croiser.

8H45

Bruno avance à petits pas, à coups d'accélération et de freinage. Éprouvante, stressante, cette partie de yoyo est troublée par les automobilistes pressés qui se faufilent en douce, s'insinuent dans les angles morts, obligeant Bruno à piler en catastrophe son lourd convoi. Il ne proteste plus, n'enclenche plus sa puissante trompe de klaxon. « Ça ne sert à rien, soupire-t-il. Ils n'ont aucune conscience du risque qu'ils prennent, ni de nos contraintes. Ils forcent le passage. »

9H30

La perte de temps s'accumule. Quand Bruno, au travail depuis 4 heures du matin, s'extrait enfin de ce magma, il sort à peine de Nancy.

Un routier a droit, calculée sur 24 heures, à une amplitude de 15 heures, suivie de 9 heures de repos obligatoire en continu. Et, deux fois par semaine, à 13 heures d'amplitude, avec 11 heures de repos en continu.

10H15
RN4, STRASBOURG-PARIS

Bruno, en apparence placide, qui contrôle ses nerfs en toute circonstance, sur qui tout semble glisser, remarque tout, voit tout. Il parle peu mais ce qu'il dit exprime la profondeur d'une introspection à laquelle le voue sa solitude au volant. « J'adore conduire à l'automne et au printemps, regarder les paysages, les couleurs, les lumières des différentes saisons. J'aime toujours autant voir le jour se lever, rouler les nuits de pleine lune. Voyager, découvrir, ne jamais vivre la même journée. Mais impossible de dormir quand il fait trop froid, l'hiver, et trop chaud, l'été. »

Bruno s'interrompt. Sur la droite, un groupe de grues cendrées vient de se poser dans un champ. « Elles sont sur le chemin de leur migration. Il y a un grand lac pas loin. C'est toujours un spectacle, ici, l'automne. »

Comme bien des routiers, Bruno préfère les nationales, pour retrouver les sensations de la conduite et apercevoir des bribes de la vraie vie. Abordée en pilotage automatique, l'autoroute déroule son ruban de bitume uniforme, ses monotones lignes droites, lissant les paysages. Les nationales, que les patrons réclament de prendre pour éviter le surcoût des péages, font perdre plus de temps, usent les freins, augmentent la consommation, exigent plus de concentration. En dépit de leur attrait, elles se révèlent aussi plus stressantes à cause des conditions de circulation et des radars en embuscade. « L'idéal est d'alterner. »

Sur la route, Bruno appelle régulièrement Chantal, sa femme. « On s'ennuie beaucoup, à rouler seul pendant des heures. C'est monotone. On se téléphone pour que ça passe plus vite. » Dans la cabine, la radio émet en sourdine. Pas de musique ; Bruno a besoin d'entendre des paroles, toujours. « Les informations françaises – Macron, les gilets jaunes, les grèves, le terrorisme – me gavent. C'est trop déprimant. Pour changer d'air, je me branche en podcast sur une station québécoise, Truck Stop Québec, "la radio des camionneurs" où l'on cause de "camionnage". On y parle autrement, et d'ailleurs. Ça fait une présence, ça me permet de rêver. J'écoute aussi les podcasts de Georges Lang sur RTL. »

Bruno ne veut plus entendre parler des gilets jaunes depuis qu'il est resté bloqué douze heures, avec ses collègues d'infortune, sur cette même Nationale 4, entre Saint-Dizier (Haute-Marne) et Vitry-le-François (Marne), occupée par les manifestants. Avec des individus, assure-t-il, qui forçaient les remorques.

12H15

Un bip retentit. Bruno roule depuis quatre heures et quinze minutes. Il doit impérativement s'arrêter dans moins de quinze minutes. « C'est un réglage facultatif. Il est très utile. On a tendance à oublier les temps obligatoires de pause. On se retrouve vite en infraction. Tout s'inscrit dans le tachygraphe. »

12H30
A5, AIRE DE VILLENEUVE-VAULUISANT (YONNE) - KM 310

Pour sa pause, Bruno choisit généralement les 45 minutes en continu. Il se restaure, marche un peu, avale un café, prend des provisions.

13H15

Bruno est de retour au volant. Son patron l'appelle. Michael Lobstein possède quatre camions, conduit lui-même toutes les nuits, règle les problèmes au téléphone en roulant et passe ses week-ends à écluser la paperasserie. Nous le croiserons plus tard, sur la route.

Michael lui conte sa mésaventure du jour. Parti dimanche soir, il a roulé toute la nuit pour arriver chez son client à 6 heures ce matin. Il s'est mis à quai. Pendant sa coupure de neuf heures, il dort sur sa couchette tandis que son camion est déchargé et rechargé. Comme il y avait un peu de casse dans la remorque, le client a exigé qu'il assiste aux opérations. Stupéfaction du patron-routier, qui doit repartir aussi sec. « Et je dors quand ? »

« C'est un grand classique, insiste Bruno, après avoir raccroché. Quand il y a de la casse, le client se retourne contre le transporteur. Le coupable idéal, c'est le chauffeur. Sauf que, la plupart du temps, le matériel a été mal conditionné au départ ou mal déchargé pendant le sommeil du chauffeur. »

Bruno, qui a quitté l'école après son CAP de mécanicien d'entretien pour l'industrie, est entré dans le métier après neuf ans passés en usine. Durant une décennie, pour son plus grand bonheur, il a « fait de l'international », sillonnant l'Europe en tous sens. Signe des temps, son entreprise de Metz, délocalisée au Luxembourg, a été vendue à un fonds d'investissement américain. Puis revendue à deux reprises. En 2011, Bruno a été convoqué, avec ses collègues, pour encaisser un discours direct et brutal. « Vous nous coûtez trop cher. Nous allons prendre des chauffeurs des pays de l'Est. Messieurs, vous pouvez dégager ! »

Pour solde de tout compte, Bruno a obtenu une rupture de contrat conventionnelle. La blessure, restée vive, revient souvent dans la conversation. L'amour du métier en a pris un coup. « J'ai perdu le feu sacré. » Le champ d'action de Bruno se limite maintenant à l'Hexagone.

Le transporteur qui l'avait embauché, après cet épisode douloureux, a mis la clef sous la porte. Et son employeur actuel, dont il loue la compréhension et la rectitude, s'apprête à vendre sa petite entreprise... Cette perspective imminente inquiète Bruno, qui sait pourtant qu'il n'aura aucun mal à retrouver du travail, tant le secteur est désespérément à la recherche de chauffeurs. Les jeunes ne veulent pas de ce boulot mal payé qui ne fait plus rêver. On en est réduit à faire appel aux retraités.

Bruno travaille 200 heures par mois (dont 190 heures de conduite), roule 3000 kilomètres par semaine au volant d'un 44 tonnes. Il est absent de chez lui cinq à six jours sur sept et dort toute la semaine sur la couchette étroite (80 cm de large) au matelas sommaire de sa cabine, dans un environnement de parkings, d'usines, de zones commerciales. Routier depuis vingt-cinq ans, son salaire n'excède pas 1700 euros net. Depuis peu, son patron le gratifie d'une prime de 300 euros net mensuels. Avec les 1000 euros (non imposables) de frais de déplacement et de découchage qu'il réussit à mettre de côté, il parvient à monter jusqu'à 3000 euros, mais en restant attentif à toutes ses dépenses.

Pour économiser, Bruno prend ses repas dans son camion. Chantal lui prépare pour la semaine (ni réchaud, ni cafetière dans la cabine) un méga saladier de pâtes ou de riz, logé dans la glacière. « Alors, évidemment, le week-end, je me rattrape... »

Quand il a débuté, Bruno, grand et solide gaillard, affichait une silhouette jockey : 70 kilos sur la balance. Après un an sur la route, il avait grossi de 30 kilos. « J'étais euphorique, je ne me privais de rien », explique-t-il. Il pèse 139 kilos. Il en souffre.

Un programme de diététique réservé aux routiers a été lancé à l'automne 2019, destiné à les sensibiliser aux risques de l'obésité. « La cabine avancée », comme ils disent entre eux, n'épargne personne, pas même les femmes. Sédentarité, horaires irréguliers, repas décalés, manque de sommeil, stress et malbouffe, le cocktail est complet.

Bruno s'y est inscrit. En un mois, il a déjà perdu 8 kilos. « Je devais réagir. J'y pensais depuis un moment. Je suis toujours essoufflé. La diététicienne m'a dressé le tableau : âge + surpoids = risque d'infarctus. »

Ce programme, ambitieux, se heurte aux désastreuses habitudes des routiers et à la résistance des patrons de restaurants, peu disposés à en finir avec leur buffet à volonté, recette magique et pousse-au-crime qui compose l'ordinaire ravageur de ces haltes. Quant aux « mangeoires » sur les autoroutes, qu'on ne compte pas sur les chaînes pour renoncer à la lucrative cuisine industrielle qui ne réclame aucune main-d'œuvre spécialisée. Dans ce contexte, fringale, fatigue et lassitude achèvent de plomber l'estomac du routier, qui se laisse aller quand il met pied à terre.

17H30
A20, VIERZON (CHER) - KM 520

L'obscurité tombe tôt sur les routes d'automne. Bruno Triquet roule toujours. Rafales de pluie que dispersent les essuie-glaces, voile noir de la nuit que strient les phares des véhicules arrivant en face. Il a « tricoté », pris des raccourcis, bien calculé son trajet, jonglé avec les autoroutes et les nationales, via Troyes, Sens, Courtenay, Montargis, Vierzon, pour gagner des kilomètres et du temps.

18H30
DÉOLS (INDRE), PRÈS DE CHÂTEAUROUX - KM 603

Bruno se range sur le parking gardé et surveillé (un luxe) de L'Escale. Une adresse réputée, le plus grand resto routier de France, ouvert 24 heures sur 24, toute l'année, avec des douches propres et des repas de qualité qui valent à son patron le titre de « maître restaurateur ». C'est un peu le Relais & Châteaux des routiers.

Autour du Volvo de Bruno viennent se regrouper, dans de grands chuintements de freins et de décompression de moteurs en surchauffe, près de 200 poids lourds. Les chauffeurs profitent du confort de l'endroit pour écluser le temps de repos imposé.

Moteur coupé, Bruno récapitule. Il est parti à 4 heures du matin. Il a roulé 603 kilomètres, déchargé 24 tonnes de conserves, chargé 27 tonnes de ferraille. Comme son amplitude frôle les 15 heures, il n'a droit, cette nuit, qu'à 9 heures de repos.

19H

La journée n'est pas finie. Avant de descendre, Bruno imprime le ticket que crache le tachygraphe, sur lequel figurent toutes les données. Il les reporte dans un cahier personnel où il consigne ses activités du jour. Et commence à remplir les CMR (les « lettres de voiture ») de ses prochains clients. Pour gagner du temps. Du moins le croit-il...

21H30
L'ESCALE, DÉOLS

Après une douche réparatrice, un repas exceptionnellement pris dans une salle de restaurant, un repérage précis de la route à venir et un dernier coup de fil chez lui, Bruno tire le rideau de sa cabine, lance le chauffage intérieur et se couche sur son lieu de travail, derrière son siège. Sur le parking, ici et là, éclairé faiblement, au-dessus d'une calandre, émerge un rectangle de lumière, révélant un visage chiffonné, sommeil interrompu, penché sur des écrans, un téléphone ou le volant. Ce tableau préfigure l'imminence d'un départ. Le chauffeur guette la minute exacte où il pourra s'élancer, selon les indications réglementaires de son tachygraphe.

22H

Alentour, la rumeur de l'autoroute et la ronde des poids lourds sur le parking. À la différence de la nuit précédente, trouée de tourments, Bruno ne tarde pas à sombrer dans un sommeil que trahit le ronflement régulier du dormeur.

DEUXIÈME JOUR

4H30, MARDI
PARKING DE L'ESCALE, DÉOLS

Le réveil sonne. Bruno s'extrait de sa couchette sans traîner. Déjà hors de son camion, toilette rapide, rasage, grand café vite expédié sur le zinc, accoudé avec d'autres routiers, tous silencieux. Il n'avale rien d'autre. « Au début de la semaine, il me faut moins d'une demi-heure pour être prêt. En fin de semaine, avec la fatigue accumulée, je suis plus lent à la détente. »

5H30
DÉPART SUR L'A20

Dans les deux sens, des poids lourds, des poids lourds, des poids lourds. Rien que des poids lourds. C'est un flot incessant. La nuit, la route est à eux. Ils sont la pulsation vitale de l'économie.

Dans une longue montée, un poids lourd devant celui de Bruno se déporte régulièrement vers la droite, dépasse la ligne blanche qui délimite la bande d'arrêt d'urgence et se remet dans l'axe. Début de somnolence ? Endormissement ? « Non, tranche Bruno, il fait autre chose... »

Parvenu à sa hauteur, en le doublant, la rumeur qui court les cabines et dont parlent beaucoup de routiers se matérialise : le chauffeur en question regarde un film sur un écran d'ordinateur, tout en roulant ! Quand il glisse trop sur la droite ou franchit sa ligne à gauche, un bip sonore l'avertit, il n'a plus qu'à redresser.

Quelques kilomètres plus loin, dans une descente, le même routier dépasse Bruno. Son convoi est le plus lourd. Au passage, dans sa cabine, toujours cette lumière bleutée.

« C'est de la pure folie ! J'en double, la nuit. Le plus souvent, ce sont des chauffeurs étrangers, mais les nôtres s'y mettent. Les flics les repèrent à cette lueur caractéristique. »

7H10

A20, ROCADE DE LIMOGES (HAUTE-VIENNE) - KM 130

Les prévisions optimistes bien que raisonnables de Bruno s'effondrent. Tout roulait trop bien lors de la traversée du Limousin, avant que le jour se lève. Il n'est plus qu'à 24 kilomètres de Pierre-Buffière, son lieu de livraison.

Un énorme embouteillage se forme dans la descente vers Limoges. L'hypothèse d'un accident se confirme avec l'arrivée des secours, qui tentent de se frayer un passage, à grand renfort de sirènes et de gyrophares. Les poids lourds s'entassent. Ils n'avancent plus. Le pack entrave la progression des ambulances. L'effet de bouchon augmente de minute en minute. Aucune information. Les relais habituels des routiers (radio d'autoroute, téléphone, réseaux sociaux contributifs tels Coyote ou Waze) n'ont pas eu le temps de les prévenir pour anticiper, s'adapter et filer vers une voie de contournement.

7H45

Un début de dégagement s'esquisse. Le troupeau se disloque, mètre par mètre. À la sortie du long virage, deux camions et deux voitures sont entrés en collision, les airbags trahissent la violence du choc.

7H55

Trois kilomètres plus loin, nouvel embouteillage, nouvel accident. Du haut de sa cabine, Bruno n'a pas tardé à comprendre. De très longues traces de gas-oil répandues sur le bitume semblent la cause de cette succession de carambolages.

8H10 - KM 135

À peine sorti de ce traquenard, un troisième accident vient de se produire. Plusieurs voitures en tête-à-queue se sont encastrées dans le tunnel. La police ferme l'autoroute et dévie le flux de véhicules vers les faubourgs de Limoges. La procession de poids lourds déboule au pas dans les quartiers populaires, à l'heure de la rentrée des classes et de la ruée vers les usines et les bureaux. C'est la loi des séries de l'emmerdement maximal. « Quand on prend deux heures de retard, on ne peut plus les rattraper. Ça se répercute sur toute la suite de la semaine. À partir de maintenant, ce sera une course contre la montre », soupire Bruno, fataliste.

8H30
FAUBOURGS DE LIMOGES

C'est le moment de refaire tous les calculs. Pendant ce blocage, Bruno a eu la présence d'esprit d'enregistrer sa première coupure de quinze minutes. Il fera de même durant le déchargement chez le client, brûlant ainsi les trente minutes de repos qu'il lui restait à utiliser. « Si on arrive dans un embouteillage à quatre heures vingt de conduite, sans moyen de s'arrêter sur un refuge, on se retrouve tout de suite en infraction. Si on se fait arrêter, même plusieurs jours plus tard, il ne reste plus qu'à espérer un peu de compréhension de la part des pandores. Il arrive qu'ils téléphonent à la gendarmerie locale pour vérifier nos explications. »

Le routier se retrouve toujours entre le marteau et l'enclume, entre la réglementation et la pression.

9H30

PIERRE-BUFFIÈRE (HAUTE-VIENNE) - KM 160

Dès la livraison terminée sous une pluie battante, le voilà reparti pour un marathon de quatre heures et trente minutes à bouffer du bitume.

Il reprend l'autoroute en sens inverse, dans sa partie ouverte. Sur l'autre voie, l'embouteillage, à perte de vue, s'étale maintenant sur 7 kilomètres. Bruno plaint ceux qui continuent de s'entasser. Il sait qu'ils ne vont pas être à la fête. Il est inquiet. Malgré les 17 tonnes à vide de son convoi, l'adhérence de son poids lourd est limite sur la chaussée glissante.

10H15

A20, PUIS D940 - KM 190

Bruno trace vers la Creuse. Il s'engage sur d'étroites départementales, découvrant de magnifiques paysages d'automne, horizons céladon de collines colorées que le soleil éclaire par intermittence, entre deux nuages de pluie.

11H45
GENOUILLAC (CREUSE) - KM 280

Bruno était attendu à 10 heures. Il a perdu son rang de chargement et doit prendre son tour dans la file de camions. Et l'entreprise cesse de travailler entre 12 heures et 13 h 30…

13H

D'une cabine à l'autre, des routiers, à l'arrêt forcé, avalent leur frichti. Bruno prévient son patron. Il doit différer la suite, prévenir les clients, adapter son plan de route. « Quand je travaillais à l'usine, mon frère était déjà routier. Je le voyais attendre des heures. Je pensais qu'à sa place je n'en serais jamais capable, raconte-t-il. Devenu routier, c'est mon lot quotidien. On met ses nerfs dans sa poche. À quoi bon s'en faire, quand on ne peut rien y faire. »

14H30
D990, GENOUILLAC

Lesté de 8 tonnes de laine de roche qu'il doit livrer à quatre clients le lendemain à Strasbourg et ses alentours, Bruno embraie de nouveau. En route pour 646 kilomètres de plus.

Toutes les trois semaines, son patron étudie le relevé de sa carte conducteur (temps de conduite, de repos, de travail, nombre de kilomètres parcourus, vitesses effectives, consommation). Quand il aperçoit la trace enregistrée d'une infraction, il en fait une copie. Le chauffeur doit la signer. « C'est la preuve formelle qu'il m'a averti. C'est aussi, pour lui, une manière de se couvrir, en cas d'accident ou de sanction par la police. »

Une fois par mois, le patron se saisit, cette fois, des données du chronotachygraphe pour les comparer avec celles de la carte conducteur. Il peut repérer si le chauffeur a trafiqué le tachygraphe, la boîte de vitesses, prêté son camion, ou travaillé en douce pour le compte d'un autre, ce qui est strictement interdit.

15H
N145 - KM 303

Bruno emprunte avec son chargement une longue portion de la RCEA (route Centre-Europe Atlantique, l'axe Bordeaux-Genève), surnommée « la route de la Mort » ou « la route de la Honte ». Des bouquets de fleurs le long du parcours donnent de tragiques indices de sa dangerosité. La N145 est si étroite que le moindre écart est fatal. Si le poids lourd se déporte un tant soit peu vers la gauche, c'est la collision assurée ; s'il glisse vers la droite, si ses roues mordent sur le bas-côté, surtout si la terre est humide, il est certain de riper vers le fossé. Saturée, sans terre-plein central, jalonnée du souvenir d'accidents effroyables dont les traces restent visibles, « lieux de naufrage de ces navigateurs sans rivage » (Albert Aycard), la RCEA est abordée avec appréhension par les chauffeurs. Les camions se suivent de trop près, sans possibilité de se doubler. Au prix de risques considérables, des voitures parviennent à se faufiler, rajoutant du danger au danger, par inconscience et impatience. 15 000 véhicules, dont la moitié sont des poids lourds, l'empruntent chaque jour.

Répertoriée, régulièrement dénoncée, elle fait l'objet de quelques aménagements progressifs, courtes sections à deux voies pour décongestionner le trafic, sans qu'un projet d'envergure – toujours annoncé, jamais réalisé – ne finisse par assurer le minimum de sécurité que les routiers sont en droit d'attendre. Si l'expression « le salaire de la peur » a un sens, c'est bien le long de ces 180 kilomètres que maudissent les chauffeurs. Le martyrologe de la RCEA ne cesse de s'allonger.

À Paray-le-Monial (Saône-et-Loire), au lieu de filer tout droit vers Mâcon pour rejoindre l'autoroute, Bruno prend plein nord, vers un raccourci dont il a le secret. Ici, il pourrait rouler les yeux fermés.

Bruno, qui a peu mangé depuis ce matin, enroule les kilomètres sans aucune trace de fatigue. L'endormissement est un piège pour les routiers. Bruno affirme qu'il en connaît les premiers signes et ne se laisse plus aller. Il a cessé de résister depuis quelques flirts à pleine vitesse avec des barrières de sécurité, évitées *in extremis*. « Vouloir lutter contre le sommeil au volant est perdu d'avance. Ça se termine dans le décor. Beaucoup de routiers se tuent parce qu'ils n'ont pas su s'arrêter à temps. » Se garer sans tarder, trouver l'énergie de descendre, marcher, faire le tour du camion, boire un café, reprendre ses esprits. Et repartir si on se sent assez lucide…

17H30
MONTCHANIN (SAÔNE-ET-LOIRE) - KM 532

Par expérience et sur recommandation de son patron, Bruno file vers la D974, une petite route sinueuse et cahoteuse qui longe le canal du Centre. Avec son 44 tonnes (qui ne pèse que 25 tonnes, ce soir), il traverse des villages en voie d'abandon, aux volets fermés.

Après les vastes points de vue du centre de la France, les grands arbres aux branches dégarnies se reflètent sur le miroir d'eau qui serpente, méandres que suit la route. Ils offrent une respiration bucolique qui efface les cadences infernales des grands axes, n'était la pression qui ne se relâche pas sur les épaules et dans la tête de Bruno.

Il ne perd pas de temps. Ce raccourci l'oblige néanmoins à des contorsions de volant, à freiner, accélérer, à redoubler de vigilance, à se méfier des ombres trompeuses entre chien et loup. Cette départementale ne laisse guère de marge à son convoi surdimensionné. Accordés aux soubresauts de la chaussée, les coups de boutoir de la remorque redoublent.

Bruno applique ce qu'on lui a appris : toujours anticiper. Mais lorsque, comme ici, chaque virage débouche sur l'inconnu, les réflexes tiennent lieu de réflexion.

La nuit est tombée. Trop tard pour admirer les vignobles de Bourgogne. Çà et là, un village prestigieux illumine son église. Puligny-Montrachet, Meursault, Pommard… Traversée en aveugle d'un paysage remarquable que rien ne laisse deviner.

18H30
BEAUNE (CÔTE-D'OR) - KM 585

Parvenu à la limite de son amplitude, Bruno n'a plus le choix. Il doit viser le centre routier de Beaune pour sa coupure de nuit. Il se range près d'une remorque vide, loin des camions frigorifiques et leur incessant vacarme de générateur.

19H15
PARKING DU CENTRE ROUTIER DE BEAUNE

La douche laisse à désirer et le repas, buffet à volonté sous des lueurs blafardes de néon, ne laissera pas de regrets.

Un peu partout, les routiers constatent que les conditions d'accueil ne cessent de se dégrader. Il n'est pas rare que la saleté des sanitaires et des douches repousse à plus tard la nécessité de se laver. Locaux sordides, eau froide, absence d'entretien, atmosphère lugubre : cette accumulation de détails renforce en eux le sentiment d'être victimes de l'indifférence générale.

21H45
BEAUNE - EXTINCTION DES FEUX

Préparation et repérage du parcours du lendemain pour les premières livraisons dans Strasbourg, à 350 kilomètres. Ultime coup de fil à Chantal. À Burlioncourt, leur pompe à chaleur a rendu l'âme. Chantal tousse. Elle a pris froid. Le diagnostic du réparateur est sans appel : il faut changer la chaudière. Le devis est salé, presque trois mois de salaire gagné sur la route. Demain, en roulant, Bruno appellera le chauffagiste.

Il tire le rideau et tente de s'endormir avec ce souci en tête.

Il a mis son réveil pour 4 heures du matin.

2

FEMMES DE ROUTIERS

« Peuple de marins de la terre ferme, il a aussi les inquiétudes éternelles des errants sur les femmes restées au port, leur amour, leur fidélité. »

Albert Aycard, *La Route*

À plus de 300 kilomètres de là, en Moselle, dans son petit village de Burlioncourt, Chantal, la femme de Bruno Triquet, doit composer avec ses longues absences. Comme sa belle-sœur Séverine, qui, toute la semaine, attend son mari, Olivier. « Nous sommes les hommes de la maison. Nous devons tout faire, tout gérer, élever et éduquer les enfants, suivre seules leur scolarité, les accompagner à l'école, voir seules les professeurs, faire le ménage, la lessive, les courses, la paperasse, parer à tous les pépins petits ou graves de la vie courante. Sans eux. »

Séverine égrène la liste des rendez-vous, nécessaires, qu'un routier ne peut décrocher. « Le médecin traitant d'Olivier ne reçoit plus le samedi matin. Impossible de reporter au lundi matin, à cause du patron et des chargements qui ne peuvent pas attendre. Tout est compliqué. Le samedi, les banques et les administrations sont fermées. Les hôpitaux n'opèrent pas. Dans les écoles, les profs ne prennent pas de rendez-vous le samedi. »

Sans emploi et sans le permis, Chantal admet qu'il faut « aimer être seule. On vit comme des célibataires. Au début, c'est dur. Parfois, je passe des journées entières à ne rien faire, sans envie. Je me console avec mon chat. Je regarde la télévision. Je joue sur l'ordinateur. Bruno me téléphone beaucoup, souvent juste pour savoir si ça va. Avant les portables, il devait trouver des cabines pour appeler. » En son temps, Jean-Pierre, le père de Bruno et Olivier, lui aussi routier, ne donnait jamais signe de vie. Même quand il se retrouvait coincé à l'étranger le week-end. Sa famille appelait son patron pour savoir où il était. Bruno appartient à cette catégorie des taiseux. « Il parle peu et le week-end, trop fatigué, il n'a pas envie de sortir. Il reste dans son fauteuil à regarder la télé. Son frère, Olivier, lui aussi lessivé, passe le samedi et le dimanche à dormir. »

Une femme de routier est maîtresse à bord. Elle tient le gouvernail, garde le cap, organise la vie courante. Toutes les corvées sont pour elle. La routine comme les imprévus.

« Quand un décès survient dans la famille, les routiers continuent de rouler. À flux tendu, il est toujours difficile de trouver un remplaçant, de s'arranger. Et s'ils sont trop loin, impossible de revenir. »

La charge est lourde, mais comment vivre autrement ? Avec, par moments, des bouffées de mauvaise conscience. Près de Bordeaux, Jacqueline, la compagne de Pierre Audet (avec qui nous voyagerons pendant plusieurs jours, voir chapitre 10), doit s'adapter à ce rythme de vie. « Quand je ne suis pas au travail, je regarde la télévision, je jardine, je reste au coin du feu, je pense à mon confort et je l'imagine roulant dans son camion, luttant avec la fatigue, loin de chez lui. Je pense à ses nuits sur des parkings, à l'étroitesse de sa couchette, à son sommeil perturbé, à ses réveils difficiles, à ses longues journées. »

Lorsque le téléphone sonne, elle ressent toujours une forme d'inquiétude. « Depuis qu'il a eu son accident, c'est dur de l'imaginer sur la route, surtout la nuit. Je gamberge, je me fais de mauvais films. Je me ronge les sangs quand il pleut, quand il affronte le mauvais temps. Je suis toujours soucieuse de ses trajets. Je lui en veux même parfois de prendre la RCEA, entre Montmarault et Mâcon, qu'ils surnomment entre eux "la route de la Mort" et que tous redoutent. Ils ont trop vu d'accidents sur ce tronçon. Ils en connaissent le prix. »

Jacqueline s'est fondue dans cette vie si particulière de femme de routier. Condamnée à une forme de solitude, « et en semi-liberté », qui est le pendant de celle de son mari. « Sans savoir quand il rentrera exactement, on ne peut rien prévoir à l'avance. Ni le vendredi soir, ni le dimanche. Comment pourrait-on avoir une vraie vie sociale ? Il nous est arrivé de devoir annuler des repas, de renoncer à des invitations, à cause de ses horaires décalés, de ses retours tardifs. On se coupe, sans le vouloir, de nos amis. »

Chez eux, dans la maison de Coutras, en Gironde, tout repose sur ses épaules. Elle doit tout faire, assurer, se débrouiller comme elle peut. « On s'adapte. » Jacqueline connaît le métier, ses contraintes, ses risques. Elle a débuté chez un transporteur. Depuis vingt-trois ans, elle est exploitante-affréteuse, près de Libourne, à vingt minutes de chez elle, pour le compte d'une entreprise du Puy-de-Dôme, qui emploie 1000 salariés, dont 600 routiers.

Elle planifie le travail et le trajet de certains chauffeurs, gère le planning clients, le stock de palettes et les litiges marchandises. Au centre de cette toile d'araignée, elle redistribue vers des affrétés, si elle n'a pas de solution par « ses » propres camions ou ceux du groupe. Elle fait aussi tourner des poids lourds en location à l'année (les tractionnaires ou « tracos »).

« J'assure la jonction entre les clients et les chauffeurs. Comme affréteuse, je vends mon propre transport à d'autres transporteurs. Par exemple, un client me demande de lui organiser quatre voyages mais je ne dispose sur mon écran que de trois camions. Je vends la quatrième expédition à qui peut la prendre. C'est une activité de commissionnaire qui, comme son nom l'indique, se rémunère à la commission, entre 10 et 15 % du prix total. Pierre vient de décharger en Bretagne mais il n'a pas de clients pour recharger. Je cherche sur les sites des bourses de fret un voyage en attente de chauffeur. Je sélectionne les offres au plus près géographiquement du lieu où Pierre attend. Je dois éviter de le faire rouler en dessous de 1,20 euro du kilomètre, le seuil de rentabilité. Selon les acheteurs, le prix du transport est calculé à la palette, au poids, au métrage, au volume ou au kilomètre... »

Jacqueline peut passer une journée entière sur une bourse de fret pour trouver et négocier une offre intéressante. « Le vendredi, on charge parfois à perte ou juste pour couvrir nos dépenses. On lâche du lest pour permettre aux chauffeurs de rentrer chez eux. »

Formée sur le tas, à la dure, par un chef d'exploitation pète-sec, reconnaissante envers celui qui ne la ménageait pas mais lui a appris le métier, elle préférait ce contact direct et franc à la rivalité actuelle. « Il n'y a plus de convivialité dans le transport. Avant, on téléphonait, on discutait avec les chauffeurs, on les connaissait, on devinait leurs coups de mou, on entendait ceux qui avaient la pêche. Les relations personnelles n'existent plus. Tout passe par Internet, sans contact direct, par courriels et SMS. Les chauffeurs reçoivent leurs ordres de route sur leur téléphone portable. »

Cette dépersonnalisation s'accentue. Pour suivre les chauffeurs en temps réel, une application, développée par Transics, fait circuler un camion virtuel, géolocalisé, sur l'écran de l'ordinateur. Jacqueline le suit à la trace, voit où il se trouve, discerne ce qu'il a fait ou n'a pas fait. Pour le patron, tout est enregistré noir sur blanc.

De son poste d'observation virtuelle, Jacqueline a constaté que la condition des routiers devenait plus âpre. Les réseaux sociaux, ce fil qui les relie les uns aux autres, et qu'ils utilisent beaucoup pour échanger des informations et communiquer entre eux, sont la caisse de résonance de leurs états d'âme, leur recours permanent pour s'épancher, s'arracher à la nasse des trop longues heures à dérouler du bitume. Et un très bon indicateur du moral des troupes. Sur les réseaux sociaux, les routiers déconseillent à leurs enfants de rêver de ce métier, de vouloir entrer dans cette profession. Ils les mettent en garde de ne pas se laisser prendre au mirage du beau camion. "N'allez pas sur la route !", leur répètent les anciens. Quelque chose a changé. »

Jacqueline, qui les suit, perçoit bien le malaise grandissant, la somme de désillusions, la rudesse des rapports que le « flux tendu » accentue, l'écœurement qui monte, affiché dans les messages, au milieu d'une multitude de photos et de blagues potaches. Passionnés par leur métier, heureux de voyager, les routiers jouent les fanfarons, les fiers-à-bras devant leur bahut rutilant qui scintille de leur surnom lumineux, mais ils se plaignent de ce qu'ils subissent. Ils s'accrochent aux apparences d'une bonhomie qu'érodent leur condition d'exploités et l'absence de considération.

Restées à la maison, ces femmes de « marins de la terre ferme » s'occupent de tout. « C'est nous qui portons la culotte ! clame Séverine, qui fait des ménages. Nos hommes ont la belle vie. Ils ignorent ce qui se passe chez eux. Ils restent dans leur milieu. Le week-end, ils ne parlent que de leur boulot et n'attendent qu'une chose : repartir dans leur camion... » Chantal, la femme de Bruno, a fini par prendre goût à cette solitude : « Je ne sais pas si je supporterais de le voir rentrer tous les soirs... »

MASSE BRUTE

3

ON THE ROAD AGAIN

« Si le routier se confie si volontiers et dirait-on si facilement, c'est qu'il passe les trois quarts de son existence à regretter d'être seul. »

Louis Caro, *Routiers*

TROISIÈME JOUR

4H

CENTRE ROUTIER DE BEAUNE (CÔTE-D'OR)

Bruno saute de la couchette, fait quelques pas sur ce parking impersonnel. Aucun sanitaire à l'extérieur, des WC publics à frémir, pas le moindre café. Tout est fermé. Pas d'autre choix que de démarrer au plus vite.

4H30

Programmation du GPS, vérifications des conditions de route et de la météo, ajustement de l'itinéraire, surveillance de l'horaire de départ – 345 kilomètres à avaler d'une traite, de Beaune à Strasbourg.

« Même s'il nous égare parfois sur des routes improbables, le GPS nous a simplifié la vie. Avant, il fallait acheter la carte de la ville de destination. Idem à l'étranger. Le GPS nous fait gagner du temps. Mais rien ne vaut l'Atlas Michelin, pour signaler, notamment, la hauteur des ponts. On doit renouveler nos cartes routières tous les trois, quatre ans. Déviations, contournements, interdictions de traversée, ouvertures d'autoroutes, constructions de zones industrielles et commerciales : les routes changent sans arrêt. »

7H30

A36, CENTRE ROUTIER DE SAUSHEIM (HAUT-RHIN) - KM 238

Au lever du jour, halte aux environs de Mulhouse, pour avaler un café à l'Arcotel, l'un des derniers vestiges d'une chaîne pour routiers. Naguère prospère, il décline : décor désuet, ambiance triste, sanitaires lugubres, service défaillant. Sur cinq douches, deux seulement fonctionnent. Aux lavabos, pas d'eau chaude.

Coupure de 45 minutes avant d'affronter les inévitables encombrements à l'approche de Strasbourg. En guise d'apéritif, la surcharge du trafic sur l'A35, l'autoroute gratuite vers laquelle se reportent les chauffeurs de l'Est pour éviter les péages de l'*Autobahn* allemande, parallèle à celle-ci, qui longe le Rhin.

10H
STRASBOURG (BAS-RHIN) - KM 345

Après lui avoir fait remarquer, sans aménité, qu'il aurait dû entrer en marche arrière et que, dorénavant, c'est ainsi qu'il devra se présenter, le premier client réceptionne le tiers du chargement. « C'est nouveau, soupire Bruno. Je suis venu ici à de multiples reprises sans souci... » Pour gagner du temps, il prend sa coupure réglementaire de 30 minutes, mais tout en surveillant l'opération : il se contraint à travailler pendant sa pause.

Il n'a que quelques centaines de mètres à parcourir pour gagner la prochaine adresse. Son patron a concentré ses livraisons. Mais avec le mastodonte qu'il tire, cette petite promenade n'est pas une partie de plaisir. Pour accéder à l'entrepôt suivant, il doit manœuvrer en marche arrière dans une rue très étroite, ajuster en mouvement sa remorque de près de 20 mètres de long, dont la trajectoire se dissocie de celle de la cabine. Doigté et précision… « C'est une gymnastique quotidienne qui demande beaucoup de temps à apprendre et à maîtriser. On doit reculer à l'envers des automatismes acquis dans une voiture, avoir l'œil sur les six rétroviseurs, veiller à ne rien accrocher, imaginer les angles morts et finir avec l'ensemble bien droit et aligné. »

Les rétroviseurs servent de « prothèses » au routier. Par eux, il supervise le flux de la circulation, détecte les avaries, aperçoit à la déformation de la bâche la marchandise qui a basculé, jauge le danger qui surgit de l'arrière. L'un d'eux, frontal, grand angle – l'antéviseur –, fixé à l'avant de la cabine et parallèle au pare-brise, l'aide à évaluer, devant sa calandre et ses roues, la position des piétons, des vélos, des poussettes.

Pendant leur formation, les apprentis routiers empruntent une multitude de petits chemins pour apprivoiser l'énorme gabarit de leur poids lourd, en intégrer mentalement le volume et les dimensions, maîtriser la largeur du rayon de braquage, acquérir des réflexes naturels.

12H30

A35, BERNOLSHEIM (BAS-RHIN) - KM 480

Repas au lance-pierre : un sandwich à la volée dans une boulangerie-pâtisserie. Le dernier client à livrer de la journée, dans un petit village sur les hauteurs du Parc naturel régional des Vosges du Nord, est à 72 kilomètres. La carte semble inviter à une excursion au cœur de la forêt. Le paysage mordoré, symphonie d'automne, tient ses promesses. La lenteur qu'imposent les routes tortueuses permet de savourer le concert de couleurs espéré.

Mais le détour champêtre, outre l'incommodité d'y manœuvrer un 44 tonnes, vire au jeu de piste dans un dédale. Les indications deviennent imprécises et les cartes n'aident pas beaucoup à se repérer. À plusieurs reprises, un *bip* sonore dans la cabine avertit que la chaussée est glissante. Bruno, qui ne s'est jamais aventuré jusqu'à ces confins, commence à s'inquiéter de la hauteur des ponts, nulle part répertoriée dans ses documents. De petites routes lui tendent les bras. Il hésite, renonce à les emprunter, flairant le piège inextricable. Avec son lourd convoi, il redoute de finir enlisé dans un fouillis de feuilles mortes.

15H
WEISLINGEN (BAS-RHIN) - KM 560

Bruno a de nouveau perdu près de deux heures pour se délester d'une simple palette de 300 kilos. Aberrant. Encore 50 kilomètres à tirer pour recharger plus bas.

16H30
GUNDERSHOFFEN (BAS-RHIN) - KM 610

Après douze heures de route, Bruno se gare dans l'usine où l'attend sa cargaison de vitrages et de fenêtres à livrer le lendemain à l'autre bout de la France, en Mayenne. Michael, son patron, est là. Il achève de remplir son propre poids lourd et s'apprête à décoller pour son habituel vol de nuit. Les deux routiers ont tout juste le temps d'échanger quelques mots, des infos, des papiers.

Dix minutes plus tard, le convoi de Michael s'enfonce dans le lointain.

Prévoyant, Bruno prend sa douche dans l'usine. Tout est suspendu à la bonne volonté de ceux qui doivent charger sa remorque. Si l'opération ne traîne pas, il pourra gagner du temps, grignoter des kilomètres. Dans le cas contraire, sa marge sera très étroite. « D'un bout à l'autre de la chaîne chargement-déchargement, production-livraison, personne ne cherche à savoir ce qui se passe entre les deux étapes. Les usines et les bureaux ferment à heures fixes. Les ordres sont les ordres. Les chauffeurs doivent être là aux horaires établis. Quoi qu'il arrive. »

Portes de la remorque fermées, cargaison bien arrimée et sanglée, chargement équilibré, Bruno remonte dans son camion, CMR signée en main – de la paperasse en quatre exemplaires où tous les détails du parcours, du chargement et de la livraison sont notés (un à l'expéditeur, un au réceptionnaire, un pour son patron et un pour lui-même). Il ne dispose plus que d'un maigre capital de trente minutes avant d'être obligé, pour ses neuf heures de coupure, de dégoter un parking de fortune. Sans avoir le droit d'en bouger, sous peine d'infraction consignée dans son tachygraphe.

Contraint par les circonstances, son choix se porte sur une zone commerciale, au moment où les derniers clients, courses faites, regagnent leurs pénates. En lisière des villes, dans ces espaces désertés, la présence des poids lourds est « tolérée » à partir de 20 heures jusqu'à l'aube. Sans garantie de ne pas être délogé par la maréchaussée.

18H30
HAGUENAU (BAS-RHIN) - KM 630

Bruno manœuvre, puis éteint son moteur et ses feux. Remplit ses papiers, imprime le ticket récapitulatif, consigne les péripéties du jour dans son carnet. Avant de s'apercevoir qu'il stationne, lui qui doit dormir sur sa couchette austère, devant Le Roi du Matelas ! Étalés, éclairés, présentés en majesté derrière de larges baies vitrées, de tentants spécimens, immaculés, larges, rembourrés, évocateurs de grasses matinées, de sommeils douillets, de rêves duveteux... Il lui est simplement épargné le spectacle de couples allongés et bienheureux dans le cocon de leurs chambres à coucher.

QUATRIÈME JOUR

3H
HAGUENAU

Le réveil bat le rappel. 681 kilomètres à tirer. Bruno espère atteindre sa destination en douze heures. En chemin se dressera le redoutable obstacle que constitue Paris. Le passage de la capitale, les routiers l'appellent entre eux « la punition ». Ils s'en rapprochent avec appréhension, redoutant la mélasse des embouteillages, le comportement erratique, agressif des Franciliens au volant. Ils s'efforcent de s'y présenter avant 6 heures du matin, ou après 10 heures. Sinon, tous leurs plans tombent à l'eau – y compris la coupure obligatoire, impossible à prendre, englué sur le périphérique ou la Francilienne. Voilà ce qui explique la concentration, un peu sauvage, de poids lourds garés aux abords de la capitale, n'importe où, à la sauve-qui-peut. Ils sont obligés de s'arrêter, où ils peuvent, pour ne pas se retrouver en infraction sur leurs temps de conduite et risquer une lourde amende.

4H10

SORTIE DE L'A4, PHALSBOURG (MOSELLE) - KM 48

Pied au plancher, Bruno s'efforce de tenir ses objectifs. Comme il va rouler plus de neuf heures, il devra respecter deux coupures de quarante-cinq minutes et filer au plus vite dès la sortie de Paris. Il sait d'ores et déjà que le chargement-déchargement à Mayenne, dans le département du même nom, sera serré. Il n'aura pas le droit de rester dans l'enceinte de l'usine pour la nuit. Il faut donc qu'il se garantisse une réserve de temps afin d'en sortir et de se poser sur un parking au plus près. Chaque tour de roue au-delà de la limite du temps réglementaire est comptabilisé comme une infraction. Voilà l'équation qu'il doit régler aujourd'hui, avec une double inconnue au bout de la RN4 : l'entrée sur l'A4, puis le passage de la Francilienne en milieu de matinée...

4H40

N4, DÉVIATION - KM 72

Une déviation imprévue sur l'autoroute l'envoie vers une succession de départementales mosellanes. Bruno grince : « Je passe à 30 kilomètres de chez moi. Et je vais devoir rouler 1400 kilomètres pour y revenir... » Guirlandes de feux de position en mouvement, la procession des poids lourds rase les maisons des villages endormis. L'espace est restreint et la route peu adaptée au passage de ces monstres d'acier qui mordent sur les bas-côtés, font trembler les murs et doivent broyer le sommeil des braves riverains.

Bruno calcule le temps perdu. Il le voit s'allonger. Comment le rattraper en partie ? Il va « se laisser glisser » dans les descentes, faire « la roulette », enfreindre la limite des 90 kilomètres/heure de son moteur bridé. Toute l'astuce consistera à freiner au bout de cinquante secondes, pour éviter que le bip, qui sonne au-delà d'une minute, ne grave l'infraction sur le mouchard électronique. Bruno grignotera ainsi quelques secondes. Remède de Gribouille, il le sait bien, mais l'effet psychologique sera supérieur à la réalité du gain.

6H10
RN4 - KM 160

Sur les reliefs de la Haute-Marne, une constellation d'éoliennes troue la nuit de leurs points rouges clignotants. Devant le pare-brise, la noria des poids lourds, chargés comme des ânes, fonce. À chaque croisement, à pleine vitesse, la cabine de Bruno est secouée par le violent appel d'air et les mouvements de la remorque se font sentir dans le dos et les reins.

Effet de la fatigue accumulée ? Blues d'avoir à écoper tous ces retards ? Trop-plein de solitude ? Sur les longues lignes droites de la RN4, aussi dangereuses que la RCEA, Bruno lâche soudain, sans quitter la route des yeux : « Le soir, l'été, quand tu passes avec ton camion dans les villages, tu vois les habitants dans leur jardin, tu sens l'odeur des barbecues, ou l'hiver, quand tu aperçois de la lumière dans les maisons, tu imagines leur vie, leurs huit heures de travail. Et quand je poireaute dans des usines, en attendant qu'on veuille bien remplir ma remorque, j'assiste aux changements d'équipe. Je sais que j'ai encore cinq à six heures à tirer au volant, et j'en ai déjà autant dans les pattes. J'entends les dialogues : "Tu vas faire quoi, cet après-midi ? – Oh, j'ai plein de boulot, je dois tondre la pelouse, m'occuper de mon jardin, faire les courses !" J'ai parfois envie de leur lancer : "Bon courage, les gars !" »

Un moment d'hésitation. « C'est sûr, ça fout un coup au moral... Par rapport à nous, ils ont une belle vie. On fait le double d'heures, on les voit rentrer chez eux. Je le connais ce plaisir, être chez soi. Mais moi, je reprends la route... Depuis le temps que je roule, je n'ai pas profité de grand-chose. J'ai loupé tellement de moments. »

Vissés à leur volant, engoncés dans un tête-à-tête avec eux-mêmes, prisonniers des cadences infernales et du « marche ou crève » à quoi se résume leur existence, les routiers sont souvent livrés à ce triste bilan qui s'impose à eux dans la monotonie des trop longs trajets. « Oui, insiste Bruno, ce sont des pensées qui reviennent souvent. On ne rattrape jamais ce qu'on a perdu pendant qu'on était sur la route. Le temps qu'on n'a pas passé avec sa femme, les enfants qu'on n'a pas vus grandir. Le manque de vie sociale, le peu ou pas d'amis. Je ne suis chez moi que le week-end. Je ne vois pas mes proches très longtemps. J'arrive, claqué, sur les genoux, perturbé par les horaires décalés. Forcément, tu finis dans ton fauteuil, planté devant la télé, cherchant à faire le vide. »

Dans son beau roman *La Route*, sur la vie quotidienne et harassante, aux horaires sans limites, des camionneurs à la fin des années 1950, Albert Aycard avait saisi la mélancolie que font naître ces heures sombres : « Rien n'était sinistre comme ces derniers moments de la nuit qui ne voulait pas mourir et que le jour attaquait maintenant par les quatre horizons. Une lumière livide envahissait les cabines où les hommes n'étaient plus que des ombres qui flottaient. Des parias ! La barbe sèche, les traits tirés, exsangues, le visage vidé d'expression, roulant, roulant malgré l'épuisement, ils avaient l'air d'expier quelque faute, ou de fuir leur châtiment… »

7H
RN4 - KM 210

Bruno a remonté le son de la radio. Il n'écoute pas, il gamberge. Quelques minutes plus tard, il exprime le paradoxe habituel et si désarçonnant du routier. « Tu sais, on est aussi des privilégiés. » Bruno comprend qu'il doit développer, s'expliquer. « On voyage, on voit du pays, on fait des rencontres, aucune journée ne ressemble à celle de la veille. On ne reste pas dans notre coin, comme tant d'autres, sans jamais en sortir. J'ai sillonné toute l'Europe, avec mes camions. J'ai pris le bateau pour la Suède, visité l'Espagne, l'Italie, admiré la beauté des montagnes en Suisse, traversé la Manche, roulé à gauche en Grande-Bretagne.

Qui, comme nous, peut contempler le lever du jour, les couchers de soleil, rouler sous la lueur de la pleine lune, voir autant de paysages si différents à toutes les saisons ? Il est là aussi l'attrait de notre métier. »

Comment ne pas penser au mot d'Albert Camus ? « Il faut imaginer Sisyphe heureux. »

10H
N104, LIEUSAINT (SEINE-ET-MARNE) - KM 460

Bienvenue en Île-de-France ! Un premier bouchon, vite résorbé, laisse espérer sans trop y croire un passage presque dégagé autour de Paris. Le démenti, annoncé par le GPS, est apporté bien avant les portes de la capitale, à la hauteur de Bry-sur-Marne (Val-de-Marne) : embouteillage monstre. Trafic bloqué. Bruno doit reconsidérer tous ses plans, estimer au doigt mouillé s'il peut rallier à temps la Mayenne. Et là-bas, décharger et charger dans la foulée, pour se donner la chance de rentrer chez lui le lendemain soir.

11H
A86 - KM 495

En sortant à l'arraché de Paris, s'extrayant tant bien que mal de cette exaspérante congestion, Bruno appuie sur le champignon. Sa marge est très faible. Il va cravacher avec son moteur bridé, sans commettre d'infraction, pour atteindre *in extremis* son point d'arrivée.

15H

MAYENNE (MAYENNE) - KM 764

Il y parvient à l'heure qu'il avait fini par se fixer.

Au terme de neuf heures cinquante-trois minutes de conduite et de douze heures trente-cinq minutes d'amplitude, se garantissant ainsi l'une des deux coupures hebdomadaires obligatoires de onze heures. Sans cela, il serait passible d'une amende.

CINQUIÈME JOUR

2H
MAYENNE

Lever sur les chapeaux de roues.

Départ. Le vendredi, les routiers ne se posent plus de questions. Ils désertent les nationales et foncent sur les autoroutes. C'est leur retour au bercail qui est en jeu.

5H45
FRANCHISSEMENT DE PARIS - KM 280

Bruno pourra-t-il rentrer chez lui en Moselle, au km 703, dans les délais ? Nouvelle équation à résoudre.

Auparavant, il faudra avoir déposé le camion au dépôt. Puis rentrer en voiture, à une heure trente de route...

Cette incertitude permanente demeure celle de tous les routiers en fin de semaine. Avec le risque et la hantise d'avoir à passer le week-end sur un parking ou une aire d'autoroute. Au milieu des autres laissés-pour-compte, ses semblables, calfeutrés dans leur cabine, tuant péniblement le temps, à ruminer leur destin et leur amère condition de relégués.

Seuls. Soudain inutiles, abandonnés.

Plus invisibles que jamais.

DIMANCHE

BURLIONCOURT (MOSELLE)

Réunir les trois générations de routiers de la famille Triquet n'est possible que le dimanche. Autour de Bruno, dans son salon, un verre à la main : son père, Jean-Pierre (74 ans), son frère, Olivier (47 ans), et son neveu Jérémy (22 ans). La tribu, cousins compris, compte sept chauffeurs.

À la retraite depuis 2002, Jean-Pierre, le patriarche, évoque ses souvenirs. « On faisait ce qu'on voulait. On roulait jour et nuit. Pas de téléphone dans le camion, pas de chef pour nous pister. Les restos routiers étaient ouverts tout le temps. La solidarité entre chauffeurs était réelle. Quand on crevait, plusieurs routiers s'arrêtaient pour prêter main-forte. » Pourtant, en ce temps-là, conduire n'était pas une partie de plaisir. « Nous n'avions pas de siège hydraulique, ni de suspensions. Le corps encaissait tous les chocs des routes souvent défoncées. La couchette se réduisait à un matelas de mousse sur une planche de contreplaqué. »

Comme beaucoup, du temps où le service militaire était obligatoire, Jean-Pierre a passé son permis poids lourd à l'armée, l'auto-école gratuite pour les recrues. « Mon grand-père était un mineur. J'avais besoin de sortir de ce monde étroit. Je voulais voir du pays. J'ai quitté l'armée en 1968. » Jean-Pierre Triquet roule pour une entreprise du BTP, le plus souvent dans la gadoue. Puis pour une menuiserie industrielle. La route, la vraie, il la découvre chez un patron de Metz. Pendant huit jours, il est flanqué d'un vétéran qui lui enseigne les rudiments et les chausse-trapes, avant de le lâcher en solo vers l'Allemagne.

Six mois plus tard, changement de boîte. Cette fois, il devient un régulier de la ligne vers l'Italie. « Passer la frontière était un piège. On pouvait rester des journées entières bloqués à la douane. On perdait un temps fou à attendre le bon vouloir des agents, à remplir des formalités, des liasses de paperasseries avec des tampons, à être contrôlés, parfois le camion vidé... »

Jean-Pierre sillonne l'Europe du Sud, du Nord, de l'Est. L'Allemagne fédérale d'alors était la bête noire des routiers. « On n'aimait pas y aller. Ils refusaient de parler français, ne faisaient aucun effort pour nous simplifier la vie. À croire que la guerre n'était pas finie... On n'avait pas le droit d'entrer en RFA avec plus de 200 litres de gas-oil dans le réservoir. C'était pour nous obliger à faire le plein chez eux. En entrant et en sortant, les douaniers vérifiaient. Il fallait montrer le ticket... Aujourd'hui, il n'y a plus que la Suisse pour être aussi tatillonne. Au bout de quelques années, j'en ai eu assez de subir ce régime. J'ai arrêté l'international pour faire du national. »

Ce que raconte le patriarche ne ressemble pas à ce que vit Jérémy, le benjamin, qui débute, avec un Scania de 500 ch. « Nous n'avions pas de Telma, le ralentisseur électrique, poursuit Jean-Pierre. Nous étions à la merci des descentes dangereuses. Beaucoup se sont tués, emportés par la pente, sans pouvoir se rattraper. Pour passer les seize vitesses, pas synchronisées, on devait empoigner deux gros leviers. Pour rétrograder, il fallait lâcher le volant, prendre un levier dans chaque main pour les croiser au bon moment. On appelait ça "tricoter". Dans les montées, quand on ratait la manœuvre, le camion broutait, reculait. La remorque était secouée, le chargement bousculé.

Les bâches en toile d'un seul tenant étaient terriblement lourdes à manipuler, surtout quand elles étaient mouillées. Il fallait de la force, de l'énergie et de sacrés bras. Par grand vent, elles pouvaient s'envoler. »

Les routiers de ce temps-là devaient composer avec les intempéries. « Les hivers étaient plus rigoureux, témoigne Jean-Pierre Triquet. On ne dormait pas, tellement on avait froid. Les cabines n'avaient pas de chauffage. Il y avait autant de glace à l'intérieur du pare-brise qu'à l'extérieur. Les rétroviseurs étaient gelés. Pour dégivrer, il fallait ouvrir la fenêtre. On cherchait des restos routiers ouverts la nuit et on se réchauffait au calva. En Italie, on nous servait le café avec de la grappa… Ça tient chaud et ça réveille ! »

La route, souvent très abîmée par les barrières de dégel, ou bien défoncée, brisait les reins, tassait la colonne vertébrale. « J'ai aussi eu droit à mes séances de patinoire sur verglas avec le camion qui glisse vers les arbres et le fossé… »

En dépit de toutes ces avanies et du temps passé loin de chez lui, Jean-Pierre évoque cette époque avec nostalgie : « J'aimais mon boulot. J'avais du plaisir à conduire. Seul, peinard, libre… Et le dimanche, je le consacrais à l'entretien : vidange, graissage, vérification des pneus, pour mieux repartir. »

Jérémy, le jeunot, conduit en chaussettes son 44 tonnes bardé d'assistance numérique, dans des conditions de confort et de sécurité dont ne pouvaient rêver ses aînés. Plus de vitesses à passer, tout est automatique. Et au sommet de la cabine, la rampe de phares hyper-puissants repousse ardemment la nuit.

Faut-il s'étonner d'apprendre, au milieu de grands éclats de rire, que « camion ! » fut le premier mot qu'il sut dire ? « Toutes mes vacances scolaires, je les passais avec mon père sur les routes. » Il a même devancé l'appel. « À 17 ans et demi, grâce à mes certificats d'aptitude à la conduite, j'avais tous mes permis, non validés parce que je n'avais pas encore roulé. » Un an plus tard, il empochait le « super-lourd » en semi-remorque. « Personne ne voulait me prendre, à cause de mon manque d'expérience. »

Fougue et impatience qui expliquent peut-être ses deux accidents en huit mois avec, à la clef, un licenciement. Depuis, Jérémy s'est assagi. Son nouvel employeur lui a collé un formateur les deux premiers jours. Tout roule, maintenant. Il bichonne son camion, conscient du privilège de disposer d'une cabine et d'une remorque attitrées, dans une entreprise qui compte le plus grand parc de V8 Scania, la marque suédoise, le « must du must » en France.

En son temps, Olivier, son père, a beaucoup réfléchi avant de se lancer. Il avait pourtant passé son enfance dans la cabine de son père, toujours prêt à sauter sur le marchepied. « J'avais 8 ans, la première fois. J'étais fier de mon père. La responsabilité du camion, des chargements, être juché aussi haut pour voir le paysage et partir à l'aventure... J'adorais. »

Olivier a déserté l'école à 16 ans. Cinq ans chez un paysan, deux ans à l'usine. « Je ne me voyais pas enfermé toute ma vie. » Retour aux sources mais avec précaution. Olivier redoutait le stress de conduire et d'aller chercher du fret. Depuis vingt-cinq ans, il enchaîne les sociétés, huit boîtes successives, et « fait l'international », beaucoup l'Europe du Sud (Italie, Espagne) et l'Europe du Nord (Allemagne, Belgique, Suisse, Luxembourg, Pays-Bas).

Il a vu le métier se dégrader rapidement et se plaint des conditions actuelles : concurrence sauvage des pays de l'Est, parkings saturés, manque de respect. « C'était mieux à mon époque, commente son père. Les patrons étaient plus arrangeants. On ne jouait pas la montre. Il y avait plus de solidarité et de liberté. »

Bruno, l'aîné, travaillait dans la menuiserie. Il a saisi l'occasion d'un stage de reconversion pour passer le permis super-lourd, sésame indispensable pour s'engager dans le transport international – aujourd'hui réduit à peau de chagrin, accaparé par les mercenaires de l'Est. Lui aussi a vu au fil du temps les règlements rogner sa liberté, les automobilistes le mépriser, les incivilités se multiplier.

Et pourtant, sous le regard de Jean-Pierre qui acquiesce, Olivier et Jérémy répètent qu'ils aiment ce métier. Rouler, conduire, voyager… « On décolle toutes les semaines pour l'aventure. »

4

LA RÉVOLUTION LOGISTIQUE

« Je sais comme la logistique (art de combiner tous les moyens de transport, de ravitaillement et de logement des troupes) est complexe, tributaire d'innombrables hasards entremêlés, l'exemple même de la science inexacte. »

Erik Orsenna, *Briser en nous la mer gelée*

Il y a soixante ans, décrivant la vie quotidienne assez misérable des chauffeurs en quête de cargaison, Louis Caro écrivait : « Les routiers que j'ai connus ne roulaient pas d'abord : ils attendaient. » Le quai de la Joliette, à Marseille, ou le café Fromentin, avec son téléphone dans l'arrière-boutique, place Beaubourg, à deux pas des Halles, à Paris, servaient de QG aux affréteurs. Maquignons du transport, joueurs de poker, ils ferraient les contrats, jonglaient avec les paramètres (tonnage, prix du gas-oil, distance, chiffre d'affaires, salaire du chauffeur), et distribuaient, à leur guise, l'ordre des chargements. Certains chauffeurs pouvaient rester en cale sèche pendant des jours. Où qu'ils soient. Le numérique a balayé ce marchandage à la papa. L'informatisation du fret a tout bouleversé.

« Logistique ». Ce mot, affiché sur les remorques des poids lourds, annonce et marque le début d'une révolution, la « logistisation du monde ». L'univers des routiers, que l'on croit figé dans son folklore et ses traditions, fait l'objet d'une mutation considérable.

Aujourd'hui, il est le maillon faible et pourtant irremplaçable d'une vaste chaîne de relais (appelée *supply chain*, « chaîne d'approvisionnement »), complexe et tentaculaire, qui ne cesse de s'étendre pour répondre à la croissance phénoménale de l'e-commerce et à l'impatience du consommateur. Sur le fil de cette toile arachnéenne, le camion et son chauffeur, exécutant docile et pressuré.

Le routier se croit libre parce qu'il roule, parce qu'il voyage, parce qu'il voit du paysage. Mais il circule avec un fil à la patte. Suivi et surveillé en permanence sur des écrans, par son patron, son donneur d'ordres et son client, sa traçabilité le suit comme une ombre. Sur son smartphone où s'affichent les ordres de transport et son plan de vol, il doit valider au fur et à mesure les étapes de livraison (« chargé », « en cours d'acheminement », « livré ») et se conformer à l'e-CMR (la « lettre de voiture » électronique). Si, dans *Le Salaire de la peur*, Yves Montand et Charles Vanel étaient assis sur un baril de nitroglycérine prêt à exploser à la moindre secousse, le chauffeur d'aujourd'hui est assis sur un coffre-fort de données que veut fracturer toute une série d'intermédiaires. « Touche pas au grisbi ! », ripostent les transporteurs, comme dans la cuisine des *Tontons flingueurs*. Leur marge repose sur la stricte organisation des trajets. Ils ont tellement investi ces dernières années pour optimiser la géolocalisation de leurs poids lourds. Garder l'information, c'est détenir le pouvoir. Les laisser à disposition serait se priver de la maîtrise des prix.

Mais l'évolution technologique, le transfert en temps réel des datas, pousse au besoin de transparence. Les patrons ne pourront conserver longtemps le magot des informations à valoriser. Une multitude de startups surgissent comme champignons après la pluie d'automne pour partager les secrets, au nom de la fluidité des échanges. Des plateformes numériques (Convargo, FretLink, Chronotruck, etc.) viennent se glisser entre les chargeurs (grande distribution, industrie et e-commerce) et les transporteurs, pour récupérer et exploiter les données informatisées afin, plaident-elles, de mieux réguler la concurrence.

Le routier qui roule seul, sans le secours d'un coéquipier comme jadis, est secondé par une batterie d'ordinateurs portables logés dans son téléphone, son tableau de bord, et jusque dans les pneus de son camion, où des puces transmettent instantanément les variations de pression. Il doit jongler avec les logiciels. On pourrait dire qu'il assiste plus qu'il ne commande son vaisseau informatisé qui, un jour ou l'autre, pourrait bien se passer de lui. Pendant que son cerveau est occupé à ajuster ses calculs de temps de service, de conduite, de repos, d'amplitude, les calculateurs électroniques qui collectent à la seconde près ses faits et gestes vont plus vite et plus loin.

Dans les poids lourds, les boîtiers montent en puissance, les fichiers sont de plus en plus lourds et les réseaux de communication de plus en plus sécurisés. Affréteur, commissionnaire, chargeur, transporteur, client, tout le monde veut suivre à la minute et au kilomètre près le parcours du routier. De la confirmation de la prise de commande à la certitude de la livraison, garantie par des photos, avec un œil sur les étapes de la tournée et leur durée.

Entre le routier et le destinataire, la gestion des stocks et des flux mobilise une armée d'ingénieurs en informatique, qui maîtrise une quantité astronomique d'informations sophistiquées, oriente et optimise les flux, assure le suivi des marchandises, du simple colis au semi-remorque complet, vers un particulier, une usine ou une plateforme.

Le transport n'est plus qu'un outil de la logistique, devenue un enjeu stratégique, le vecteur de la puissance et le nerf de la guerre. Depuis le début du XXIe siècle, en vingt ans, sa croissance a dépassé les 200 %. Son irrésistible nécessité a transformé les abords des grandes villes et des métropoles. Dans le contexte de concentration de ces « hubs logistiques » protégés comme des forteresses, plateformes et quais de chargement sortent de terre pour aspirer le flot croissant de poids lourds. On les trouve regroupés à la sortie des bretelles d'autoroutes, principalement le long de l'*eurocorridor* qui va de Lille à Marseille, via Paris et Lyon, où se répartissent les deux tiers du marché français. La massification des flux explique la course au gigantisme de ces entrepôts (jusqu'à 150 000 mètres carrés) dont la superficie, à perte de vue, peut représenter l'équivalent de 60 piscines olympiques.

Exercice de haute voltige, la logistique gère et répartit les stocks en accéléré, livre à flux tendu et suit à la trace des produits hétérogènes, en nature comme en quantité, expédiés à toutes sortes de clients (industrie, grande distribution, particuliers). La croissance exponentielle de l'e-commerce se mesure notamment à la puissance d'Amazon. La firme au sourire fléché, dont le logo résume la philosophie – vie heureuse et rapidité –, aux 650 000 employés, aux 250 millions de références, expédie 160 colis par seconde, 14 millions par jour, 5 milliards par an. Son PDG, Jeff Bezos, applique le taylorisme à outrance pour satisfaire ses 300 millions de clients dans le monde. Il surinvestit en logistique et transport, au nom de sa sacro-sainte trinité : vendre tout, tout de suite, partout. En surfant sur la révolution numérique, en misant sur l'achat compulsif et le besoin immédiat, lucide sur ses contemporains et visionnaire entreprenant, le fondateur d'Amazon n'est-il pas devenu en 2019 l'homme le plus riche de la planète ?

En France, la filière du transport et de la logistique représente 10 % du PIB, 100 000 entreprises et 2 millions d'emplois. On la présente comme le « système cardiovasculaire » de l'économie et de l'activité générale. Mais, trop atomisée dans son organisation, elle prend du retard et se laisse distancer par les pays concurrents. La logistique hexagonale n'est classée qu'au quinzième rang mondial, loin derrière l'Allemagne, la Suède, les Pays-Bas et la Belgique, pays irrigués par la vitalité de leurs ports, moins obstrués par la toute-puissance opaque des dockers. Par sa position géographique, son destin de zone de transit européen et ses atouts (dont le million de kilomètres de son réseau routier), la France devrait pourtant tirer son épingle du jeu.

Pour revenir dans la course, une plateforme concentrée, France Logistique, regroupe les acteurs du secteur. Elle est censée leur offrir une puissance inédite pour récupérer, d'ici 2025, les parts de marché qui leur échappent.

Le tout-numérique et la part croissante de la logistique ont bousculé les usages et les traditions. L'abandon progressif des stocks, enfournés dans les poids lourds, implique de savoir gérer au mieux ces flux de marchandises en circulation, de recourir à ces nouveaux outils susceptibles de résoudre, par leurs calculateurs, la complexité des prévisions et de rattraper les inévitables aléas de la circulation sur route, voire les défaillances humaines. *Stowing* (rangement), *picking* (ramassage), logistique à façon, préparation des commandes, conditionnement, suivi des cargaisons, produit par produit... L'éventail des prestations qu'offre la logistique est vertigineux. Elle doit répondre à une double injonction et résoudre une inconnue à variables complexes : complexification des flux + vitesse accélérée des livraisons de produits hétérogènes à des destinataires multiples.

L'un des enjeux de cette numérisation à marche forcée relève de la nécessité impérative de rationaliser les flux de camions, dont on découvre que 25 % d'entre eux roulent à vide et 50 % à moitié remplis. Liée à l'impatience des consommateurs, cette gabegie fait tache en ces temps de préoccupation et de mobilisation environnementales.

DG de Safar Group, Arnaud André, petit-fils, fils, neveu de routiers et de transporteurs, d'abord professeur de physique-chimie, est revenu dans le secteur en 2003. Il s'en était éloigné, pour ne pas revivre la situation de son père, routier, qui « bossait tout le temps, sept jours sur sept et rentrait tard le soir. Le dimanche, il faisait les comptes, entretenait ses poids lourds, sans gagner assez pour se sentir à l'aise. Il n'a décroché qu'à 66 ans. Il parlait peu mais que de camions. Lui et ses frères aimaient leur métier. La route, le voyage. Mes oncles partaient toute la semaine. J'aurais pu, j'aurais dû, suivre leur exemple. Mais j'ai toujours refusé de passer le permis poids lourd. J'ai préféré devenir enseignant. »

N'entre pas dans le milieu qui veut. Pour se lancer comme transporteur, l'impétrant doit présenter une attestation de capacité et une attestation de commissionnaire de transport, disposer d'une certaine somme d'argent garantie (5 000 euros par camion) et présenter un casier judiciaire vierge. À ses débuts en 2005 comme affréteur, Arnaud André n'avait besoin que d'un bureau, d'un téléphone et d'un ordinateur. Avec sa bourse de fret par Internet, il prenait des lots de marchandise, les mettait à l'encan puis assurait le suivi du transport, en prélevant une commission sur la transaction.

Avec un ami, Arnaud André a racheté en 2012 une petite société de logistique qui emploie aujourd'hui 200 personnes et ne cesse de s'agrandir. À charge pour eux de trouver les sous-traitants les moins chers et de bonne qualité, répondant à des critères d'économie et de sécurité. Ils disposent d'une base de données de 10 000 transporteurs, préparent et expédient entre 200 et 300 commandes par jour. Ils emploient dix informaticiens et huit commerciaux.

Arnaud André partage son temps entre la plateforme de Roissy-en-France (Val-d'Oise) et celle du Plessis-Pâté (Essonne) au sud de Paris : 15 000 mètres carrés, 24 quais, rotation de 60 à 80 camions par jour, située entre deux grandes autoroutes, au milieu d'une trentaine de sociétés analogues. Même Amazon est venue s'installer dans cette zone reculée, opaque mais convoitée, avec un entrepôt de 152 000 mètres carrés entièrement robotisé pour accélérer les cadences de livraison des 20 millions d'articles réceptionnés.

Recevoir, trier, conditionner, distribuer, suivre. Métier complexe qui agrège diverses compétences (bourse de fret, réception et conditionnement des marchandises, répartition et distribution), la logistique exige une réactivité immédiate, un pilotage très précis. Arnaud André, qui ne voulait pas connaître l'esclavage sur la route subi par son père, a passé dix ans sans prendre un jour de vacances...

Installé à Balma (Haute-Garonne), issu d'une école de commerce, Guillaume Chavanat, PDG de la société Poux, a commencé comme « intégrateur logistique ». Ce nouveau métier très pointu vise à unifier le secteur très fragmenté du transport, à optimiser les coûts et les délais. Et à garantir que la « promesse prévisionnelle » sera bien tenue, de la production à la livraison.

Les exigences augmentent, les cahiers des charges s'étoffent. Le suivi en temps réel des produits comme des camions ne cesse de s'affiner. « Coût, qualité, délai, c'est la trinité magique et toujours en temps réel pour tous les acteurs, explique Guillaume Chavanat. L'optimisation des flux crée une pression phénoménale et une tension permanente dans les relations. Ce climat pénible durcit les rapports et entretient la persistance de méthodes d'un autre âge. On s'étonne ensuite que l'image du milieu soit si mauvaise... La valeur ajoutée des métiers du transport n'est pas assez reconnue. »

L'apparence impersonnelle de ces vastes entrepôts, que rien ne distingue les uns des autres, dissimule une réalité sociale peu reluisante : emplois précaires, caristes et manutentionnaires soumis à de nouvelles formes de taylorisme enrobées d'un discours high-tech faussement moderniste. Salaires faibles, peu d'évolution de carrière, pénibilité du travail, corps en souffrance comme dans les camions, accidents fréquents, mise en concurrence sauvage et hyper-rationalisée, absence de mobilisation ou de révolte. Les scanners contrôlent tout. Les ouvriers obéissent à des commandes vocales. Les cadences ne cessent d'augmenter, au mépris de l'humain. Ceux qui tombent sont impitoyablement remplacés. Seul le chiffre compte. Et quand le routier se pointe avec son poids lourd dans ce nouveau monde d'extrêmes, de surdiplômés et d'intérimaires qui ne se côtoient pas, il est rudoyé comme un étranger de passage, un importun.

Ces nouveaux métiers préfigurent un monde où les robots vont occuper le terrain et, c'est à prévoir, chasser les humains. Ils circulent déjà dans les allées. Les drones commencent à patrouiller dans des entrepôts ultra-connectés. Ils livreront bientôt les particuliers. L'Internet des objets deviendra le maître et régisseur de ces espaces où tout converge et repart dans l'urgence. Le secteur de la robotique industrielle progresse à pas de géant. Son taux de croissance dépasse les 70 % par an. L'univers de la *supply chain* voit arriver des « robots collaboratifs » (*cobots*) qui associent l'homme et la machine, des flottes de robots, des drones, des exosquelettes (pour soulager le corps du poids de la charge) et une multitude d'innovations technologiques, numériques, ultra-connectées, de petites machines polyvalentes, sans cesse renouvelées, qui fraient avec les humains dans ces entrepôts, « boîtes noires » du flux de la mondialisation.

5

LES PATRONS, GRANDS ET PETITS

« Flux tendu : *technique de production visant à réduire au minimum les stocks, à approvisionner les chaînes de production avec les éléments nécessaires en juste-à-temps, à produire en fonction de la demande, à acheminer, au plus vite, des marchandises destinées à être vendues immédiatement.* »

Années 1970, Saint-Jean-de-Luz (Pyrénées-Atlantiques). Issu d'une famille de mareyeurs, confronté au monde de la pêche et aux centres de distribution, Nicolas Olano, 16 ans, son brevet des collèges en poche, devient livreur, puis acheteur à la criée de Ciboure. Il se verrait bien passer un CAP d'aide-comptable mais, pour l'instant, il trime dans la halle exposée à tous les vents.

Quarante-cinq ans plus tard, Nicolas Olano règne sur un empire familial qui s'étend de l'Europe du Nord aux confins de la péninsule Ibérique, avec un pied en Amérique du Sud. Leader incontesté de la logistique du froid, du transport frigorifique et du surgelé, cinquième opérateur international sur ce marché, il emploie 2500 salariés, dont 1400 chauffeurs, et affiche 400 millions d'euros de chiffre d'affaires. Il dispose d'un parc de 1000 poids lourds en propre et 1000 affrétés, en constante augmentation, d'une cinquantaine d'entrepôts frigorifiques qui totalisent 1 million de mètres cubes, et fait circuler 350000 tonnes de produits frais. Où que l'on soit, impossible de ne pas croiser ou doubler ses nombreux camions en livrée vert et blanc, couleurs évocatrices du Pays basque, reconnaissables à son nom, « OLANO », qui se détache sur les volumineuses remorques.

À Saint-Jean-de-Luz, en bordure de l'A63 reliant la France à l'Espagne, le siège social de l'entreprise, une tour de contrôle évasée toute de baies vitrées, rassemble 80 employés. Dans les vastes *open spaces* et les espaces de travail ergonomiques, éclairés par des LED simulant la lumière naturelle, sous des plafonds qui absorbent le bruit, des ingénieurs agronomes phosphorent sur la traçabilité des produits, tandis que des ingénieurs système planchent sur la transmission des datas, aux côtés de juristes et de « managers de proximité ». Nicolas Olano partage la charge de l'empire avec ses deux enfants, Sandra et Jean-Michel. Tous les lundis, à 7 h 30, le trio Olano se réunit dans une bodega de la zone industrielle pour affiner sa stratégie. Un rituel immuable.

« Je n'ai fait que travailler. Très tôt, j'ai ressenti le besoin d'entreprendre et j'ai brûlé les étapes. » Ce Basque à forte personnalité – pléonasme –, habitué à commander avec autorité, a l'œil sur tout. « À 18 ans, j'ai découvert la passion de conduire. Je me voyais bien tractionnaire, pour être libre et gagner ma vie. J'ai devancé l'appel pour l'armée. À 19 ans, déjà père, j'avais construit ma maison. À 23 ans, j'ai créé ma propre entreprise de transport. Pour acheter mon premier camion d'occasion, j'ai hypothéqué ma maison. Mes futurs concurrents m'ont permis d'avoir un peu de trésorerie. Avant le lever du jour, j'étais à leur service. Ensuite, je livrais mes propres clients. Que m'a-t-il fallu pour entreprendre et réussir ? Une ouverture d'esprit et de l'intelligence pour comprendre, anticiper, réagir, investir. »

Ses chauffeurs font l'objet, assure-t-il, d'une attention particulière. « On doit les respecter. À chaque tournée, nous leur confions un investissement de 250 000 euros, le véhicule et la marchandise. Ils doivent maintenir la chaîne du froid, contrôler les cargaisons, assister aux chargements-déchargements, conduire pendant de longues heures. Les routiers sont les ambassadeurs, les plus visibles, de l'entreprise. Nous leur demandons d'être très professionnels dans leur tenue, polis et ouverts aux clients. C'est eux qui défendent notre image, partout où ils passent. Avec eux, nous vendons aussi du service et de la relation humaine. » Le groupe Olano a même créé son propre centre de formation, où l'on entre à bac +2.

Au sommet de son empire, qu'il a diversifié dans l'hôtellerie et le prêt-à-porter, fêté et célébré dans sa ville natale pour son enviable et spectaculaire réussite, Nicolas Olano est inquiet du tournant pris ces dernières années. « Tout va trop vite maintenant. L'exigence du "tout, tout de suite", poussée par l'impatience des consommateurs, conduit à prendre des risques sur la route et pose de sérieux problèmes de sécurité. »

Cette pression se répercute sur les négociations commerciales. « Les clients jouent sur la concurrence et tirent les prix au plus bas, avec pour conséquence de pratiquer une forme d'esclavage en faisant trimer pour une misère des chauffeurs étrangers. Moi, je refuse d'abaisser les salaires. J'oppose à cette grande braderie sociale notre réactivité, notre compétence éprouvée, notre savoir-faire et notre longue connaissance du métier. » Nicolas

Olano affirme qu'il rémunère ses chauffeurs à hauteur de 3 500 euros (avec les frais).

Il s'agace de l'incompréhension des décideurs politiques à l'égard de son secteur, pourtant capital pour l'économie. « L'évolution du marché et de la société nous oblige à toujours plus de professionnalisme et de procédures : qualité, sécurité, traçabilité. C'est un métier qu'ils ne prennent pas en compte. Il faut toujours leur expliquer et leur réexpliquer. Nos organisations professionnelles, elles-mêmes, ne sont encore ni assez représentatives, ni assez exigeantes pour défendre nos métiers. La presse, qui colporte l'éternelle même mauvaise image (accidents, blocages), ne nous aide guère à faire évoluer les esprits, à gagner en compréhension. Le métier de transporteur a évolué. Nous sommes devenus des prestataires de services industrialisés. Le monde du transport de marchandises est un citron que l'on presse. Alors que nous devrions agir, et être respectés, comme l'un des maillons forts de l'économie. »

Le TRM (transport routier de marchandises) se partage entre deux univers, celui de la concentration de grands groupes structurés, rouleaux compresseurs dans les négociations (les vingt plus gros capitalisent plus de 80 % du chiffre d'affaires de tout le secteur), et la multitude de petits patrons éparpillés dont beaucoup cherchent d'abord à honorer leurs échéances de fins de mois. Entre eux, le fossé est immense.

Le groupe Olano s'appuie sur un réseau de 4 400 clients et répond, en moyenne, à 1 000 offres par an. « Cela suppose une réactivité immédiate, sinon le client va ailleurs. » Depuis une vingtaine d'années, la conjoncture est défavorable aux transporteurs français, dont le pavillon s'est effondré. Le trafic international leur passe sous le nez et les camions, venus d'ailleurs, sont conduits par des mercenaires à bas coût (voir chapitre 11).

Installé dans la banlieue d'Albi (Tarn), Roger Rivals a démarré en 1965 avec un seul poids lourd au départ des mines de Carmaux. Sa double ambition – développer son activité et faire vivre sa famille – a pris corps. Son entreprise s'est diversifiée et développée (56 camions, 80 employés). Et son fils, Éric, a repris le flambeau. La maison jouit d'une belle image dans le secteur.

« Le monde du transport a tellement forcé sur la productivité qu'il ne s'est pas soucié de l'humain. On ne va pas bien loin, avec une telle mentalité. La corde est trop tendue. Offrir de meilleures conditions de travail est profitable pour tout le monde. Le chauffeur s'implique plus, gagne en considération et la sécurité s'améliore. J'ai la responsabilité de 80 personnes, et d'une certaine façon de leurs familles, je ne me vois pas faire n'importe quoi... »

La panne de recrutement qui affecte le secteur vient en partie de ce déficit social. Éric Rivals n'hésite pas à investir dans de beaux camions. « Si on donne un bon outil, le chauffeur donne le maximum. Il est fier qu'on lui confie cette responsabilité. Toutes les sociétés aujourd'hui montent en gamme et en qualité pour embaucher et surtout garder les jeunes chauffeurs. »

Sur la concurrence des pays de l'Est, Éric Rivals développe un point de vue original : « Tout le monde s'énerve sur cette question. On crie haro sur le baudet ! Mais ça ne sert à rien. Les chauffeurs de l'Est sont là parce que les grands groupes les ont fait venir. Ils ont déjà raflé 90 % du trafic express. Évitons maintenant qu'ils absorbent le reste. Le meilleur moyen demeure d'assurer la qualité du savoir-faire et du service. »

À l'autre bout de la chaîne, bien des PME font face à une concurrence déloyale qui les accable. Michael Lobstein, le patron de Bruno Triquet (voir chapitres 1 et 3), avait démarré la fleur au fusil, impatient de se lancer. Ses deux grands-pères, son père, son oncle, son frère étaient ou sont routiers. « Je passais toutes les vacances dans les camions et je rêvais de diriger ma propre entreprise de transport. » Après son BTS, Michael Lobstein ne traîne pas. Le 7 août 2007, alors qu'il vient à peine de fêter ses 20 ans, il ouvre sa boîte, Roadstar, avec un camion et un VUL (véhicule utilitaire léger). Son père a renoncé à trente ans d'ancienneté pour le rejoindre et l'épauler. Michael commence par signer avec un gros client, une entreprise de fenêtres et de vitrages. Les affaires marchent bien. Michael Lobstein fait du chiffre, engrange des bénéfices, recrute des chauffeurs. Il possède vite trois camions, huit VUL, emploie dix salariés. Il ne lâche pas le volant, sa passion. Il roule à travers l'Europe, appartient à la grande famille du TIR (transport international routier), l'aristocratie du métier. En 2014, son ascension marque toutefois le pas. « La concurrence faisait rage. On trouvait des VUL cinq fois moins chers et des poids lourds deux à trois fois moins chers. J'ai arrêté l'international, vendu tous mes VUL à perte et j'ai commencé à licencier, la mort dans l'âme. »

Patron et routier, Michael Lobstein cumule les contraintes. Il enquille des journées de quinze heures, dort très peu et n'a pas de vie privée. « Je règle les problèmes en roulant et je fais la paperasserie administrative le week-end. » Parti tous les dimanches soir, il ne rentre que le vendredi, tard, en fin de soirée. Il roule de nuit, dort à quai dans sa cabine pendant les phases de chargement et déchargement. « Je suis tellement fatigué que je n'entends plus les chocs et l'activité dans ma remorque. » Coucher vers 7 heures du matin ; lever vers 13 heures ; redécollage vers 18 heures. Tous les jours, toutes les semaines… « Mon premier réflexe au réveil est d'ouvrir mon ordinateur pour vérifier où sont mes chauffeurs. Je fais le point avec eux. Si un souci se présente, je me dépêche de le résoudre avant de reprendre la route. Pour l'instant, j'ai une bonne endurance. »

Michael Lobstein préférerait rouler de jour mais son client régulier lui impose ce rythme de nuit, au nom du « zéro stock, zéro délai ». « Je charge le soir en Alsace et je livre en Mayenne au lever du jour, à 700 kilomètres. La cargaison est tout de suite dispatchée sur les chantiers et chez les détaillants du fabricant. Tout est à flux tendu : la production, la livraison, la distribution à l'arrivée. J'ai presque dix heures de route. Je suis tout le temps sous pression. Si je perds vingt à trente minutes, je n'y arrive plus. Quand j'ai du retard, le client pourrait me le facturer ou demander des compensations, mais nous avons noué une relation de confiance et il est compréhensif. »

Malgré son jeune âge (32 ans), Michael Lobstein en a suffisamment vu pour juger l'évolution du secteur, pressuré par le « zéro stock, zéro délai ». « Tout le monde est devenu fou. Je livre des fenêtres, ce n'est pas un produit périssable. L'expéditeur exige de moi que je roule la nuit pour gagner du temps. Si je roulais de jour, je serais moins à la bourre, moins pressé, mais lui perdrait une journée de stockage dans son entrepôt. Le prix du transport est le même. »

Contraint de s'adapter aux exigences actuelles de l'économie, le patron-routier Michael Lobstein en subit le contrecoup. « La nuit, le vrai problème, évidemment, c'est la somnolence. Quand l'endormissement me gagne et que je le sens, ma préoccupation la plus urgente est de trouver un endroit où m'arrêter. Les parkings sont saturés dès la tombée du jour. Faute de place, les poids lourds s'entassent sur les bandes d'arrêt d'urgence ou les bretelles qui mènent aux aires d'autoroute. Les flics nous délogent et nous expédient vers les zones industrielles, qui ont tendance à restreindre leur accès, en posant de grosses pierres pour nous empêcher d'entrer. On va où ? Il nous reste quoi comme solution ? » Quand la fatigue est trop lourde, Michael Lobstein grappille vingt à vingt-cinq minutes de sommeil. « Ça me suffit. Je mets le réveil. Si je dors plus, je suis encore plus fatigué. Et je demande à mes chauffeurs, dont je connais les conditions de travail pour les partager avec eux, de faire au mieux, de respecter leurs temps de conduite et de repos, de faire attention à eux. » Comme tous les patrons routiers, Michael Lobstein a du mal à recruter : « Comment trouver des chauffeurs qui acceptent de vivre à ce rythme toute la semaine sans rentrer chez eux ? C'est très dur. »

Aujourd'hui, il est confronté à une autre menace, au point qu'il songe à vendre son entreprise – sans vouloir cesser de rouler lui-même. « Nous sommes trop taxés et la concurrence est rude et trop déloyale. Des transporteurs français exploitent de la main-d'œuvre étrangère qui prend le boulot de nos chauffeurs, dans des conditions inacceptables, pour facturer à vil prix leurs prestations. Ils déstabilisent le marché national et font couler les petites boîtes qui ne peuvent plus suivre. J'en ai marre ! »

Lui qui avait tant rêvé de ce métier, dont il avait tant d'exemples sous les yeux depuis son enfance, a perdu ses illusions. Mais l'envie d'être sur la route demeure, coûte que coûte. « Quand j'étais gamin, les routiers étaient fiers et respectés. Aujourd'hui, tout le monde nous crache à la figure, on nous parle comme à des chiens, on nous traite comme les derniers des cons. Même les filles que je peux rencontrer fuient quand elles apprennent que je suis routier… »

Michel Sarrat, patron de GT Solutions, basé à Bassens, près de Bordeaux, associe les routiers à ses décisions. Il a offert à ses 2 000 salariés, en majorité des chauffeurs, d'entrer au capital de l'entreprise, d'en devenir les actionnaires. Les rémunérations sont fixées au terme d'une concertation collective. La gestion du planning et des véhicules est assurée par les conducteurs. Son engagement humaniste, rare dans ce métier, hérité de son grand-père, Michel Sarrat le conçoit comme une forme de résistance nécessaire aux dérives du transport et au mépris qui affecte la profession. « La productivité à tout prix des véhicules, la prégnance du juste-à-temps qui exige la même ponctualité que celle des trains ou des avions, l'extrême précision de l'organisation du travail induite par la logistique finissent par banaliser le rôle du routier, qui passe pour interchangeable. Sa responsabilité, ses contraintes, la pénibilité, non reconnues, sous-payées, contribuent à son manque de reconnaissance. »

Il y a trente ans, la famille Sarrat a créé sa propre école de conduite, inspirée de l'esprit des Compagnons du Tour de France, dont les cours, théoriques et pratiques, durent deux ans, le temps de vraiment maîtriser tous les aspects complexes du métier. GT propose aussi des formations à la gestion du stress. Michel Sarrat est souvent cité en exemple pour la qualité des relations et du respect qu'il entretient avec ses salariés.

Mais le transporteur n'est pas à la fête. Lui-même est engagé dans une série de bras de fer dont il sort rarement gagnant. « Nous passons à la moulinette de la négociation. Les meilleures années, notre taux de marge excède rarement les 2 à 3 % de bénéfice net. Notre fragilité tient à la disproportion entre les exigences de nos clients et leur incohérence à ne jamais payer le juste prix. Ils n'y consentent qu'en cas d'urgence, lorsqu'ils subissent une rupture dans leur chaîne d'approvisionnement. La grande distribution a pris la main sur les entrepôts. Et Amazon, sans foi ni loi, qui a déséquilibré la logistique, dicte ses impératifs à tous les acteurs. La montée en puissance de l'intelligence artificielle dans notre secteur va bouleverser l'équilibre économique traditionnel. Nous entrons dans une nouvelle ère dont nul ne sait la place qui sera réservée aux routiers. »

Première femme déléguée générale de la FNTR (Fédération nationale des transports routiers, la principale organisation patronale), avocate de formation, énergique et tonique, Florence Berthelot ne mâche pas ses mots pour dénoncer la mauvaise image des routiers et des transporteurs. « Les consommateurs qui réclament tout de nous ignorent la réalité de notre métier. Nous sommes victimes de la schizophrénie générale. Dans la même personne, le citoyen refuse ce que le consommateur exige, et sans délai… Il dénonce la pollution mais ne mégote pas sur les commandes et réclame d'être livré au plus vite. Et l'e-commerce, avec ses livraisons gratuites, contribue à nous effacer du paysage. »

La libéralisation du secteur, à la fin des années 1980, et l'abandon de la TRO (tarification routière obligatoire), mesure protectrice, contrôlée, sanctionnée, qui garantissait un tarif minimal et une marge bénéficiaire, ont entraîné une course aux tarifs bradés, une dégradation des conditions sociales et de circulation, avec l'instauration concomitante du flux tendu et du juste-à-temps. La route est devenue la jungle. « Les gouvernements ont laissé faire. Ils ne nous ont pas défendus. Le transport n'est plus payé au juste prix mais au moins cher, sans égard pour la situation du chauffeur », ajoute Florence Berthelot.

Les capacités d'autofinancement des sociétés de transport routier s'amenuisent. Le coût du transport est réparti entre trois postes. La part conducteur représente plus du tiers, entre 33 et 35 % ; les frais de structure (bâtiments, assurances, crédits, taxes à l'essieu) autour de 25 % ; les frais variables (gas-oil, entretien, péages) estimés à 40 %.

Selon une étude de la Banque de France, il y a dix ans une entreprise sur deux n'existait pas. Six dirigeants sur dix ont moins de 50 ans, mais ils se heurtent à des problèmes de transmission. Un tiers des créations s'effondre en cours de route. Les difficultés à recruter et le recours accru à l'intérim, qui, à terme, posent des problèmes de compétences et de turn-over, nuisent à la productivité et à la compétitivité.

L'histoire du transport routier en France est jalonnée de grèves longues et dures, aux résultats aléatoires, parfois décevants pour leurs initiateurs. En juillet 1992, neuf jours de blocage, dans les dépôts d'essence et sur la route des vacances, pour protester contre le nouveau permis à points. L'envoi de l'armée et l'utilisation de chars AMX pour déloger les poids lourds demeurent un souvenir traumatisant dans la profession. En novembre 1996, des barrages partout en France pendant douze jours pour réclamer la retraite à 55 ans et le paiement de toutes les heures travaillées. Une cinquantaine de départements prennent des mesures de réquisition et d'approvisionnement. Les routiers obtiennent gain de cause, ou presque, avec le CFA (congé de fin d'activité) ouvert à 57 ans, après vingt-six ans de conduite. En novembre 1997, pendant cinq jours, ils bloquent l'approvisionnement des deux tiers des stations-service, pour exiger une revalorisation de leurs salaires qui leur sera accordée. En septembre 2000, contre la hausse du prix des carburants, ils interdisent l'accès à des raffineries et dépôts de pétrole, contre la hausse du prix des carburants. Les barrages sont levés après l'annonce d'une baisse de la taxe pétrolière (TIPP). En 2002, grève pour la réduction du temps de travail.

Les modes d'action ont changé. Le lobby routier a fini par se rendre compte que paralyser le pays se révélait trop coûteux pour les exploitants, se payait de trop de jours perdus et au prix d'une désastreuse impopularité. Aussi n'en use-t-il plus qu'à dose homéopathique et symbolique. En 2020, lors de la contestation autour de la réforme des retraites, les routiers, à part quelques barrages filtrants, n'ont jamais vraiment appelé à la grève, ni à suivre le mouvement.

« Si vous l'avez, c'est un camion qui vous l'a apporté. » Il est courant de dénoncer l'augmentation du nombre de camions sans se demander pourquoi. « Plus personne ne s'interroge sur l'origine et le cheminement des objets, s'étrangle Florence Berthelot. Sans nous, tout s'arrête. »

6

FANTASTIQUE ET L'OURAGAN

« Voyez-vous, c'est du rêve et de la mouise, la route. Des matins crachotants, des nuits à refroidir un mort mais, plus fort que tout, l'horizon dans les yeux et les étoiles au ciel. »

Patrick Pécherot, *Hével*

Elles ont dû se battre pour conduire des poids lourds, se hisser au niveau des hommes. Le droit de tenir un volant, elles l'ont arraché de haute lutte, sous les quolibets, les lazzis, voire la haine de gros bras qui se sentaient diminués d'avoir à partager la route avec elles.

Elles ont tout entendu. « La place d'une femme n'est pas sur la route mais dans son foyer. » « Une femme n'a rien à faire là. » Et cette « blague », répétée mille fois : « Tu sais pourquoi vous avez des pieds plus petits que nous ? Pour être plus près de l'évier… »

Au volant dès la fin des années 1950, l'une des pionnières, Lilyane Slavsky, surnommée « Fantastique », a toujours revendiqué sa féminité dans ce monde de mâles. Pendant un demi-siècle, elle a roulé maquillée, bien coiffée, en jupe et talons hauts.

Fonctionnaire au ministère de la Défense, elle se mettait en disponibilité pour suivre son mari sur la route des primeurs Valence-Paris, Marseille-Lille. Secrétaire et routière… Sa double vie était connue, parfois enviée. « Je prenais un mois de repos et je partais avec lui. Parfois, il me laissait conduire. » Au début des années 1970, elle s'est décidée à tout plaquer, boulot et mari, pour ne vivre que sa passion : conduire des poids lourds. « J'en avais ras le bol d'être fonctionnaire, un métier de fainéant », assène-t-elle. En juillet 1974, elle intègre Onatra, la plus grosse entreprise de transport à l'époque (1 000 camions, 1 200 licences), d'abord pour des remplacements d'été, ensuite à temps plein. « On allait partout… » Elle tire de la « mélasse » (du sucre de betterave), puis une citerne. Dix ans plus tard, se reconvertit dans le frigorifique, avant de revenir aux citernes. Chaque type de remorque impose une forme spécifique de conduite. Conduire un poids lourd exige de savoir s'adapter à la nature de la cargaison.

Quand Lilyane a voulu participer au Championnat de France des routiers, les organisateurs l'ont repoussée. Comment une femme pouvait-elle prétendre se mesurer aux hommes ?

En 1990, contrainte de décrocher pour raisons familiales, Fantastique a sombré dans une dépression. Et en 2001, elle a repris la route, forcée de cohabiter avec un autre chauffeur, en équipage avec « Goldorak », sur la ligne régulière Vernon (Eure) – Berlin. Vingt-deux heures d'affilée aller et retour, en se relayant. « Je n'ai pas beaucoup aimé cette période. Je préfère être seule. »

À 14 ans, Lilyane avait manqué se faire écraser par un camion. Ce Panhard-Levassor noir qui fonçait sur elle est resté gravé dans sa mémoire. C'est sa frayeur qui a déclenché son coup de foudre. Un psy ferait son miel d'un tel transfert, pour ne pas dire transport. De ce jour, l'apparition de ces mastodontes la faisait rêver. « J'étais fascinée. Je les trouvais beaux, extraordinaires. Je les identifiais à des personnes. Je pouvais passer une heure à les contempler, à tourner autour. La mécanique me passionnait. » Comme de juste, Lilyane convolera avec un routier, puis le quittera pour ne faire corps qu'avec son camion. « C'est inimaginable ce que j'éprouvais. J'étais fière, heureuse, orgueilleuse, je crânais. Je me sentais quelqu'un. »

Fantastique a longtemps trôné au sommet de poids lourds défaillants. « Je n'avais droit qu'à des camions en mauvais état. Des Saviem, des Magirus qui tombaient régulièrement en carafe. Une fois, je suis restée bloquée trois jours, du vendredi au lundi, oubliée sur une déviation, à cause d'une panne. Les camions roulaient sans arrêt et les chauffeurs n'étaient guère précautionneux. »

À l'époque, les femmes routières ne sont qu'une vingtaine en France. Fantastique se distingue par l'accueil chaleureux qu'on lui réserve. Peu de rejet, beaucoup de respect. Sosie de Dalida, avec sa crinière abondante, toujours impeccablement mise, affranchie et volontaire, elle en impose. « On m'a bien sûr beaucoup baratinée. On me faisait des avances. Les trois quarts des routiers sont des coureurs de jupons. Je n'ai jamais eu d'histoires ni d'embrouilles avec eux. Je savais les tenir à distance avec gentillesse et fermeté. L'homme propose, la femme dispose. » Son caractère, son statut à part ? « Les routiers s'arrêtaient pour manger avec moi. Ils m'attendaient. Quand je tombais en panne, il y en avait toujours une dizaine pour me prêter main-forte. »

Son surnom s'est imposé dans le milieu grâce à Max Meynier. La FNCR (Fédération nationale des chauffeurs routiers), dont elle était l'une des secrétaires régionales, l'avait déléguée pour « dégrossir » l'animateur, qui avançait en terre inconnue. « Les Routiers sont sympa » démarrait sur RTL, et Max Meynier avait besoin de les connaître. « On a beaucoup parlé. Je lui expliquais le langage du métier. Je lui avais raconté la réaction d'un chauffeur qui m'avait croisée : "Une femme comme toi qui aime les camions, je trouve ça fantastique !" Max Meynier s'est jeté sur cette histoire. En lançant ce surnom sur RTL, il m'a rendue populaire. C'est devenu mon nom de code sur la CIBI. Tout le monde me reconnaissait à ma voix rauque, un peu éraillée. »

Fantastique est alors payée au kilomètre, une pratique interdite aujourd'hui en France, mais toujours en vigueur dans certains pays européens. « Pour bien gagner sa vie, il fallait beaucoup rouler. » Lilyane circule sans arrêt, le samedi, le dimanche, les jours fériés, en toute saison. « Je n'ai jamais pris de vacances ni flanché. J'aimais trop cette vie. En dehors de mon camion, je m'ennuyais. La nuit était mon royaume. J'étais tranquille, dans le silence de ma solitude, bercée par le bruit du moteur. La conduite, le brouillard, la pluie, le verglas étaient mes musiques de bord. Je n'écoutais jamais la radio. Quand le sommeil me gagnait, j'enclenchais des K7 de Dalida, de Julio Iglesias, d'Eddy Mitchell. Je préférais dormir dans ma cabine que chez moi. J'étais bien, dans mon petit domaine. Je me sentais libre et en sécurité. » Elle ne voyait sa fille, élevée par sa mère, que tous les quinze jours. « Je la prenais dans mon camion pendant les vacances scolaires. »

Fantastique se voulait irréprochable. « J'ai horreur de la vitesse. Je n'ai jamais pris de risques. J'aimais trop mon camion. Quand j'apercevais un bouchon dans mon rétro, je m'effaçais pour laisser passer les automobilistes. »

En ce temps-là, conduire un poids lourd nécessitait une force physique particulière. « Il fallait drôlement tenir le volant, très grand, avoir le compas dans l'œil, entretenir le matériel, réparer toute seule, changer les pneus, les Durits, l'électricité, les flexibles. Nos réservoirs ne contenaient que 200 litres, et nos moyennes de consommation étant élevées, il fallait faire régulièrement le plein, trouver des stations, amorcer les pompes à gas-oil. »

Fantastique devait aussi affronter, au volant de camions rudimentaires, certains secteurs dangereux, pièges mortels où de nombreux routiers, même prévenus, se sont fait tragiquement surprendre. La redoutable descente de La Rochepot, dans le Morvan, sur la Nationale 6, le col de Bussang, dans les Vosges, le mythique « Crocodile », en Allemagne. « Quand j'y passais, j'avais toujours peur. Je redoublais de prudence. La règle à s'imposer était de descendre les pentes à la même vitesse que la montée, de rouler avec le frein moteur, sinon les freins chauffaient et prenaient feu. Le poids et l'inertie incontrôlable du camion provoquaient l'irrémédiable. J'en ai tant vu qui se sont tués par inconscience ou ignorance... »

Lilyane n'aura droit à un camion neuf, un Berliet, qu'un quart de siècle après ses débuts. « Le volant, 60 centimètres de diamètre, était immense et tirait sur les bras. » Fantastique finira reine d'un Volvo 610 ch. Elle considère avec dédain toutes les évolutions technologiques destinées à soulager l'effort des routiers. « Ce n'est plus de la conduite. C'est le camion qui commande. Les chauffeurs ne sont plus que des tourne-volants. » La formation, imposée et perfectionnée, ne trouve pas grâce non plus à ses yeux. « Les écoles, c'est du cinéma ! La technique, ce n'est pas la pratique ! Si c'était à refaire, je repartirais dans un vieux camion sur les nationales et pas dans un de ces engins ultra-sophistiqués pour autoroutes. Ce sont pourtant des joyaux. On doit enlever ses chaussures pour y entrer et les conduire... »

Fantastique adorait la dureté des temps héroïques : « Ni direction assistée ni relais électrique ou mécanique. Il fallait pratiquer le double pédalage pour débrayer, sortir la vitesse, passer la vitesse supérieure, réembrayer pour enclencher la vitesse. Le "bec de canne" devait être croisé avec le levier de vitesse, que l'on devait tenir à deux mains. On se coinçait les doigts, on finissait avec des bleus. En guise d'air conditionné, il fallait lever le pare-brise avec de grosses vis. Pas de chauffage. L'hiver, les nuits étaient vraiment froides. Ceux qui n'avaient pas de couchette devaient se contenter de leur siège en similicuir, glacé ou brûlant selon la saison. Mais ce furent nos plus belles années. »

En 2007, à 70 ans, vaincue par l'âge légal, « la maman de la route », comme on la surnomme, lâche définitivement le volant après 5 millions de kilomètres. Sans le moindre PV ni accident.

Nostalgique, Fantastique vit avec ses souvenirs, repliée dans la ferme familiale, au cœur de la Sologne, qu'elle a transformée en arche de Noé. Elle recueille et adopte une multitude d'animaux abandonnés qui ont pris possession de sa grande maison. Dans le salon et les chambres, chiens de toutes tailles, de toutes races, allongés sur les lits, les tapis, les canapés, partagent leur royaume avec des chats. Dans la prairie, chevaux, ânes, poneys, oies, poules et canards gambadent.

Fantastique est « rangée des camions ». Elle sort de temps en temps pour assister à des parades dans sa région et accoler le prestige de son nom à la webradio d'une association humanitaire, Les Camionneurs du cœur, dont elle est la marraine.

Pour le week-end de Pâques, tradition bien établie, une autre association, La Route au féminin, organise un banquet. Il a été annulé, pour la première fois, en 2020, pour cause de confinement général. Chaque année, près de quatre-vingts routières convergent de toute la France pour se retrouver. Seule la destination change. Les hommes, maris ou compagnons de ces drôles de dames, sont présents mais parqués à part. Les copines veulent rester entre elles.

Aux commandes de ce gueuleton très couru, Annie Sedlegger, 71 ans, alias « L'Ouragan », de noir vêtue, clope au bec et sifflet autour du cou pour mettre un peu d'ordre dans la joyeuse agitation de cette bruyante volière. Beaucoup sont tatouées. La plupart affichent un corps usé par la route et des problèmes de poids.

Comme tant d'autres, Annie n'a pas réussi à contrôler l'embonpoint qui déformait son corps, au point d'accuser 140 kilos, de finir essoufflée au moindre effort, de tomber un jour en syncope dans son camion. Au risque de tout perdre, emploi, salaire et passion. Faute de savoir se réfréner, elle a opté pour les grands moyens : se faire poser un anneau à l'estomac. C'est un remède courant chez les routières. Elles ne s'en vantent pas, n'en parlent qu'entre elles. À l'heure de passer commande, Annie prend d'ailleurs la peine de demander, d'une voix de stentor : « Qui prend un repas slim, anneau, by-pass ? » (allusion à l'opération chirurgicale, connue de toutes, qui réduit le volume de l'estomac pour traiter une obésité).

Entre deux plats, en guise de trou normand, la plupart sortent papoter, en tirant sur leur clope. « La première édition, c'était en 1993, se souvient Huguette Durand, la secrétaire de l'association. Plusieurs filles communiquaient par CIBI. Elles ont décidé de se donner rendez-vous pour Pâques au sud de Lyon. On s'est retrouvées treize nanas, venues de partout. On n'avait jamais vu autant de routières. On a vraiment aimé ce moment. On travaille tellement avec des hommes. Ça nous repose de discuter entre filles, de retrouver nos complicités de femmes. »

Ce samedi, les routières ont mis les pieds sous la table, dansé ensemble sur « Alexandrie, Alexandra » de Claude François, « Les Corons » de Pierre Bachelet, tangué et chaloupé sur la rengaine de Charles Aznavour, « Emmenez-moi au bout de la terre ». Forcément… « I Will Survive », elles l'ont chanté à tue-tête. C'est leur défi quotidien.

Les hommes n'ont pas été conviés à les rejoindre sur la piste. Condamnés à faire tapisserie, dans la même salle, pour une fois, mais à part. Maris ou compagnons de routières, curieux statut… Beaucoup avouent leur admiration. Ils savent ce qu'elles ont enduré pour tenir et ce qu'elles affrontent.

Annick Niquet, alias « Toupinette », vient de Seine-Maritime avec son mari, lui-même routier, ancien mécano, surnommé « Cambouis ». Après cette rencontre, je la suivrai sur la route Le Havre-Paris au volant de son porte-conteneurs (voir chapitre 19). Pour rien au monde elle ne raterait ce rendez-vous annuel : « Nous sommes un groupe très soudé. Sur la route, on se téléphone. Quand on se croise, on se salue par des appels de phares. Mais on ne se voit jamais. C'est le seul moment où on peut se retrouver pour échanger, comparer nos façons de conduire, très différentes selon la nature du chargement : frigo, bâché, conteneurs, animaux vivants ou morts. » Ses voisines détaillent les périls : le mouvement perpétuel d'une citerne, accentué lors d'un freinage ou d'un virage, entraîne le risque de se coucher si le liquide bascule trop sur le côté. On installe des brise-lames à l'intérieur, pour casser la trop grande amplitude des oscillations.

Dans les immenses bétaillères, les comportements imprévisibles des animaux, auxquels il faut donner à boire en cours de route, sont, en cas d'affolement collectif ou de panique, une préoccupation constante. Même à l'état de cadavres, ils peuvent être inquiétants. Le ballant des « pendus », les carcasses d'animaux, est très dangereux. Un virage pris trop vite, c'est l'assurance de verser dans le fossé...

À 66 ans, une mauvaise chute depuis la cabine de son DAF (double fracture, poignet et genou) a obligé Annie Sedlegger à mettre fin à une vie d'aventure. « Je voulais rouler jusqu'à 70 ans… » L'Ouragan n'est pas la première à s'être laissé surprendre. Il est régulièrement rappelé que sortir du camion nécessite de s'assurer trois points d'appui, les deux barres de côté et le marchepied, pour descendre en rappel les 2,50 mètres entre la cabine et le plancher des vaches. Nombreux sont ceux qui, oublieux des règles de prudence ou victimes de la routine, dégringolent et se fracassent sur le bitume. Après sa chute malencontreuse, la mort dans l'âme, comme tant d'autres, Annie a dû abandonner ses rêves au bord de la route.

Sa vie s'était nourrie jusque-là d'une passion très ancienne, forgée dès la petite enfance, à la fin des années 1940. À 4 ans, cette fille de boulanger, postée sur le bord de la RN4 à Saint-Dizier (Haute-Marne), guettait le passage des camions, la tête pleine de questions. D'où pouvaient-ils bien venir ? Où allaient-ils ?

En revenant de l'école, le soir, la petite Annie traînait devant le parking d'une entreprise de transport pour humer l'odeur de camions, s'enivrer du fumet d'huile, de gas-oil, de la fragrance des marchandises et des moteurs encore chauds. Son imagination divaguait vers les lointains, sur la route. Un jour, elle y serait.

Mais sans le certificat d'études, pour cette aînée d'une famille de cinq enfants, la voie était toute tracée : direction l'usine, dès l'adolescence. Mariée, enceinte à 19 ans, Annie enchaîne travail à la chaîne et ménages pour passer son permis voiture. Veuve à 24 ans, avec trois jeunes enfants à charge, elle s'accroche. Dix ans plus tard, son usine ferme. Annie se retrouve sur le carreau. Licenciée économique, à l'époque elle a droit à des indemnités mais pas au chômage. Sa demande de reconversion auprès de l'ANPE est refusée. « Pour eux, une femme devait rester à la maison… »

L'Ouragan (« quand je passais, on savait que j'étais passée ») fait plier les ronds-de-cuir. Elle est la première femme à recevoir une aide pour devenir routière. Mais elle doit dénicher un employeur qui se porte garant de sa démarche. « Je vous signe le papier, me dit-il, mais je ne vous embaucherai jamais ! » Le permis poids lourd en poche, elle se présente accompagnée de sa fille chez un transporteur qui la reçoit plus que fraîchement. Il lui montre la porte : « Les bonnes femmes, leur place, c'est devant l'évier ! »

Pour rouler, Annie décide d'acheter son propre camion. Enlisée dans la paperasse, la comptabilité, les soucis mécaniques, elle manque de temps pour tout mener de front. L'Ouragan arrête les frais avant d'avoir fini de rembourser son emprunt. Trois jours plus tard, une boîte d'intérim l'oriente vers un transporteur qui n'avait jamais fait rouler de femmes. C'est la bonne adresse. Dix ans à voir du pays, à traverser l'Europe au volant d'un DAF, sa marque de prédilection – pour la couchette et les rangements. L'Ouragan prend toutes les commandes, tire des conteneurs, des citernes, des toupies de bétonnière, fait dans le « bâché », avale les distances sans barguigner. « On ne pensait pas à la fatigue. Le patron avait confiance. Il ne nous courait pas après toute la journée. J'ai tout essayé dans ce métier. J'ai traversé des moments difficiles. Je pleurais un bon coup et je repartais. »

Au fil des ans, la considération à l'égard des femmes a beaucoup changé. Même si la délicate épreuve de la mise à quai en marche arrière est toujours scrutée par des regards goguenards. Et le soir, insiste-t-elle, « toujours penser à tirer le rideau de la cabine avant d'allumer pour se déshabiller et gagner sa couchette ». Il y a tant de regards d'hommes esseulés sur un parking poids lourds.

La journaliste Carole Pither a fait un bout de route avec L'Ouragan, pour son livre *Un camion dans la tête*. Elle y décrivait la cabine personnalisée du DAF d'Annie. « Sur la tablette, napperon en dentelle, pot de fleurs, flacon de parfum et boîte à bijoux. La seule peluche autorisée est un gros soleil jaune. Les placards recèlent – outre des articles standard comme des cartes routières, des papiers ou des magazines – un réchaud, de la vaisselle, des couverts, des serviettes, des casseroles et une poêle. Dans les vide-poches se trouvent de l'eau minérale, des produits de nettoyage, de quoi faire la vaisselle et de l'eau de Cologne. Dans le coffre sous la couchette, Annie a installé un frigo et divers compartiments remplis de vêtements, de nourriture, d'eau, de tout ce que l'on pourrait vaguement imaginer avoir besoin pour tenir plusieurs semaines en cas de siège, de grève ou de catastrophe naturelle. »

En 2008, alors qu'elle fait régulièrement la ligne France – Grande-Bretagne, Annie perd l'un de ses trois enfants, victime d'une embolie pulmonaire. Anéantie, elle cesse de rouler. Incapable de rester entre quatre murs, elle reprend la route six mois plus tard. En 2014, le mensuel *France Routes* lui décerne le titre de « routier de l'année ». Elle est la première femme à recevoir cette distinction. De quoi lui donner du baume au cœur et l'encourager à continuer, malgré les drames personnels et les pépins de santé qui s'accumulent. Jusqu'à cette maudite chute sur un parking de Bourg-en-Bresse.

L'Ouragan n'a pas perdu le contact. Confidente attentionnée, elle préside d'une poigne de fer l'association La Route au féminin. À distance, elle veille sur les « filles ».

Dans ce milieu longtemps réticent à leur faire une place, les femmes ont fini par s'imposer, même si elles demeurent ultraminoritaires.

Huguette Durand en est une autre figure, bien connue dans le monde des routiers. Elle roulait depuis 1978 quand elle a pris la décision d'arrêter, après plus de quarante ans passés au volant et 3 millions de kilomètres avalés. À ses débuts, quand elle poussait la porte d'un resto routier, « un grand silence » l'accueillait. Tous les regards convergeaient, braqués sur elle.

« Beaucoup me lançaient : "Une femme n'a rien à faire au volant ! Si elle a des emmerdes, c'est bien fait pour elle !" La première année, j'ai perdu 10 kilos. J'avais peur d'entrer. Je n'arrivais pas à les affronter. Ils n'avaient jamais vu de nana conduire un camion. J'ai même été arrêtée par un flic parce que j'étais au volant… »

Après des études d'anglais, Huguette Durand est entrée dans le métier « par hasard », grâce à un stage de l'ANPE. « À l'époque, les centres de formation n'acceptaient pas les femmes. J'ai réussi à passer tous mes permis en un an. Le plus dur a été de trouver du travail. On n'embauchait pas les femmes. J'en pleurais. » Finalement, un employeur « court le risque ». Dès qu'elle s'est retrouvée dans un camion, elle s'y est sentie bien. « Ça m'a plu tout de suite. Quand je conduis, je sais que je suis au bon endroit au bon moment. »

Première femme routière à Grenoble, Huguette parcourt d'abord l'Italie, puis l'Allemagne, jusqu'à la retraite. « L'Italie, c'était dur. Passer les cols était sportif. » Du haut de son 44 tonnes, elle évoque la complicité qui se noue avec « le matériel » qu'il faut « respecter ». « La route vibre dans les pneus. La semi veut passer devant le tracteur et le fait sentir. On doit tout le temps chercher à maîtriser cet attelage qui est long, lourd et large. Dans un virage en épingle, avec nos trois essieux, la semi, qui vit sa vie, nous tire en arrière. »

Huguette a eu deux enfants, qu'elle a élevés avec son mari. Sa sœur, mère de deux autres enfants, elle aussi routière, était sa nounou privilégiée. Quand l'une roulait, l'autre gardait les enfants, et inversement. Elles ont fini par fonder leur entreprise, Durand-Lémi, fusion des Transports Durand (le mari d'Huguette) et des Transports Lémi (Huguette, alias « Lélé », et sa sœur, « Mimi »). « La première fois que j'ai laissé ma fille aînée, j'ai pleuré toute la semaine sur la route. Le sentiment d'arrachement était trop dur. »

Les années passent. Les enfants d'Huguette voient dans le regard de leurs copains que leur maman ne fait pas un métier comme les autres. « Ma fille aînée a roulé avec moi. Je la laissais passer les vitesses. »

Indice d'un changement de mentalités ? Les pin-up sur les calandres et les posters de bimbos dénudées dans les cabines ont quasiment disparu, comme le recours aux réclames sexy pour vanter le matériel, faire de l'œil au chaland, aguicher le routier, ce solitaire privé de femmes. « Jeune, raconte Huguette, on se sent une proie partout : au resto, dans les usines, dans les stations-service. La plupart sont pères de famille. Mais loin du terrier, ils chassent... » Un moment de silence, lueur amusée dans le regard : « Nous aussi... On n'est pas des saintes. »

Mais rien n'est gagné. « Il y a encore quatre-cinq ans, sur une plateforme, mon voisin a ouvert sa vitre pour me jeter à la figure : "J'veux pas d'une femme à côté de moi sur le parking !" Certains restos routiers ont compris. Ils nous gardent une place à part. » Le regard d'Huguette se durcit. « Il existe encore des employeurs qui ne prennent pas de nanas. Une entreprise de transport sans femme, c'est inconcevable. Le patron a forcément reçu des CV de routières. Alors quoi ? »

Sur la route, en matière de sanitaires, rien n'est prévu pour les femmes routières. L'une d'elles, Sylvie Thomas, surnommée « Famounette », réclame à cor et à cris que soit appliquée et respectée l'obligation légale d'offrir dans les stations-service des autoroutes des douches gratuites et nettoyées. Elle alerte, dénonce, pointe les lieux insalubres, en dresse une carte précise, prend des photos qu'elle poste sur les réseaux sociaux. En retour, elle ne reçoit que des réponses évasives, administratives, lettres types qui lui assurent que « tout est mis en œuvre pour que, etc. » Rarement suivies d'effet.

À une table, une routière semble choyée, couvée, fêtée par les autres. Marie-Pierre Soulard, 38 ans, est une rescapée. Elle sort d'un AVC, rupture d'anévrisme, un mois de coma. « Je ne l'ai pas vu venir. Je souffrais de terribles migraines depuis quelques jours. Je ne supportais plus le bruit… Les symptômes étaient là, mais je les repoussais. » Vingt ans de route et un matin, Marie-Pierre est foudroyée. Contact coupé, moteur arrêté.

À l'origine, Marie-Pierre, de Cholet (Maine-et-Loire), rêvait en écoutant les récits de son père, qui avait un peu tâté du métier, et de ses oncles, tous routiers. « Le monde du camion m'a toujours fascinée. La grandeur, la masse du véhicule… Le regard des autres. Et la liberté sur la route. Je suis allée à l'école pour faire plaisir à mes parents. Mais je ne rêvais que de cette vie. »

Après un an de repos, la médecine du travail vient de l'autoriser à reprendre le volant. « J'ai hâte de retrouver la route. C'est ce que j'ai appris. C'est ce que j'aime. Je kiffe trop ce métier. C'est usant, mais je veux rester dans ce monde. Retrouver cette sensation de liberté, garder le contact avec le client, servir et représenter l'image du transporteur. »

Marie-Pierre conduit un mastodonte. « Tant qu'à faire de conduire, autant que ce soit un 44 tonnes. Je suis plus à l'aise avec mon camion qu'avec ma voiture. » Depuis les Deux-Sèvres, elle fait « du régional » avec retour à la maison tous les soirs. « Dormir dans le camion ? Je ne suis pas assez courageuse. Je ne serais pas tranquille. »

Venue d'Arras, Charlie Raszkowski a créé « Un volant pour chaque routier », un groupe Facebook pour favoriser l'emploi des routier(e)s : « Entre filles, nous faisons le même boulot, sans être en concurrence. »

À 48 ans, elle a passé la moitié de sa vie derrière un volant. Père, frère et ex-beau-père, tous routiers, estimaient ce métier « trop dur pour une femme ». Charlie a fait des ménages pour payer ses permis. Cette grande blonde adore conduire de grosses machines et surprendre le regard étonné, puis fier et enchanté de ceux qui la découvrent au sommet de son 44 tonnes Volvo. Charlie échappe au mépris habituel. « Nous, les femmes, on ne fait pas ce métier par erreur ! Au début, les hommes nous testent. Après, nous gagnons leur respect. » Charlie, qui se défoule à moto le week-end, aligne 18 000 kilomètres par mois, et ne roule que de nuit. Toujours le même trajet Lille-Roissy (aéroport Charles-de-Gaulle). Elle a été braquée à deux reprises, dont une fois « avec un flingue sur la tempe ». Pas de quoi refroidir cette femme de caractère.

« Du caractère, il en faut dans ce milieu ! Tout le monde a peur de moi. Si on me cherche, si on me chauffe, je rentre dedans et je règle la question tout de suite. Après, je suis tranquille. On me fout la paix ! » Charlie a été ambulancière pendant quelques mois. « J'ai quitté mon mari pour reprendre la route. Je ne regrette rien. »

Les femmes au volant d'un poids lourd sont de plus en plus nombreuses. Pourquoi ne pas les écouter ? Un constructeur, Renault Trucks, a fait appel à Huguette Durand, accompagnée de six autres routières, pour élaborer un prototype de camion dont la conception répondrait à leurs demandes. « Un groupe de passionnées de la route, intarissables », témoigne Isabelle Caillebotte, responsable du projet. Dessiné par des femmes, avec son look vintage US années 1950-1960, mélange dentelle-tatouage, oiseaux et petites fleurs flashy, crème nacrée et rouge passion. Sorti des usines lyonnaises à l'automne 2019, Rebel Pin'up a été présenté en grande pompe aux 24 Heures du Mans Camions, la grande kermesse des routiers.

On le repère de loin. Sur les flancs, le profil d'une rousse, bandana autour du front, rose sur l'oreille, rouge à lèvres, foulard au vent. Sur la portière, un dessin d'escarpins noirs. L'intérieur reprend la livrée tricolore de la carrosserie (rouge, crème et noir) et s'efforce de répondre aux vœux de ces sept femmes. Les routières ont obtenu gain de cause sur certains points : une coiffeuse-espace de beauté, un sèche-cheveux, une ceinture de sécurité mieux adaptée à leur taille, du cuir surpiqué pour les sièges, une table au milieu de la cabine, une poubelle, un système de blocage intérieur pour la nuit. Une seule couchette pour laisser de la place à des placards de rangement ergonomiques, une tringle pour accrocher des cintres à housses. Et des chaussons. Mais elles n'ont pu obtenir, pour l'instant, un siège plus ergonomique, ni une douche, pas même l'indispensable petit lavabo qui leur fait si souvent défaut.

« Quand elles ont vu le Rebel Pin'up, se souvient Isabelle Caillebotte, toutes pleuraient. Elles découvraient qu'elles avaient été écoutées. Pour une fois... » Ce camion décoré spécial femmes, reste, pour l'instant, un modèle unique et un précieux collector, qui valorise aussi l'image de Renault Trucks. En haut de la cabine, bien en évidence, son étendard : « Girl Power ».

7

UNE SI LONGUE HISTOIRE

« Avant qu'il y eût des routiers,
il y avait des rouliers,
des conducteurs de coche et de
diligence, des maîtres de poste,
des postillons, des messagers,
des courriers, des porteurs. »

Louis Caro, *Routiers*

L'histoire des routiers est vieille comme l'humanité. Au commencement était le chemin... Dès l'apparition du commerce entre les hommes, il fallut transporter des marchandises. Les bêtes de somme, qui tiraient les attelages, inauguraient une longue tradition de servage sur la route.

Selon le Littré, le mot « routier » désignait au Moyen Âge soit le pillard, l'aventurier, soit l'homme d'expérience et de finesse. Cette ambiguïté subsistera.

Les messageries, « le transport des correspondances, des hardes et de l'argent » (Henri Cavaillès, dans *La Route française*), apparaissent à la fin du XIIe siècle. Au fouet et aux guides, les « messagers » portent la livrée – c'est le cas de le dire –, arborant chaperon gris, mantelet de feutre et bottes de cuir.

En 1464, Louis XI institue la Poste du Roy. De quatre lieues en quatre lieues (tous les 16 kilomètres), des maîtres, payés par le Trésor, doivent entretenir « cinq chevaux de légère taille, bien enharnachés et propres à courir le galop ». Le monarque esquisse la future organisation des transports, ouvrant la voie à une multitude de routes postales, réseaux qui bientôt serpenteront d'une province à l'autre. L'impopulaire gabelle, l'impôt sur le sel, pourvoit à l'entretien des chemins défoncés. Elle sert à financer les premiers investissements routiers.

Deux siècles plus tard, Colbert lance l'indispensable corps des Ponts et Chaussées, dont la mission, résumée dans son intitulé, traduit l'urgence de surveiller l'état général du réseau naissant et de s'assurer qu'il soit « carrossable ».

Au milieu du XVIIIe siècle, le duc d'Aiguillon, gouverneur de Bretagne, se plaint déjà dans une lettre au roi du « nombre prodigieux de voitures énormes qui passent continuellement sur la route de Brest et détériorent les chemins ». En 1763, la première diligence Lyon-Paris, cornaquée par un équipage (postillons, cocher, conducteur) en veste bleue et gilet rouge, franchit la distance en six jours. Partie et arrivée en temps et en heure, elle balaie les aléas, instituant une rigueur nouvelle. De là viendra la codification des poids et des vitesses, du barème et de l'horaire à respecter. Le transport, si l'on ose dire, est sur des rails. Il ne s'en écartera plus, creusant toujours plus profond son sillon de contraintes.

À la veille de la Révolution, le réseau routier français est supérieur en importance à celui de la Russie. Les auberges se postent sur les chemins pour requinquer bêtes et cochers. Le Lion d'Or, Le Pot d'Étain, Les Trois Marchands… Partout des enseignes se disputent l'honneur et la charge de les accueillir. Le 7 août 1798 (19 thermidor an VI de la République) marque l'acte de naissance de la plus ancienne compagnie routière, les Messageries nationales, qui fait le lien de l'antique postillon à l'actuel chauffeur de semi-remorques.

Sous le Second Empire, l'arrivée du chemin de fer rebat les cartes. Le transport sur route est stoppé net dans son élan. Quand il réembraie et reprend de la puissance, les gouvernements tentent de lui mettre des bâtons dans les roues. Un dilemme qui reste d'actualité. Que l'on songe au sempiternel imbroglio du fret ferroviaire, toujours déficitaire. Les déclarations vertueuses, sur fond d'urgences environnementales, se heurtent à ce très ancien serpent de mer.

Au temps de Louis XV, en 1769, Nicolas Joseph Cugnot, ingénieur militaire de son état, invente le premier véhicule automobile terrestre (à vapeur). Il est destiné aux armées, pour le transport des pièces d'artillerie. Le Fardier de Cugnot est l'ancêtre et la matrice lointaine du camion.

Promis à un bel avenir ? Pas vraiment. Par défaut de freinage, il achève l'une de ses premières courses contre un mur, ce qui refroidit quelque peu les ardeurs de ses défenseurs. Soutenu par Choiseul, ministre et conseiller du roi, le Fardier de Cugnot reprend ses expérimentations. Mais trop coûteux, d'un maniement peu aisé voire périlleux, trop lent, trop lourd, trop faible pour gravir les côtes, sujet à se laisser glisser dans les descentes sans se rattraper, en quoi serait-il de quelque utilité ? Quand Choiseul, son mécène officiel, est prié de quitter la Cour, le Fardier est versé au magasin des antiquités.

Vers la fin du XIXe siècle, des inventeurs mettent au point des moteurs. D'abord de nouveau à vapeur (Purrey), puis à essence (Berliet, Renault), ils vont peu à peu soulager la charge des chevaux en les renvoyant à l'écurie. En 1897, l'Automobile Club de France organise le « premier concours de poids lourds ». Ces prototypes brinquebalants ne dépassent pas les 10 kilomètres/heure, consomment au-delà du raisonnable et leur mécanique souffre d'être trop complexe. En 1902, pourtant, la grande raffinerie sucrière Say remise ses 400 percherons et passe commande de 34 camions.

On commence à former des « chauffeurs », nom dérivé de l'usage de la vapeur. Il fallait « chauffer » pour avancer. Une brochure de 1905 met en garde : « Le conducteur doit être sobre, prudent, adroit, prêt à arrêter son véhicule dès qu'il s'aperçoit qu'un animal est apeuré (...). Il doit se garder d'interpeller grossièrement les gens, même lorsque ceux-ci sont en défaut sur la route. » La recommandation, on le sait depuis, sera peu suivie.

L'ancêtre des premiers camions frigorifiques sort des usines Mors pour la société laitière Maggi et Les Glacières de Paris en 1906. En 1908, Michelin usine les premiers pneumatiques jumelés, et 600 camions, déjà, sillonnent l'Hexagone, frappés du sigle de 67 constructeurs...

Dès la Grande Guerre, les poids lourds deviennent indispensables. Entre 1914 et 1918, en un mouvement ininterrompu, les camions montent au front, là où jamais le chemin de fer n'aurait pu accéder.

Pendant la Première Guerre mondiale, des « trains routiers » (un tracteur suivi de multiples remorques) pour les transports lourds de marchandises sont réquisitionnés. Ils servent au déplacement des pièces d'artillerie. De ces très longs convois, il reste l'innovation du feu rouge à l'arrière des camions (et des trains). « Les automobiles circulant isolément étaient simplement munies, à l'époque, et seulement à l'avant, d'un feu blanc et d'un feu vert, ce dernier pour les différencier des véhicules à traction animale », rappelle Lucien Chanuc, incollable encyclopédiste de l'épopée des poids lourds.

Il faut attendre 1920 pour que les premières pompes à essence soient disposées au bord du chemin. Jusque-là, le chauffeur se ravitaillait chez l'épicier ou le droguiste, en bidons de 5 ou 10 litres qu'il vidait dans le réservoir à l'aide d'un entonnoir garni d'une peau de chamois.

La grande histoire des routiers est semée d'improbables inventeurs qui ne cessent, innovation après innovation, de révolutionner le transport. C'est à un vétérinaire écossais, John Boyd Dunlop, que l'on doit le premier pneumatique. Et à un pharmacien américain, Charles Goodyear, la formule de la vulcanisation, procédé qui permet de rendre homogène le caoutchouc pour le revêtement des pneumatiques. Tous deux finiront dans la misère.

Équipé après-guerre de ces pneumatiques qui remplacent les fragiles et bruyants bandages, et bientôt du moteur diesel, le camion concurrence rudement les locomotives à vapeur. Il impose ses cadences, sa souplesse. « Plus vite et moins cher que le rail », martèle la réclame.

En 1928, les camions du transporteur D. Freiche-Prim avalent les 840 kilomètres de Paris à Marseille en vingt-quatre heures. Sur le même parcours, les trains de marchandises mettent quatre jours.

En 1934, Michelin met au point le Métalic, grâce auquel les charges peuvent considérablement s'alourdir. (Aujourd'hui, les pneus des 44 tonnes peuvent tenir 1 million de kilomètres, grâce aux progrès sur la qualité de la gomme, la bande de roulement et la sculpture que l'on retravaille – recreusée ou rechapée – en cours de route.)

Le transport de marchandises par la route représente déjà 25 % du trafic. Les poids lourds commencent à tracter des remorques, dispositif que l'on doit au marquis de Dion et à son associé Georges Bouton, les De Dion-Bouton. Le constructeur Latil peut claironner : « Avec un seul homme et un seul tracteur, vous ferez le travail de six camions et dépenserez quatre fois moins. »

Les poids lourds taillent des croupières au chemin de fer. Les pouvoirs publics tentent de les contenir, font voter des lois pour freiner leur expansion. Le décret rail-route de 1934, qui favorise le ferroviaire et cherche à couper les ailes aux routiers, assigne les poids lourds à des normes de longueur, de tonnage et de distances. « Les rares camions qui hantaient la province cantonnaient leur trafic dans les limites étroites d'un porte-à-porte rural », rappelle Louis

Caro. La production française de poids lourds s'effondre d'un tiers.

Peine perdue. Libéré des rigidités du rail, le mouvement est lancé. En France, les constructeurs (Bernard, Willème, Berliet, Somua, Saurer, Unic, Renault) mettent les bouchées doubles. On en compte jusqu'à 150. Bientôt, les petits sont absorbés par les gros. Les firmes étrangères déboulent sur le marché. C'est la grande ruée.

Bradés après les deux guerres mondiales, les faramineux stocks de poids lourds du corps expéditionnaire américain contribuent à la séduction de ce moyen de transport.

Au volant, corvéables à merci, les routiers d'alors roulent surtout la nuit, pour épargner la surchauffe de leurs pneus, organe névralgique, et rallier au petit matin les Halles de Paris. Ils doivent s'arrêter souvent, pour vérifier la pompe d'injection du diesel et laisser refroidir le moteur. En janvier 1954, la *Revue du Touring Club de France*, qui se penche sur leur cas, les décrit « installés sur une banquette sommaire dans le décor sans joie d'une cabine bruyante, trépidante, imprégnée des relents de gas-oil. » Un grand fabricant de phares trouve un slogan revigorant : « Cibié, c'est la nuit qu'il faut croire à la lumière ».

Jusque-là assimilé au bandit de grand chemin, débarrassé de ses connotations négatives, le mot « routier » s'installe dans le langage courant. Signe officiel de ce changement de perception, le dictionnaire Le Petit Robert le retient dans son acception actuelle en 1950, au moment où le transport de marchandises en camion prend de plus en plus d'essor et supplante le rail.

Peu d'écrivains s'intéressent au sort des chauffeurs. Parmi eux, Albert Aycard. Il publie en 1956 *La Route*, roman âpre et ténébreux sur « le grand prolétariat du volant ». L'ORTF en tirera un feuilleton en 1964, avec René Dary et Jean Gaven.

Il est fréquent dans ces années-là de faire des semaines de 80 heures, de ne pas décrocher le samedi et le dimanche. Le corps secoué, ballotté, la colonne vertébrale tassée, les routiers roulent sur des routes médiocres, traversant villes et villages. Jusqu'à épuisement, la tête dans le volant, victimes du coup de pompe fatal. « La mort dans ce métier accompagnait souvent la torpeur des digestions », note Albert Aycard. Les trajets sont lents, les moyennes tournent autour de 40 kilomètres/heure, dans un inconfort persistant. La France ne se hâte pas pour construire des autoroutes. Les nationales s'engorgent, provoquant d'interminables embouteillages qui mettent les nerfs à vif.

Une brochure éditée à l'époque par le Fonds social pour le transport de marchandises par route exalte les vocations : « Le routier est en quelque sorte un homme d'affaires en bras de chemise (...), il est responsable de son chargement et délégué commercial de sa firme. » Pour faire bon poids, en ces temps où la plupart des apprentis chauffeurs passent leur permis poids lourd à l'armée ou apprennent sur le tas, en « doublette » avec un vieux de la vieille, les propagandistes en rajoutent une couche : « Interdit aux casaniers. » Ils n'hésitent pas à se servir de l'argument qu'emploient toujours les camionneurs mais qui relève pour beaucoup de l'autopersuasion : « Le routier est seul maître à bord. »

Dans l'après-guerre, la popularité de certains modèles, chevau-légers des Trente Glorieuses, redore le blason des gros bras engoncés dans leur cabine, en marcel, le coude à la portière, la clope au bec, qui avalent les kilomètres et transportent, bien plus que de la marchandise, du légendaire.

Une marque s'impose, Berliet. Son siège et ses ateliers sont lyonnais. Du cerveau de son patron, Marius, puis de son fils Paul, des bureaux des ingénieurs et des chaînes d'assemblage sortent des poids lourds de référence, dont le fameux GLR, au capot rond.

Le GLR Berliet dispose d'un feu vert à l'arrière qu'actionne à volonté le camionneur pour mettre fin au supplice de l'homme pressé ou du bon chef de famille qui maugrée derrière lui. Vue bouchée et poumons encrassés par le nuage de fumée noire, encalminé derrière cet obstacle dissuasif, poussif et crachotant, l'automobiliste tempête de ne pouvoir bondir pour le dépasser, le laisser sur place, l'effacer, point de fuite dans son rétroviseur. Jusqu'au prochain sur son chemin.

Ayant délivré le ticket de sortie, sésame de la liberté recouvrée, il était rare que le routier ne soit pas gratifié, pendant la manœuvre, d'un coup de klaxon de l'automobiliste reconnaissant et soulagé ou, mieux encore, de la main de la passagère agitée à la portière, geste léger que prolongeait le flottement du foulard dans le délicieux vertige de la soudaine vitesse. Le camionneur, engoncé dans la lourdeur des heures, avait-il seulement le temps de goûter cet impromptu poétique, de cueillir le sourire furtif qu'on lui offrait en passant ?

Une mythologie populaire, héroïque et noire, s'empare de ce prolétariat de solitaires. Le cinéma mobilise Jean Gabin, son corps lourd et imposant, son laconisme buté, mains dans le cambouis, pour incarner ces forçats, « marins de la terre ferme » comme dit Albert Aycard. Dans *Gas-Oil*, de Gilles Grangier, sanglé dans sa canadienne, casquette sur le chef, il s'épuise au volant d'un Willème au long museau. Dans *Des gens sans importance*, d'Henri Verneuil, Gabin, toujours en salopette, s'amourache d'une jeune serveuse de resto routier (Françoise Arnoul) qu'il embarque dans son Berliet, une nuit de Noël...

Il y aura aussi *Cent mille dollars au soleil*, du même Verneuil, avec Ventura et Belmondo, *Le Salaire de la peur*, thriller terrifiant d'Henri-Georges Clouzot avec Charles Vanel et Yves Montand, tiré du roman à succès de Georges Arnaud. Steven Spielberg fait des débuts fracassants en 1971 avec *Duel*, la poursuite implacable d'un Peterbilt huileux et rouillé, hyper-puissant, crachant de la fumée noire. Son chauffeur invisible se rue sur le malheureux conducteur d'une Plymouth, ne lui accordant ni chance ni répit. Cauchemar de tout automobiliste redoutant ce type d'apparition dans son rétroviseur. Dans *Le Convoi*, Sam Peckinpah lâche la bride à des *truckers* en révolte contre les forces de l'ordre, qui foncent dans le tas au volant de leurs bombes ambulantes. Avec *Mad Max*, le camion ne sera plus qu'un squelette de puissance sans limites, le support de combats extrêmes, le défouloir d'une violence sans bornes.

Le genre « film de camion » s'épuise. Les routiers n'inspirent plus les scénaristes et les cinéastes, au moment même où, société de consommation oblige, leur nombre explose, et que les « lignards » roulent de plus en plus loin, jusqu'aux confins de l'Extrême-Orient, dans un parfum de graisse, d'aventures et d'exotisme.

La mythologie populaire s'évanouit.

Le routier de grand chemin est renvoyé à ses sombres origines.

8

MAX MEYNIER, L'AMI DE LA NUIT

« Les artistes, je vous salue ! »

Max Meynier

« RTL et Max Meynier vous disent : Les routiers sont sympa. » Chaque soir, quand ce générique retentissait, il était le meilleur antidote à la solitude des routiers. Il débarquait à l'heure où la route n'est plus qu'un obscur ruban de bitume, avec devant soi de si longues heures à tirer dans la trouée des phares. Cet animateur à la voix chaude les accompagnait jusqu'au milieu de leur nuit, pour passer le cap de bonne espérance du jour à venir, enfermés dans leur cabine, les mains collées au « cerceau », les paupières lourdes, avant qu'à nouveau les pensées vagabondes ne les assaillent.

Max Meynier, l'ami des longues heures nocturnes, toujours gai, qui savait les écouter, guide généreux et volubile prêt à voler à leur secours. Un saint-bernard des ondes qui reliait naufragés et sauveteurs, relayait messages d'amour, annonçait les naissances, et roulait parfois à la rencontre des routiers jusqu'aux confins de l'Europe, aux États-Unis, au Moyen-Orient.

Jamais, jusque-là, il n'avait touché un volant de camion, ni manié un « bout de bois » (levier de vitesse). Sans être routier, il était pourtant l'un des leurs. Pour se sentir plus proche d'eux, il a passé son permis poids lourd. Et il a été adopté, adoubé, plébiscité par cette grande famille des anonymes qui ont besoin de réconfort dans l'épaisseur de leur labeur.

Signe de reconnaissance et de ralliement, tous arboraient, à l'arrière de leur bahut, le même emblème de fierté, blason de chevalerie. Un simple autocollant RTL orné de la photo de leur héros, bonne bouille et grosses moustaches de Gaulois, avec ce slogan qui leur réchauffait le cœur : « Les routiers sont sympa. » Imagine-t-on aujourd'hui pareille aventure radiophonique ? Pendant douze ans, Max Meynier a tenu l'antenne de 20 h 30 à minuit. Sa performance attirait en moyenne 800 000 auditeurs, très au-delà de sa cible. Jamais les routiers n'avaient disposé d'une telle tribune ni bénéficié d'un tel soutien.

Comme souvent, c'est un improbable concours de circonstances qui a fait surgir ce rendez-vous mythique. À l'origine, en 1972, la société Dunlop vient de mettre au point un pneu révolutionnaire pour les poids lourds et cherche à le faire connaître. RTL, de son côté, a besoin de gonfler l'audience de ses émissions nocturnes. Peu d'auditeurs. Pas d'annonceurs. Un accord est vite trouvé. Le fabricant de pneumatiques accepte de payer une demi-heure d'antenne, entre 22 h 30 et 23 heures, juste après le journal « digest » de la journée, pour promouvoir ses produits auprès de ceux qui sont censés écouter. Essentiellement les routiers. À charge pour la station de la mettre en scène et en musique, et de dégoter l'animateur idoine.

Jean-Marie Desbeaux, directeur d'Audiscope, l'agence de publicité choisie par Dunlop, a trouvé le titre : « Les Routiers sont sympa », ainsi qu'un vague logo avec un petit camion. Le premier essai vire au fiasco. La voix élue, trop compassée, est à côté de la plaque. Il est urgent de changer de chauffeur, sinon le convoi va rester à quai. Dunlop, son pneu sur les bras, parle de se retirer.

RTL, qui ne peut faire appel à l'un de ses animateurs vedettes pour cette tranche si peu convoitée, se souvient de la gouaille de l'un de ses intermittents. Un remplaçant apte à tout faire qui joue les utilités et les bouche-trous. Un certain Max Meynier.

L'impétrant piaffe dans son coin depuis un bon moment. Il rêvait d'une autre gloire. « Monté à Paris » pour devenir comédien, ce Lyonnais avait, devant des sommités de la Comédie-Française et à sa grande surprise, réussi le concours d'entrée du Centre d'art dramatique de la rue Blanche, l'annexe du Conservatoire, prestigieuse pépinière de futures vedettes. Entre deux représentations de Shakespeare, au Vieux-Colombier, sous la direction de Jean Le Poulain, et partenaire effacé, trop timide, de la grande Suzanne Flon, il avait eu droit aux honneurs, sans lendemain, de la retransmission d'une comédie à succès (*L'Amour, toujours l'amour*) dans « Au théâtre ce soir », rendez-vous populaire de la télévision. Avant de stagner dans des panouilles, puis de retomber dans l'ornière du cachetonneur voué à mâcher de la vache enragée.

Max Meynier avait tout sacrifié à cette obsession, fait venir dans la capitale femme et enfant, logés dans une chambre de bonne. Il se voyait déjà en haut de l'affiche…

À la fin des années 1960, il commence à déchanter. Un jour, le hasard lui met sous le nez une annonce providentielle. RTL organise un concours de voix. Il s'y présente et tape dans l'oreille de Roger Kreicher, directeur des variétés, qui lui promet de le recontacter. Longs mois d'attente avant que le téléphone sonne.

Entré par la petite porte, Max Meynier joue les figurants à RTL depuis trois ans. Il a eu le temps d'apprendre toutes les techniques de la radio : assistanat, montage, réalisation, reportages, animation. Il fait partie des meubles mais, devant un micro, il se juge « inodore et sans saveur ». Lorsque, l'après-midi du 8 mai 1972, tombe la proposition de reprendre le soir même au débotté « Les Routiers sont sympa », bien qu'étranger à ce monde, il sent tout de suite la chance à saisir. C'est la bonne. Il s'y accroche. « C'était une sorte de terrain en friche, que l'on conservait uniquement parce qu'il faisait partie de la propriété. C'est du moins l'impression que j'en avais. Ce qui est certain c'est qu'elle ne rapportait pas un kopeck, écrira Max Meynier, dans son livre de souvenirs, *Mille et une nuits avec mes routiers sympa*. L'émission me paraissait être un excellent moyen pour permettre aux routiers de communiquer soit avec leurs familles, soit avec leur employeur, soit entre eux. »

Avec les messages qui, entre autres ingrédients, feront son succès, il crée d'entrée un lien, une attente, une présence. Il a du bagout, de la répartie. Avant de vouloir briller à Paris, il a été « groom dans un palace pour curistes argentés et atrabilaires à Évian, garçon de café sur la mer de Glace à Chamonix, manœuvre éphémère chez un transporteur routier de la banlieue lyonnaise, livreur de journaux à bicyclette dans un grand quotidien lyonnais, pigiste à la rubrique des chiens écrasés, chauffeur de Mireille Mathieu». Et comédien de l'ombre. Autant dire que l'oiseau rare déniché pour divertir les travailleurs du soir ne manque pas de ressources. Il va les utiliser à plein et à fond, le pied sur l'accélérateur. Trace, Max! La route est à toi!

Très vite, le style Max Meynier prend. Huit mois après ses débuts, le 1er janvier 1973, l'année du premier choc pétrolier, l'émission est allongée jusqu'à 23 h 30. Assortie d'un supplément déroutant, c'est le cas de le dire. Sans changer de studio, à 23 h 30, Max Meynier délaisse son bleu de chauffe pour revêtir l'habit de soirée. Sous le nom de «Maxime Meynier», il reçoit, jusqu'à minuit, le tout-Paris artistique pour une émission culturelle, «Entr'acte»... Il n'est pas rare que ses invités écoutent les derniers échanges avec «Jojo de Montargis», «René de Limoges», «Suzy, qui embrasse Guitou», au milieu des réclames pour les huiles de moteur, les pneumatiques et le gas-oil, avant de papoter théâtre, livres et cinéma.

Ce dispositif insolite est même reconduit tel quel deux ans de suite au festival de Cannes où, en direct du Carlton, Max-les-bretelles taille des bavettes avec ses routiers, avant de recevoir cinéastes et acteurs du monde entier. Au culot, il décrochera même un entretien avec Federico

Fellini, venu présenter *Amarcord*, qui avait éconduit tous les journalistes.

RTL met fin à cette confusion des genres. Les seigneurs de la route auront droit dorénavant à toute la soirée, de 20 h 30 à minuit, rien que pour eux. La voie est libre. L'émission caracole. Max Meynier crache le feu. Quand sur fond de klaxons et de bruits de moteurs retentit le générique, ballade légère et entraînante signée Vladimir Cosma, « voilà que leur cabine s'éclaire ! Ils ont cessé d'être seuls ! », comme le dit Jean Farran, *big boss* de RTL. Dans les camions, la CIBI devient silencieuse. Tout le monde écoute Max.

Les camionneurs ont pris l'habitude de téléphoner en direct, à partir des restos routiers, des stations-service, de cabines de villages. Des centaines de correspondants appellent de partout, même de l'étranger, pour passer un message, obtenir une information routière, solliciter un service ou un dépannage, demander de l'aide. Chapelet de petites histoires : enfant malade, accouchement, pneu qui a éclaté, moteur en rade, clefs ou papiers oubliés à la dernière halte. Litanie des misères ordinaires à faire partager : brouillard, verglas, fret en carafe. Et, par-dessus les mots, la sourde expression d'une mélancolie qui ne s'avoue pas, le blues de l'arrachement, le pincement au cœur d'être loin de la famille, de ne pas voir grandir les gosses et de trimer pour des clopinettes. Mais ces durs à cuire n'affichent ni états d'âme ni moments de faiblesse.

« Lorsqu'un routier a un problème, quel qu'il soit, explique Max Meynier, un message important à envoyer, une pièce mécanique à réclamer, un coup de main à demander, une adresse à trouver, un dépannage à solliciter, qu'il est dans un endroit paumé et que pour différentes raisons il n'a d'autre alternative que de décrocher un téléphone pour dire “Allô Max”, on n'a pas le droit de le décevoir. »

Les appels sont filtrés mais l'animateur, après avoir conversé avec ses auditeurs, assure le suivi. Il met aussi en relation les auto-stoppeurs, nombreux dans la France post-soixante-huitarde, avec des chauffeurs prêts à les embarquer pour rompre leur solitude et les aider à ne pas s'endormir au volant. Une vaste bourse d'échanges se met en place. Le bouche-à-oreille fonctionne à plein. L'animateur reçoit 25 000 lettres en moyenne par an, s'efforce de répondre lui-même autant qu'il peut. Ce n'est plus une émission, c'est une chaîne de solidarité, un relais philanthropique, un phénomène de société.

Max Meynier accélère, passe la surmultipliée, laisse sur place la concurrence. Il monte des opérations restées célèbres, inscrites dans la légende de RTL. L'hiver 1974, il frappe deux grands coups. En novembre, il organise le transfert d'un sapin géant (35 mètres de haut) coupé dans une forêt du Québec, rapatrié en Boeing 747 spécialement affrété puis livré porte Maillot, au prix d'une expédition périlleuse, qu'escorte une centaine de camions depuis Roissy. Le convoi s'étale sur 5 kilomètres...

Un mois plus tard, l'idée lui vient de faire célébrer la messe de minuit pour les routiers, au premier étage des gigantesques entrepôts Calberson, pas encore achevés, porte d'Aubervilliers, au nord de Paris. La chanteuse Nicoletta sera de la partie, une centaine d'accordéonistes et un organiste sont réquisitionnés. Le père Pierre Calimé, un jeune prêtre qui vient de prendre ses fonctions à Chrétiens Médias, est commis d'office. C'est sa première messe de la Nativité.

Enthousiaste et fébrile, Max Meynier a vu les choses en grand. Il est vite débordé. Il a donné rendez-vous aux routiers au sud de Paris pour la veillée de Noël. Sur la N20, à la Croix-de-Berny, plus de cinquante camions l'attendent déjà, décorés de guirlandes lumineuses. La plupart sont occupés par des familles, père au volant, en cravate, sourires d'enfants à la fenêtre.

Porte d'Orléans, le convoi se scinde en deux. Les uns partent vers le périphérique intérieur, les autres prennent l'extérieur. À chaque porte, de nouveaux camions, certains arrivant de l'étranger pour l'occasion, se joignent au cortège, qui va mettre deux heures pour rallier péniblement la « cathédrale Calberson », sans parvenir à faire sa jonction. Devant l'ampleur de ce rassemblement spontané, Max Meynier lance un appel sur les ondes pour que les routiers rebroussent chemin. Sur place, la foule a déjà tout envahi : 10 000 personnes dedans, autant dehors.

Les camions sont contraints de se garer en double file dans les deux sens et le long de plusieurs portes. « Comble du paradoxe, s'excusera l'organisateur dépassé par les événements, la plupart des routiers à qui cette messe était destinée et qui avaient fait l'effort de décorer leur camion pour la circonstance furent contraints de rester dans leur cabine pour suivre la retransmission sur leur radio de bord. »

Porté par une foule compacte, qui tangue et suffoque dans une atmosphère irrespirable, il parvient difficilement à rejoindre l'autel, installé sur la plateforme d'un semi-remorque. Le père Pierre Calimé est paniqué. « J'ai failli tout planter là et prendre la fuite ! », confessera-t-il. Toutes les bonnes volontés sont requises. Max Meynier lit l'Évangile. Jean-Pierre L'Hénan, secrétaire général de RTL, qui ne fréquente guère les églises, se mêle à des ouvriers portugais travaillant sur le chantier pour donner la communion.

Des camions sortent des monceaux de victuailles en prévision du réveillon. La bûche géante de 10 mètres de long et pesant une tonne, découpée à la truelle de maçon, sera insuffisante pour répondre à la demande. « Jamais, je pense, au cours d'une messe, le mélange du profane et du sacré ne fut aussi étrange, écrira Max Meynier, mais jamais peut-être non plus la ferveur populaire ne s'est exprimée avec autant de simplicité, de spontanéité et de naïveté vraie. »

En août 1975, Max Meynier reçoit un appel désespéré de l'épouse d'un routier, emprisonné en Iran à la suite d'un accident mortel. L'animateur va remuer ciel et terre pour résoudre cette affaire, solliciter les auditeurs pour réunir l'argent de la caution, avant de partir lui-même à Téhéran, accompagné de cette femme affolée, afin de tenter de faire libérer son infortuné mari. Quinze jours d'une expédition rocambolesque, semée d'embûches, d'espoirs déçus, de paroles non respectées, de découragement, dont la réussite n'a tenu qu'à un fil. En ramenant ce routier en France dans un avion médicalisé, Max Meynier, par son engagement personnel, renforce l'estime que lui vouent les auditeurs.

À l'étroit depuis longtemps dans son petit studio fétiche de la rue Bayard, il décide de s'installer sur le toit-terrasse des entrepôts Calberson, là où fut célébrée la si populaire messe de minuit deux ans plus tôt. Le 14 septembre 1976 a lieu ce qu'il appelle « le transfert des cendres », le déménagement spectaculaire, du siège de RTL (22 rue

Bayard, à deux pas des Champs-Élysées), vers le studio RTL-Calberson. À l'antenne, il a suggéré que les routiers l'accompagnent au départ de la place de la Concorde, sans imaginer ce qu'il va déclencher : le blocage de Paris.

Malgré la pluie, à l'heure dite, une centaine de camions sont prêts à monter avec lui vers la porte d'Aubervilliers. La procession, retransmise en direct, va durer trois heures, pare-chocs contre pare-chocs. Tous veulent l'escorter vers son nouveau studio. RTL n'a pas lésiné sur les moyens. Tout en haut de ce centre routier unique en Europe qui peut accueillir un millier de camions, le « Palais de Max » occupe deux étages. Il est doté de la technologie dernier cri et de tout le confort pour son équipe et ses invités. Ses larges baies vitrées dominent Paname, sa banlieue et le périphérique, avec vue sur le défilé des camions, fidèles et dévoués auditeurs.

Populaire et charismatique, Max Meynier est désormais un poids lourd de la station, une valeur sûre de RTL. Son portrait géant s'affiche sur les routes, les autoroutes. On le retrouve dans les stations-service, les garages, les restos routiers, sur les produits dérivés. RTL capitalise sur sa notoriété.

Un an plus tard, à force de donner la parole aux « lignards », ces routiers internationaux, absents de chez eux de longues semaines, qui crapahutent avec leur chargement vers les routes périlleuses du Moyen-Orient, soumis au bon vouloir des douaniers, aux bakchichs hasardeux et à l'instabilité de certaines régions, Max Meynier embarque avec l'un d'entre eux. Il assure, chaque soir, les trois heures trente de son émission depuis la Bulgarie, la Turquie, la Syrie, l'Arabie saoudite, déjouant jour après jour les chausse-trapes qui s'accumulent dans des péripéties dignes d'un film d'aventures. RTL transforme son épopée en feuilleton dans les journaux d'information.

Ses instantanés glanés en chemin à la fin des années 1970 demeurent un précieux témoignage sur la rude et solitaire condition de ces routiers de l'extrême, des as du volant pour la plupart, mais aussi sur la situation sociale et économique des pays traversés dont beaucoup basculeront bientôt dans des révolutions sanglantes ou des guerres civiles.

Rançon de la gloire, Max Meynier est victime le vendredi 8 février 1974 d'une prise d'otages. Un forcené, pistolet dans une main, grenade dégoupillée dans l'autre, surgit dans le studio de la rue Bayard. Il est 23 h 15. « C'est un détournement d'antenne ! », hurle le preneur d'otages, qui tire un coup de feu. Il exige de lire une déclaration au micro. Avec calme et sang-froid, le réalisateur enchaîne disque sur disque, pendant que Max Meynier parlemente, tente de calmer le furieux. Dans les couloirs de RTL, c'est la panique. Le directeur accourt, suivi de près par le GIGN. La rue est bloquée, la station cernée. La nouvelle s'est répandue dans les rédactions. Des journalistes déboulent. Des tireurs sont postés sur les toits. Dans le huis clos du studio, à tout moment, la grenade peut exploser.

Revolver sur la tempe, Max Meynier s'exécute. Il lit à l'antenne, sans marquer d'effets, le communiqué revendicatif, dénonçant « les requins qui nous gouvernent et nous exploitent », de celui qui le tient en joue, un dénommé Jacques Robert. Tout en prévenant ses auditeurs : « Je vous lis un texte sous la contrainte d'un monsieur qui est derrière moi avec un revolver et qui menace de faire sauter le studio. » Il obtient de faire évacuer la secrétaire, victime d'une crise de nerfs.

Sans être rassuré, Max Meynier maîtrise la situation. Redoutant une intervention extérieure, il estime que l'homme en question n'est pas un meurtrier, juste un paumé énervé. Il le fait parler, lui allume une cigarette, lui fait boire de l'eau. Dernière exigence du forcené : passer à la télévision pour faire connaître son point de vue. Accordé.

La foule afflue et converge vers la rue Bayard. L'ambiance est électrique à l'intérieur comme à l'extérieur. À 3 heures du matin, Jacques Robert est prêt à se rendre, à condition de pouvoir donner une conférence de presse dans le grand studio de RTL. Nouvelle concession.

Quand ils sortent dans le couloir, Max Meynier se place devant lui, pour le protéger d'un tir éventuel de la police, et guide ses pas, tremblant qu'il ne trébuche avec sa grenade. Devant la cohue des journalistes assemblés, Jacques Robert révèle que sa grenade est factice, avant d'être prestement ceinturé et embarqué par la police.

Pendant sa peine de prison et après sa libération, Max Meynier a noué des liens avec lui. Trois ans plus tard, prise d'otages à Orly dans une Caravelle d'Air Inter. Quand l'animateur entend l'information et les revendications, il reconnaît la signature et le style de Jacques Robert. Il fonce à Orly, se propose pour jouer les intermédiaires. Le préfet et le procureur de la République l'autorisent à lui parler depuis la tour de contrôle. La police profite de leur bref dialogue pour donner l'assaut, au grand dam de Max Meynier qui en ressort avec l'amertume de s'être fait avoir.

Il est de tous les coups. Il couvre pour RTL le premier rallye Paris-Dakar. À l'automne 1984, il monte une expédition en dix étapes, avec vingt-trois poids lourds, pour convoyer médicaments et nourriture à travers le Sahel. Quelques mois plus tard, il fonce dans la mêlée d'un conflit social qui tourne vinaigre aux tunnels du Mont-Blanc et du Fréjus. Pour protester contre la grève du zèle des douaniers italiens, les routiers ont bloqué les accès. La situation s'enlise, la grève s'étend à tout le pays. De sa propre initiative, comprenant la colère des routiers, il file les rejoindre et prend leur parti, se transformant en porte-parole, au point de se faire rappeler à l'ordre par la direction de RTL, qui lui demande de rentrer. De retour en studio, il ouvre son antenne aux différents protagonistes, fait dialoguer, cherche à apaiser les uns et les autres et contribue à la sortie de crise.

Toujours en surrégime, à trop tirer sur la corde – il fume jusqu'à trois paquets de cigarettes par émission –, Max Meynier s'effondre, victime d'un premier infarctus. La saison 1984-1985 est terminée pour lui, mais il veut revenir en force à la rentrée de septembre. RTL le ménage, lui offre une émission hebdomadaire qu'il peut enregistrer à sa guise. Mais les signaux d'alerte se multiplient sur son tableau de bord. Deux œdèmes pulmonaires et un nouvel infarctus le terrassent. Il va subir une première, puis une seconde greffe du cœur, suivies d'une transplantation rénale. « Je dois la vie à des dons de pièces détachées », fanfaronne-t-il, pour amuser la galerie.

Il se croit sauvé, remonte la pente, fait un peu de télévision, un ultime tour de scène au théâtre. En 2005, le cancer attaque ses poumons. Une septicémie envahit son corps détruit. Au téléphone, d'une voix faible, il prévient son ami le père Calimé : « Bientôt, tu sauras ce que tu auras à faire avec moi... »

Max Meynier, père de cinq enfants, rend son dernier soupir le 23 mai 2006, à 68 ans.

À l'annonce de sa mort, les routiers projettent d'accompagner le cercueil en convoi à travers la capitale. Refus de la préfecture de police, échaudée par les précédentes démonstrations de poids lourds liées à l'animateur. Ce jour-là, sur les routes de France, les camions circulaient codes allumés, un crêpe noir aux rétroviseurs.

Chaque année, des routiers se rassemblent pour la date anniversaire de sa disparition. Une jeune rappeuse, Laure'n B, dont le répertoire témoigne d'une fascination pour ce métier, lui a consacré une chanson hommage, « Monsieur ».

Max Meynier n'est plus. RTL est passée à d'autres distractions. Depuis, les camionneurs, laissés en carafe, roulent sans lui. Privés de leur ami, leur frère, leur soutien des mauvaises heures et des bons jours, ils s'enfoncent dans la nuit. On oubliera vite que les routiers sont sympa. Bientôt, on les accusera de tous les maux.

9

LES RELAIS ROUTIERS, ESCALES POPULAIRES

« Dans ce temps-là, les restaus routiers faisaient le plein. Menus mastards, portions comaques. Tout ça, c'était avant les autoroutes, les aires de repos, les boîtes noires et les alcootests... »

Patrick Pécherot, *Hével*

Pour durer, un routier se doit de bien manger. Longtemps, le couvert, parfois le gîte, lui fut garanti pour « briffer » le long des chemins où processionnait son pétaradant bahut. Il était assuré d'y trouver chaleur humaine et mets roboratifs qui le remettaient en selle et lui redonnaient du cœur à l'ouvrage avant de repartir au turbin. Il pouvait même piquer un somme dans l'une des chambres que comportait ce type d'établissement. Le patron, la patronne ou la commise viendrait le secouer à l'heure de reprendre le volant. Le routier avait ses habitudes, n'hésitant pas à rallonger son parcours, à repousser le voile de fatigue qui pesait sur ses paupières, pour mettre ses pieds fatigués sous la table d'une auberge, à l'enseigne des Routiers, étoile de sa nuit. Il était certain d'y retrouver, au milieu des éclats de voix, le patron, la serveuse, son rond de serviette et un repas à la bonne franquette : de l'honnête, du substantiel, du nourrissant, pour un prix modique. Et de goûter, sous la rudesse des attitudes, les menues attentions qu'on ne manquait pas de lui prodiguer.

Cette tradition périclite. Certes, il existe toujours des caboulots reconnaissables à leur panneau rouge et bleu, rond comme une roue. Mais le transfert des nationales vers les autoroutes a détourné les routiers de ces escapades réconfortantes. Jadis ouverts jour et nuit pour s'adapter aux rythmes des chauffeurs, beaucoup de ces établissements appliquent aujourd'hui des horaires ordinaires.

On se repasse les adresses de ceux qui, comme L'Escale, à Déols-Châteauroux (Indre), maintiennent contre vents et marées une continuité de service héritée d'un autre âge : 24 heures sur 24, 365 jours par an. Le flux tendu permanent auquel sont assujettis les routiers ne leur laisse plus guère le loisir, en chemin, de musarder. Tout comme la sieste rituelle au milieu des prés, le repas arrosé dans un Relais

Routiers appartient au passé. Pas question de lambiner ni de se laisser aller. Le fret n'attend plus.

Cette institution des Relais Routiers est liée à l'histoire d'un magazine. Dans les années 1930, François de Saulieu, journaliste à *Paris-Midi*, retour de reportages à bord de camions, découvre la misère sociale d'un métier aux cadences infernales et la solitude de gaillards, loin de chez eux, esclaves du bitume, soumis au bon vouloir des affréteurs. Cet aristocrate s'en émeut et décide de les défendre. Il lance un journal, *Les Routiers*. Fiasco. Les routiers ne songent pas à lire ce mensuel, à la publication aléatoire. En mars 1936, le journal ne paraît pas. Le patron est en voyage de noces...

« Mon père, raconte Thierry de Saulieu, ancien responsable des dossiers économiques des transports au *Figaro* et longtemps directeur du magazine, avait remarqué de bonnes tables le long des routes, fréquentées par les chauffeurs. Il avait chargé un ami et confrère gastronome de répertorier les "bons coins". Louis Navière les détectait au nombre de bahuts arrêtés devant les cafés. Et, aux heures creuses, grâce aux traces d'huile et de gas-oil que laissaient les camions sur les parkings. C'était son meilleur indice. »

François de Saulieu et Louis Navière ont l'idée de « vendre » leur journal gratuit à ces restaurateurs contre l'obtention d'un panonceau en émail inaltérable portant la mention « Les Routiers », assortie de cette précision bien visible, en lettres capitales : « SE LIT ICI ». Pour vaincre le scepticisme des indécis, ces deux idéalistes plaident : « Lorsque les conducteurs de camions trouveront le journal sur votre comptoir, ils s'arrêteront pour le lire. »

L'auberge, seul lieu de consultation, se transformait en salon de lecture, baigné dans le fumet de la cuisine, après une bonne lampée d'un cordial baptisé « Gaz-Oil », un apéritif à base de gentiane commercialisé par le magazine... À l'époque, on n'était guère regardant sur le taux d'alcoolémie. Le routier carburait volontiers au gros rouge et au calva.

Le cahier des charges pour mériter le label imposait un menu peu cher, des douches, un parking. Et de la « générosité » dans l'accueil comme dans l'assiette. Une distinction, La Casserole, l'équivalent des étoiles Michelin, sera accordée dans les années 1960 aux établissements de grande qualité culinaire. La plaque « Maître restaurateur », soumise à inspection, remise en jeu tous les quatre ans, signale aujourd'hui les Relais d'exception, comme L'Escale-Village, à Déols, ouvert depuis 1937.

Le plus grand resto routier de France, sur la N20, est aussi l'un des plus anciens. Posté à la sortie de l'A20, il fait face à l'ancienne base militaire de l'OTAN. Les camionneurs affluent nuit et jour sur son parking de 25 000 mètres carrés, payant et surveillé. On sert en moyenne à L'Escale 700 couverts. On peut y recevoir jusqu'à 1100 clients par jour. Dans ce chaudron s'activent 90 employés (36 serveurs, 23 cuisiniers, 11 plongeurs, 10 aides-cuisiniers, 6 pâtissiers et quelques apprentis).

Entre midi et 14 heures, c'est la ruée. Spectaculaire ! Le grand rush. La première grosse vague de clients. Mais d'où sortent-ils ? En un quart d'heure, toutes les salles se remplissent. Gros coup d'accélérateur. Diserts quelques minutes auparavant, les serveurs filent en silence, cavalent plein pot, s'évitent, se bousculent en souplesse, foncent au plus pressé, sans ralentir.

Pénétrer dans l'antre chaud et sonore de la cuisine en ébullition, c'est entrer chez Vulcain. Partout des flammes. Poêles et casseroles passent de main en main. Les steaks saignants ou saisis à point s'enchaînent, les frites sortent dorées de leur bain d'huile. Rognons et poissons subissent l'épreuve du feu.

Le langage se réduit à des onomatopées. Seul l'aboyeur réussit à placer des phrases articulées qui ne souffrent aucune autre réplique que l'acceptation empressée. « Allez, gros, grouille ! » Il scande ses ordres tout en jonglant, dans la précipitation, avec les fiches d'entrée et de sortie. De l'autre côté du guichet, les serveurs chargent sur l'épaule leur plateau d'assiettes alourdies et entrent en mêlée, klaxonnant des « Chaud, devant ! » ou, variante, « Chaud, derrière ! » Un serveur lancé peut en cacher un autre. Toute percussion, rare cependant, déclenche un grand fracas d'assiettes et de verres cassés.

Sanglé dans son tablier, Dominique Thomas, le patron, met lui aussi la main à la pâte. Au ballet des plats succède le défilé des reliefs à évacuer. Les monceaux de moules croisent les entrecôtes fumantes, les bulots éventrés les crèmes brûlées. Mouvement brownien, tout en reprises et glissades, incessant, affolant, fascinant. La sueur perle sur les visages de ces travailleurs de l'amer. Et du sucré.

Après le fromage-dessert-café, la cacophonie rétrograde. L'arrêt frichti doit être plié en quarante-cinq minutes. « Au revoir et merci ! »

Andréa, jeune serveuse, adore ce rythme. « On ne s'arrête jamais. On est tout le temps en action. À nous d'assurer la rapidité qu'exigent les cadences des camionneurs. » Une fois passés le raz-de-marée et le coup de feu, retour aux basses eaux et reflux général. Les équipes du midi partent se reposer, pour engranger des forces avant le nouvel assaut du soir. « Notre corps s'adapte au rythme de ce travail aux horaires décalés, week-ends et jours fériés compris, assure Pascal Moteau, responsable de la brasserie. J'ai dû m'arrêter deux ans à cause d'une hernie discale. Ne pas être en salle me manquait. Reprendre m'a fait du bien. »

Aucun ne ménage sa peine. « Travailler à L'Escale, c'est se forger une mentalité. Tout est hors normes. Le nombre de couverts, l'affluence, la taille de l'équipe, la répartition des métiers, résume Michael Javaudin, directeur de salle. On doit avoir l'œil à tout, surveiller l'organisation générale, gérer sur-le-champ le moindre pépin susceptible d'enrayer cette machine lancée à plein régime, soutenir sans faiblir ce rythme effréné. »

Entre deux vagues, L'Escale n'est jamais vide. Des chauffeurs se présentent, esseulés, pour avaler un repas rapide et repartir aussi sec. « Les routiers mangent là où ils sont obligés de s'arrêter. L'Escale leur offre autre chose, assure Dominique Thomas. Nous réussissons, grâce à l'engagement de l'équipe, à concilier l'image traditionnelle d'un resto routier avec ce label de "maître restaurateur", qui implique de cuisiner un maximum de produits frais, de garantir le "fait maison", de soigner l'accueil et la propreté. »

À la brune, les brigades de cuisiniers remontent au front. Dans un coin, l'équipe de l'après-midi casse la croûte. Les serveurs ajustent leur boîtier électronique, qui répercute les commandes vers l'aboyeur en cuisine, vibre quand le plat est prêt, assure une traçabilité précise (heure, produit, client).

Nouvelle vague. Les routiers débarquent au compte-gouttes, puis en masse. Leurs bahuts garés en épi sur le parking, ils débauchent.

Douche pour certains, apéro pour quelques-uns, dîner pour tous. Arrêt au bar, la plaque tournante de L'Escale. Derrière le zinc, Éric Chevillat échange les clefs du camion contre celle d'une douche à l'italienne, toujours propre. Dominique et Isabelle Thomas sont intraitables sur la bonne tenue de leur établissement. Il en coûte 2,50 euros au chauffeur qui veut se décaper de la peine du jour.

Quand il ressort, propre comme un sou neuf, un serveur le dirige vers une chaise, au hasard des places libres et des rencontres, selon le principe des tables d'hôte. À la bonne franquette. Un pot de rillettes et ses croûtons grillés l'attendent avant qu'il ne passe commande. C'est le temps du réconfort et de l'immobilité retrouvée.

Les routiers décompressent. « Dès qu'ils mettent les pieds sous la table, ils se détendent. Ils se sentent chez eux, ici, observe Jonathan Cazaubon, responsable de salle. Nous essayons de les grouper au maximum pour qu'ils apprennent à se connaître. » Ces taiseux, enfermés de longues heures dans leur cabine, retrouvent le besoin de parler. Certains d'entrée entament la conversation ; d'autres sont plus lents à se dégeler, mais il est rare que le repas s'achève sans un mot. Beaucoup n'aiment pas parler boulot le soir. La plupart laissent traîner un œil sur les écrans allumés en permanence, le plus souvent sur BFM TV, son coupé. Mais les regards restent distraits.

Quasiment pas de femmes. « On se tient au large, confirme Sandrine, la seule ce soir-là, qui retourne à Orléans au volant de son Volvo (44 tonnes, 500 ch). Les chauffeurs sont trop machos. Il suffit de croiser leur regard quand on entre… »

Sur le parking, une couverture de brume enveloppe les poids lourds à l'arrêt. À l'intérieur du restaurant, les routiers s'enfoncent dans les « heures sérieuses ». Celle du repas, avant la nuit réparatrice sur la couchette du bahut, loin de la famille. Celle où l'on traîne à table, où les conversations s'éternisent, dérivent vers les confidences. « Ils aiment leur métier mais sont écœurés, note Jonathan Cazaubon. Beaucoup aspirent à la retraite. Ils se plaignent des horaires, de la paie, des taxes, des gilets jaunes qui les ont beaucoup bloqués. »

« Il faut écouter les routiers, complète Dominique Thomas, le patron. Ils ont une vision différente de la France. Ils la sillonnent en permanence. Ils en ont une perception aiguë, quasi physique, à prendre en considération. Ce qui me frappe le plus, c'est la démoralisation que je sens partout, une forme de déprime collective au sein de cette corporation, très désabusée. »

Autour de minuit, entrée en piste de Muriel Montaron, « la patronne de la nuit », de Francis Boubaker, son fidèle serveur, et de Raoul Mafu-Okok, dit « Maf », le vigile. Muriel passe ses nuits derrière le zinc de L'Escale. « Je suis insomniaque. Je ne dors bien que le jour. J'ai toujours été attirée par cette clientèle, même si elle n'est pas toujours facile à gérer. » Maf veille au grain. Son regard laser détecte l'importun qui se pointe. Mesuré dans ses paroles, force tranquille, il n'a pas besoin d'élever la voix. « Dès que je sens de l'agressivité, j'interviens. Ma présence est dissuasive. » Et quand ce champion de boxe venu de la République démocratique du Congo gonfle les muscles, les embrouilleurs remettent rarement le couvert.

Les « frigos », autorisés à rouler la nuit (et le week-end), se succèdent pour leur pause réglementaire. Bien calés, ils reprendront le volant pour rallier Rungis avant le lever du jour. « Autrefois, les restos routiers restaient ouverts toute la nuit. Aujourd'hui, ils ferment leurs portes vers 21 heures, nous condamnant à manger n'importe où. Il n'y a plus que L'Escale pour nous offrir ce service », souligne Benoît Arpoulet, parti de Marmande (Lot-et-Garonne). Trois fois par semaine, il ravitaille Rungis en fruits et légumes. « Je roule toujours de nuit. Sur la route, L'Escale est mon QG et ma deuxième famille. »

Au milieu de la nuit, un chauffeur vient s'accouder au bar pour avaler un café. « Tu roules dans le brouillard ? », demande Muriel, dont le compagnon est routier. Cette simple phrase, attentionnée, réconforte ces solitaires. « Je leur fais sentir qu'ils sont chez eux ici. »

Muriel trône et s'active derrière le zinc, Francis patrouille dans la salle, un cuisinier de permanence assure la continuité du service. Maf observe les écrans de surveillance qui relaient les soixante caméras réparties à l'intérieur comme à l'extérieur. De temps à autre, il part inspecter le parking, se glisse, ombre furtive et dissuasive, au milieu de la centaine de semi-remorques bien alignés, rideaux tirés devant les pare-brise. À la lueur blafarde des projecteurs, on dirait un troupeau de gros, très gros moutons rassemblés autour de la bergerie.

« La nuit, confie Maf, il faut bien s'entendre, former une équipe. Muriel et Francis se sentent en sécurité avec moi. Et moi, j'aime être avec eux. » Ses deux protégés alignent croissants, chocolatines, petits pains et la batterie des tasses à café, en prévision des premiers départs. Francis passe régulièrement le balai afin que tout reste nickel.

5 heures du matin n'a pas encore sonné. Les premiers lève-tôt débarquent au radar. Petit noir vite avalé, ils ne traînent pas. Ils doivent décharger avant l'aube. La route promet d'être longue.

Le rythme des abordages au zinc s'intensifie. Les routiers prennent leur petit déjeuner sur le pouce, en silence, perdus dans les derniers restes de sommeil, nez dans la tasse. Corps lourds, fatigués, usés de toujours rouler.

L'Escale ne dort jamais. À l'arrière du restaurant, dans le froid vif d'une nuit d'hiver qui s'étire, c'est le moment des livraisons des fruits et légumes frais.

Philippe Mauduit, le chef pâtissier, entame sa journée. Deux équipes de trois pâtissiers vont se succéder jusqu'à minuit pour préparer les 19 desserts et les 16 glaces de la carte.

Nouvelle livraison, les poissons et crustacés (spécialité de la carte maison), commandée la veille. Une partie est engouffrée en chambre froide, une autre happée en cuisine, en vue du rush de midi.

Le bac en poche, Dominique Thomas, le patron de L'Escale, voulait être architecte. « J'ai exercé mille métiers (charpentier, maçon, carreleur, chaudronnier, serveur). En 1986, je suis devenu directeur d'un restaurant à Châteauroux, que j'ai racheté dix ans plus tard, mais l'avenir était bouché. En 2006, L'Escale, ouvert depuis 1937, était à vendre. Avec Isabelle, ma femme, nous avons fait le grand saut. Nous avons mis deux ans et demi pour obtenir le crédit. L'Escale était alors en mauvais état, social, hygiénique, culinaire. Nous avons perdu

300 000 euros en trois ans, bilan plutôt alarmant pour les banques. Nous avons changé de chef et récupéré les 300 000 euros en un an. »

Le jour se lève à grand-peine. Maf avale un copieux repas avant de saluer discrètement la compagnie. Il rentre chez lui. Au zinc, c'est l'attroupement silencieux de l'infanterie de la route.

Il a gelé cette nuit. Les remorques semblent recouvertes de sucre glace. L'épais rideau de brouillard paraît infranchissable. La purée de pois dissimule le verglas. Les « Bonne route ! » fusent, en guise d'au revoir. « Avant, ils avaient le temps, soupire Muriel. Aujourd'hui, ils sont toujours pressés. Ils ont un chronomètre dans la tête. »

Un pâle soleil remplace les projecteurs. Le parking s'est vidé. La rumeur de l'A20 a repris, entretenue par le va-et-vient incessant des poids lourds. Isabelle Thomas, la directrice générale, ne va pas tarder. Muriel et Francis cèdent la place aux équipes de jour. Sous la férule du chef, Laurent Bénali, la cuisine reprend vigueur et chaleur, en attendant le retour des troupes.

L'Escale marche fort. Porté par le bouche-à-oreille des routiers, en douze ans le chiffre d'affaires est passé, *dixit* son directeur, de 4,7 millions d'euros à 7 millions. Et pourtant... « L'important est de réussir à constituer une véritable équipe, composée d'éléments qui tirent dans le même sens et s'entraident. J'emploie 90 personnes de quinze nationalités pour remplir une multitude de métiers et de fonctions (plongeur, vigile, cuisinier, écailler, boucher, pâtissier, secrétaire, responsable des achats, etc.). Mais nous avons un mal fou à recruter, se plaint Dominique Thomas. J'ai tout essayé. J'ai passé des annonces partout. Les candidats sont rebutés par les horaires décalés : revenir au boulot à 18 heures, travailler le soir, le week-end. Tous sont payés au-dessus du SMIC, avec un plancher de 1800 euros, bénéficient de six semaines de repos et de cinq semaines de congés payés, plus six jours fériés récupérables. »

Avant l'assaut de midi, les équipes du matin, qui ont remisé leurs tabliers, se tapent la cloche. La préparation s'accélère. Tout le monde à son poste, le moindre détail doit être anticipé. Dans le feu de l'action, il sera trop tard pour rectifier.

Mais le samedi 14 mars 2020, tout s'arrête d'un coup. Cette effervescence n'est plus qu'un souvenir. À 19 heures, Isabelle et Dominique Thomas apprennent, à la télévision, par une allocution du Premier ministre, que les restaurants et débits de boissons doivent fermer en urgence, toutes affaires cessantes, pour cause de propagation foudroyante du coronavirus, prélude au confinement général qui interviendra le mardi suivant. À minuit, ils devront arrêter le service, tout éteindre, prendre congé des clients, renvoyer les 90 employés, serveurs et cuisiniers dans leurs foyers, placés un peu plus tard en chômage partiel, pour une durée indéterminée. Même le parking, zone potentielle à haut risque, est verrouillé.

Pour Dominique Thomas, cette décision est un crève-cœur. Il ne peut imaginer chasser les routiers, leur interdire l'accès la nuit. Les routiers qui déboulent ne comprennent pas pourquoi cette aire de repos leur est interdite, dans un contexte où soudain, plus rien, sur la route, ne leur est accessible.

Isabelle et Dominique Thomas vont se démener pour trouver une solution, offrir un minimum de dignité à ces chauffeurs qui continuent de travailler, d'approvisionner un pays sur le flanc. Ils vont concevoir un plan rigoureux et détaillé, en vue d'installer six douches mobiles, espacées les unes des autres, désinfectées après chaque utilisation, et d'engager des vigiles pour que soit respectée la distanciation sociale entre les utilisateurs. Rien n'est laissé au hasard.

Pendant neuf jours, ils vont batailler auprès des élus et de l'administration. Dialogue de sourds, inertie bureaucratique. Sur les réseaux sociaux, les routiers s'en prennent à Dominique Thomas, qu'ils croient responsables de cette situation.

Soudain, tout se décoince. Une solution est trouvée sur le parking du Zénith local, à portée de vue de L'Escale, aux conditions définies par Dominique Thomas, qui a renforcé la chaîne de solidarité. Douches gratuites, sanitaires gratuits, parking gratuit, plateaux repas et café offerts par les grandes surfaces de la zone commerciale, servis par des bénévoles du restaurant, sous le contrôle de la Protection civile.

Pour la première fois depuis sa création, L'Escale, d'ordinaire si bourdonnante, n'est plus qu'un vaisseau fantôme plongé dans le noir et le silence.

Les Relais Routiers du XXe siècle ont pris la suite des anciennes « auberges de roulage » et des « relais de poste » de jadis, parfois au même endroit. Le Cheval Noir, à Champagne-au-Mont-d'Or, dans le Rhône, sur la Nationale 6, est le premier à recevoir ce titre fin 1934, bientôt suivi par Le Relais de Balsièges, en Lozère, et Le Relais d'Épernon, en Eure-et-Loir.

En 1937, François de Saulieu et Louis Navière publient *La Route facile*, premier guide des Relais Routiers. Dix ans plus tard, les nouvelles éditions du *Guide rouge de la route* distinguent les Relais Routiers ouverts nuit et jour et ceux qui disposent d'une « sonnette de nuit ». Certains jouaient la carte de la confiance. La patronne d'un Relais sur la Nationale 7 laissait la nuit sa clef derrière le volet. Dans la cuisine, un frichti substantiel attendait les chauffeurs de passage. Rassérénés, ils laissaient l'argent de l'addition sur le comptoir, repartaient sur la pointe des pieds, et remettaient la clef à sa place. À Nancy, ceux qui se retrouvaient bloqués un dimanche savaient qu'au Restaurant du Port, Claude, le patron, leur laissait la clef et le frigo plein pour se sustenter.

En 1939, à la veille du conflit mondial, on compte déjà 2 000 Relais Routiers le long des nationales. « Pendant la guerre, souligne Thierry de Saulieu, les Relais Routiers ont joué un rôle actif dans la Résistance, en organisant des convois discrets de clandestins, en faisant passer des combattants de l'ombre dans des camions vers la zone libre. Cette participation ne fut jamais vraiment reconnue après la Libération, à la différence de la bataille du rail que menèrent les cheminots. La raison en est simple. C'était des actions isolées, peu visibles et peu spectaculaires. »

En 1947, la CGT, qui a pris ombrage de la création du syndicat ouvrier de chauffeurs créé par François de Saulieu, lui mène la vie dure et tente de mettre en place son propre réseau de relais routiers. Il y eut du grabuge, des panonceaux arrachés et force horions distribués à l'entrée de quelques restaurants.

« Les Relais Routiers devaient entretenir un esprit de compagnonnage, rappelle Thierry de Saulieu. Ils sont devenus des centres routiers. En poussant la porte, le chauffeur savait qu'il y trouverait des messages, et un téléphone pour appeler son patron ou se mettre en relation avec les affréteurs, pour donner de ses nouvelles et prendre les ordres de son plan de route. C'est là aussi que les routiers se donnaient rendez-vous pour échanger des informations, entretenir une forme de solidarité, nourrir une amitié d'itinérants. »

Ceux de Paname, quand la capitale était sillonnée par les camions qui convergeaient vers les Halles, ne pouvaient échapper à l'œil de Simenon. Il les évoque dans *Maigret et le voleur paresseux*. « Typiques de Paris, on en trouvait presque dans chaque rue et on les appelait des restaurants de chauffeurs. Au fond, si on y mangeait si bien, c'est que les patrons venaient tous de leur province. Auvergnats, Bretons, Normands, Bourguignons, et qu'ils avaient gardé, non seulement les traditions de chez eux, mais des contacts, faisant venir de leur pays jambons et charcuterie, parfois même le pain de campagne… »

Au début des années 1960, 4000 Relais Routiers sont piquetés comme autant de têtes d'épingle sur la carte de France. « Les chauffeurs qui sillonnent le pays jouent alors le rôle d'inspecteurs, se passent le mot, et envoient au journal les bonnes et moins bonnes adresses », raconte Thierry de Saulieu.

Si l'on remonte dans l'histoire, explique Daniel Torrent, qui a consacré une thèse universitaire à l'univers des routiers, « les relais ont été créés pour les chauffeurs refoulés des hostelleries parce qu'ils étaient sales et parce qu'on ne voulait pas d'eux pour ceci, pour cela, parce qu'ils représentaient, c'est sûr, la classe ouvrière "vulgaire". La mythologie du repas routier est donc fondée sur un refus d'accepter à la même table l'aristocrate et l'ouvrier. » Avec le temps, les restos routiers vont gagner leurs galons d'honorabilité.

Alléchés par le bouche-à-oreille, familles et vacanciers commencent à rappliquer, n'hésitant pas à garer leurs Aronde, Versailles, Dauphine, 2 chevaux ou DS au milieu des semi-remorques, ni à coudoyer les malabars en salopette, sans manières, qui avalent leur repas en haussant la voix. Un journaliste américain, découvrant ce phénomène populaire, écrit : « Les Relais Routiers sont à montrer aux musées des traditions populaires au même titre que les châteaux de la Loire. » Thierry de Saulieu n'est pas loin de souscrire à cette proposition. « Les restos routiers ont une structure familiale. Le père à la cuisine, la femme et la fille en salle, le fils au bar. Ils ne comptent pas leurs heures, triment comme des damnés, gagnent bien leur vie mais, au bout d'un certain temps, soit la santé s'en ressent, soit les couples explosent. »

En un demi-siècle, le nombre de Relais Routiers a fondu. La première alerte date de 1969, quand s'ouvrent les deux premiers Restoroutes sur les autoroutes A6 et A1, aux aires de Venoy (Yonne) et Assevillers (Somme). Aux mains de Jacques Borel, ce type d'établissements, bâtis sur des ponts à béquilles pour n'avoir pas à s'implanter des deux côtés, va vite devenir populaire, avec son self à plateaux. Le service est soumis à une rationalisation quasi scientifique de rapidité-efficacité. Et l'offre express de sa cuisine industrielle se réduit aux lancinants et insipides steaks-frites, cuisses de poulet avec légumes et jambon braisé en sauce, dont finiront par se détourner routiers et automobilistes.

Les Relais Routiers ne sont plus aujourd'hui que 800, cinq fois moins que dans les années 1960, alors que le trafic poids lourds a explosé.

Pour conserver le droit d'arborer le macaron rouge et bleu, les restaurateurs doivent adhérer à La Chaîne des Relais Routiers, en respecter le cahier des charges, offrir un repas complet, café compris, si possible « fait maison », dont le prix doit se tenir entre 12 et 14 euros. L'adhésion annuelle, qui leur coûte 365 euros (1 euro par jour), donne droit à être répertorié sur le site Internet et dans le *Guide des Relais Routiers*, à figurer en géolocalisation sur les GPS professionnels et à profiter du réseau Facebook.

Les chauffeurs se plaignent cependant d'une dégradation du service et de la qualité. Dans beaucoup d'établissements, disent-ils, se perd la tradition du fait maison au profit d'une cuisine industrielle. La pratique du piégeux buffet à volonté, qui baigne dans l'huile, se généralise.

UN MAGAZINE, LES ROUTIERS

Les Relais Routiers doivent leur essor et leur popularité à un magazine, *Les Routiers*, toujours en activité. Un mensuel de 100 pages sur papier glacé, édité à 45 000 exemplaires.

C'est le vendredi 13 mai 1934 que paraît le premier numéro d'un journal de quatre pages, austère, aux lignes serrées, qui annonce l'avènement d'une nouvelle corporation de travailleurs isolés trimant dur. Son titre, *Les Routiers*, impose un mot qui n'existe pas encore dans le langage courant, pour désigner ceux que l'on appelle alors les « camionneurs », les « conducteurs », les « chauffeurs ».

Son fondateur est un aristocrate de province, journaliste à ses heures. Lors d'un reportage au cours duquel il a partagé leur vie, il est ému par leur sort, « la rudesse du métier et la solitude de ces gros bras de la route au grand cœur ». François de Saulieu de la Chomonerie (1907-1987) va consacrer son existence à les défendre. Il occupe tous les postes, mène de front son entreprise de presse (qu'il sauve du naufrage grâce à la dot de sa femme, une princesse irlandaise) et la gestion, erratique, du syndicat autonome, Fédération nationale des chauffeurs routiers (FNCR), qu'il a fondé avec le journal, François de Saulieu se démène pour la reconnaissance des maladies professionnelles, contre la pénibilité de la profession, pour la création de centres de formation, de caisses de retraite, de congés.

À partir des années 1990, l'un de ses fils, ancien responsable des dossiers économiques des transports au *Figaro*, Thierry de Saulieu transforme ce titre syndical en magazine d'informations générales. Ce bretteur ferraille quand les intérêts des routiers sont malmenés, plaidant pour leur sécurité et l'amélioration de leurs conditions de travail. Il réclame aussi pour eux la reconnaissance des pouvoirs publics et de l'opinion. Dandy parfois extravagant mais rigoureux, il lance l'aventure des 24 Heures du Mans Camions, soutient le défi du Paris-Dakar, course qu'il remporte à cinq reprises au volant de poids lourds.

Après l'arrivée en 2000 de Marie Fréor, le contenu du magazine évolue, la maquette est rajeunie. Seule permanente, elle relaie tous les aspects (sociaux, juridiques, techniques) de la profession, alimente un site Internet (Routiers.com) et la circulation des informations sur Facebook. « J'ai découvert un monde attachant, dit-elle. Ces solitaires, d'abord méfiants, aiment se confier quand on leur tend l'oreille. Ils n'ont pas assez conscience qu'ils font un travail admirable et vital pour la société. » Miroir de leur réalité, ce journal sur papier glacé, fait pour eux et avec eux, s'évertue à les en convaincre.

GONESSE

10

LES JOURS ET LES NUITS DE PIERROT 64

« Le virus du camion, tu l'attrapes une fois mais tu le gardes toute la vie. »

Proverbe routier

COUTRAS (GIRONDE) 3H30

Le réveil sonne. Un café, un regard sur la météo à la télévision, déjà allumée. La bise à Jacqueline, sa compagne qu'il ne reverra que dans cinq jours, vendredi prochain, au mieux. Ou samedi. Une demi-heure plus tard, Pierre Audet grimpe dans son DAF 460 de 19 mètres de long, sur le parking de l'entreprise qui l'emploie. Son réservoir, avec 1000 litres de gas-oil, tiendra la semaine. Il insère la carte magnétique individuelle dans le tachygraphe qui va enregistrer une multitude de données, précieuses lors d'un contrôle, décisives en cas d'accident mortel. « Il est impératif de tout respecter. Les risques sont trop grands en cas de gros pépin. Le jour où ça va mal, les conséquences sont terribles pour le chauffeur. »

Sur la route, gendarmes et inspecteurs de la DRE (Direction régionale de l'équipement) qui parfois les accompagnent peuvent vérifier et remonter jusqu'à vingt-huit jours pour retrouver et verbaliser la moindre trace d'infraction. Ils épluchent tout : dépassement des heures de conduite, repos non respectés, lettre de voiture mal remplie, FCO (formation continue obligatoire tous les cinq ans) dépassée, état du véhicule, présence des extincteurs, documents en tout genre. Le contrôle peut prendre une heure.

Les gendarmes prennent la carte numérique du chauffeur et tracent les excès de vitesse répertoriés à la minute près. Puis les agents de la DRE s'en emparent, à leur tour, et exploitent le tachygraphe, le mouchard électronique, qui conserve toutes les données du camion. Ils comparent les deux « boîtes noires », mènent une analyse poussée, tatillonne. À partir d'une minute de dépassement consigné, un routier peut écoper du tarif de base : une amende de 135 euros. Il est rare qu'un chauffeur, ainsi scanné, s'en tire avec les honneurs, en sifflotant, l'esprit tranquille.

Pierre Audet se flatte de n'avoir commis aucune infraction depuis huit ans. Pourtant, il provisionne 1500 euros pour les éventuelles amendes. « L'équivalent d'un mois de salaire pour un débutant. » Mais qu'un chauffeur chanceux ne s'estime pas heureux s'il échappe à la patrouille à si bon compte. Son répit sera de courte durée. Son entreprise conserve ses données de route pendant deux ans. Les inspecteurs déboulent parfois au siège social pour dénicher de quoi remplir les caisses de l'État.

Et si le routier est flashé par un radar au volant de l'un des poids lourds de son entreprise, son patron qui, jusque-là, couvrait par solidarité ce type d'écart – à condition qu'il ne soit pas trop fréquent – doit maintenant le dénoncer... Autant dire que les petits malins qui savaient échapper aux mailles de la maréchaussée ne courent plus les routes. Big Brother les a à l'œil et sait où les trouver.

4H

Pierre Audet traverse les derniers villages de Gironde, encore endormis, zigzaguant avec doigté d'un rond-point à un autre – « très bon pour la circulation, très mauvais pour la consommation » –, franchissant au pas les gendarmes couchés qui cassent les cadences. « Nous sommes soumis à des injonctions paradoxales. On nous demande de "tirer" au maximum, tout en pratiquant l'écoconduite pour réduire la consommation de carburant. Difficile de tenir les deux bouts. »

Sur le tableau de bord s'allume une série de voyants qui calculent ses différentes moyennes : anticipation au freinage, performance, consommation, écoconduite.

Pierre Audet part livrer 25 tonnes de bouteilles vides dans la périphérie de Béziers. Entre ses mains, un investissement de 140 000 euros (le camion avec la remorque) et 30 palettes de marchandises. Devant lui, 470 kilomètres. « J'aime toujours le départ du début de semaine pour la liberté, le plaisir de rouler. Mais c'est aussi un manque, rester loin de chez soi, être toujours ailleurs. C'est un métier de solitaires qui n'aiment pas la solitude… Quand tu fais ce choix, tu sais que tu te coupes du monde. Notre passion de la route se paie au prix fort d'une absence de vie sociale et familiale. Le taux de divorce dans notre profession est considérable. » Pierre n'y a pas échappé.

Jacqueline, sa deuxième femme, travaille dans le même monde, mais dans les bureaux. Elle évolue dans le « virtuel », sans voir les chauffeurs. Pierrot, lui, pilote dans le « dur ». « Il n'y a plus de stock tampon qui permet de voir venir en cas de coup dur, explique-t-il, sans quitter la route des yeux. Aujourd'hui, tout est dans les camions et à flux tendu. Jamais le pays n'a été aussi dépendant des routiers… Sans nous, l'économie de la France serait au ralenti ou en faillite. Qui s'en rend compte ? »

L'hiver 2018-2019, les gilets jaunes postés sur les ronds-points ont cru pouvoir rallier les routiers à leur cause. Sans grand succès.

Pierre témoigne de plusieurs semaines de « galère », de centaines de kilomètres accumulés pour prendre la tangente, de longues heures perdues. « Ils nous bloquaient parce qu'ils nous considèrent comme des privilégiés, pointant notre régime d'heures supplémentaires bien payées. Et aussi pour mettre à genoux l'économie, empêcher le ravitaillement des grands magasins, surtout à l'approche des fêtes. Ils n'ont rien compris à notre métier. On roule parce qu'on a besoin de travailler. Sans l'accord de notre patron, on n'a pas le droit de faire grève avec le camion, outil de travail dont on n'est pas les propriétaires. Ensuite, la police peut nous arrêter pour "entrave à la libre circulation" avec retrait du permis pour six mois. Après, je fais quoi ? »

LA RÉOLE (GIRONDE)
5H20

Entrée sur l'autoroute. « À partir de maintenant, c'est les vacances. Je programme le régulateur et je n'ai plus qu'à tenir le volant. La nuit, c'est piégeux. Tu n'as rien à faire et tu finis par t'endormir… » Les camions, hyper-sophistiqués, freinent et accélèrent automatiquement, en s'adaptant instantanément à la topographie de la route et au contexte de la circulation. Des capteurs relèvent les essieux selon le degré de la charge, sans le concours du chauffeur. « Avant la généralisation des boîtes automatiques, on restait en manuel toute la journée. C'était usant. Le soir, tu avais tricoté toute la panoplie. Tu finissais avec une tendinite au bras droit et des phlébites à la jambe gauche. Malgré le stress, le mal de dos, l'hypertension, le surpoids, pas question d'être malade quand on est routier. On reste au volant et on roule malgré tout, même avec de la fièvre. Comment obtenir un rendez-vous médical avec nos horaires décalés, nos retours le week-end ? À moins de trouver un médecin conciliant, il faut poser un jour de congé pour pouvoir consulter. »

Même difficulté pour les papiers administratifs. Malheur à celui qui vit seul. S'il reçoit un avis de passage le lundi, il devra attendre le samedi pour aller à la Poste – à condition qu'elle soit ouverte.

AGEN (LOT-ET-GARONNE)
7H

L'électronique dirige tout, maintenant. Et « Pierrot 64 » (son surnom, par référence à son amour du Pays basque) demeure géolocalisable en permanence.

Une cabine de poids lourd est traversée, en permanence, par différentes sonneries. Pour signaler un écart sur les bandes blanches, à droite ou à gauche, pour indiquer une distance trop courte avec le véhicule qui précède, un excès de vitesse, l'imminence de la prochaine pause obligatoire. Le Coyote participe à ce concert en mode mineur. Ce réseau social, alimenté par les usagers de la route, permet d'anticiper certains pièges : radars fixes ou mobiles, contrôles de police, accidents, bouchons, ralentissements, état de la visibilité, chaussée glissante.

Toulouse n'est plus très loin. Dans l'habitacle, les sonneries redoublent. « La France se réveille. La circulation monte en puissance. C'est le pire moment pour rouler. Les automobilistes sont mal réveillés, stressés, pris dans une course contre la montre. À partir de 17 heures, la journée est bientôt finie, ils sont plus décontractés. Le reste du temps, ils nous doublent n'importe comment, franchissent allègrement les lignes blanches, que beaucoup considèrent comme optionnelles la nuit, se ruent sur les ronds-points, cherchent à nous couper la route. Leur comportement donne une image de la société. L'agressivité et la brutalité qui montent depuis quelques années révèlent le drôle d'état de ce pays. »

TOULOUSE (HAUTE-GARONNE)
8H30

Gros embouteillage à l'approche de Toulouse. « Le plus éprouvant, c'est le périph' parisien. On est confronté à toutes sortes de conduites. Un poids lourd, c'est plein d'angles morts. Parfois, on se demande si la voiture ou la moto qu'on a aperçue furtivement n'est pas passée sous le camion. C'est hyper-stressant. Impossible de se relâcher. Personne ne comprend que freiner et stopper un poids lourd de 44 tonnes est dur et périlleux. »

Petit rappel à destination des automobilistes qui se lancent dans des manœuvres hasardeuses, en toute inconscience. En cas de choc à 30 kilomètres/heure, un poids lourd de 40 tonnes équivaut à 142 tonnes ; à 60 kilomètres/heure, à 566 tonnes ; et à 90 kilomètres/heure à 1274 tonnes.

PRÈS DE CARCASSONNE (AUDE)
10H30

Pierre quitte l'autoroute pour retrouver une nationale et le plaisir de conduire. « Retour à la vie. On traverse les villes et les villages. Le paysage se dégage. À deux mètres et demi de haut, on voit plein de choses qu'on ne voit jamais en voiture. Mais c'est aussi plus risqué. La hantise, c'est le vélo, la voiturette, le camping-car… » Beaucoup de communes interdisent le passage des poids lourds. Avant Narbonne, la réglementation locale leur impose de reprendre l'autoroute A9 (Perpignan-Nice). « L'autoroute de la mort », lâche Pierre.

Comment devient-on routier ? Par atavisme, par imitation, par vocation. Beaucoup en ont rêvé en écoutant Max Meynier à la radio. Pour l'illusion de la liberté et la sensation de puissance que dégage un poids lourd, dominé par son conducteur juché au-dessus du commun. Pierre Audet y est venu progressivement. Un père VRP, toujours sur les routes. Une scolarité problématique, un avenir de mécano agricole, puis l'armée qui lui met le pied à l'étrier des camions et enfin le goût de voyager ont scellé son curriculum vitae.

NARBONNE (AUDE)
12H

Pause repas dans un routier, au milieu de chauffeurs, un échantillon de divers métiers. Pierre « fait dans le bâché ». À chaque arrêt, il doit faire coulisser les énormes toiles de « la cabane », soulever et enlever les poteaux qui maintiennent la structure, serrer et verrouiller les sangles qui retiennent la marchandise, veiller à la bonne répartition et à l'équilibre de son chargement, décrocher si besoin « la belle-mère » (la remorque, en langage routier). « Je n'ai pas le droit de décharger mais je suis responsable de ce que je transporte. Nous avons fini, hélas, par déroger et nous mettre dans l'illégalité. Faute de personnel suffisant ou compétent, nous chargeons et déchargeons pour gagner du temps. Les gestionnaires de plateformes sont ravis de nous voir faire le boulot. Ils peuvent freiner sur les embauches. Jamais nous n'aurions dû accepter de nous retrouver dans cette situation. »

BÉZIERS (HÉRAULT)
14H

Arrivé à l'heure, Pierrot 64 doit d'abord attendre qu'un poids lourd devant lui soit vidé. Une heure plus tard, le cariste lui signifie qu'il n'a aucune raison d'être là. D'après ses papiers, la cargaison de Pierre a déjà été livrée. Il a reçu toutes les palettes attendues. Philosophe, étrangement calme, Pierrot laisse courir et s'amuse de la situation, même si elle le pénalise d'un imbroglio, dialogue de sourds, et d'un retard, la plaie de sa vie quotidienne. Sa « lettre de voiture » (l'ordre de mission) est formelle. Il est bien où il doit être. « On est la quinzième roue du carrosse. On dépend des chargeurs et des réceptionnaires. Mais on a des comptes à rendre à tout le monde. En cas de retard, on est toujours tenus pour responsables. »

Pierrot 64 va perdre deux heures pour rien. Avant que l'on admette dans les bureaux que, non, vérification faite, sa livraison n'est pas arrivée puisqu'elle est toujours dans son camion. Sans un mot d'excuse, bien sûr. « Il n'y a pas si longtemps, chacun respectait le travail de l'autre dans toute la chaîne. Ça n'existe plus. C'est fini. »

Deux heures d'attente absurde, à la discrétion d'un sous-chef, pour trente-cinq minutes de déchargement. « Les réceptionnaires, souvent des intérimaires, se comportent comme des rois sur les quais. Quand un type comme lui nous plante, c'est l'ensemble de la chaîne du transport qu'il met en difficulté. Il s'en fout ! Une année, quelques jours avant Noël, à cause d'un réceptionnaire mal luné, tous les cadeaux sont restés dans mon camion. Si un chauffeur s'énerve, ça peut se terminer par des interdictions de sites pour le transporteur et la perte de ses clients... Alors, on s'écrase. La philosophie des routiers, au jour le jour, c'est d'accepter ce que n'importe qui ne tolérerait pas. C'est se dire "demain, ça ira mieux, et ce soir, je serai au resto avec des collègues". »

Cela fait douze heures que Pierrot est dans son camion. « Le SMIC est à 9,88 euros de l'heure. À 48 ans, après onze ans dans ma société, je touche 10,98 euros de l'heure. Je pars du lundi matin au vendredi soir. Je fais jusqu'à 210 heures par mois. Si je rapporte le temps passé hors de chez moi, je suis payé 3 euros de l'heure... »

Depuis peu, des employeurs ont mis en place un système de prime de 400 euros brut tous les quatre mois, contraire à la convention collective. À condition de respecter une dizaine de critères, notés par les clients : écoconduite, absentéisme, accidents, litiges, comportement, propreté, présentation (certains clients refusent les chauffeurs en short), bonne utilisation des moyens technologiques à bord. Cette carotte est destinée à retenir les chauffeurs tentés par la concurrence. Mais le caractère dégressif de ce système, selon la perte de points, a produit a contrario un effet dissuasif. Beaucoup de routiers laissent couler, ne cherchent plus à se conformer à ces nouvelles contraintes.

17H10

Nouveau chargement à l'autre bout de Béziers, à trente minutes de là. L'accueil est rude, brutal même. « Pour eux, c'est bientôt l'heure de la débauche, alors forcément, pas de sentiment. De toute façon, c'est partout pareil. »

Les retards s'accumulent. Coup de fil à son responsable pour le prévenir qu'il doit tout décaler pour le lendemain. « On court après le temps. Si on n'arrive pas à l'heure convenue, dans le créneau horaire bien défini, le client peut exiger des pénalités de retard à l'expéditeur, qui ne manquera pas de se retourner vers le transporteur. »

En route, Pierre raconte : « Avant le durcissement de la réglementation, on roulait comme des branques, jusqu'à dix-sept heures par jour. On était payés à l'heure. On se dopait. On prenait des excitants, des oxygénateurs de sang, prescrits par les médecins. On dormait sur le volant... »

Aujourd'hui, si un chauffeur est arrêté pour alcoolémie, y compris dans sa propre voiture le week-end, outre le retrait de permis, il est licencié sur-le-champ. « C'est bien spécifié dans le contrat de travail. »

Ce qu'il lâche ensuite lui a-t-il été inspiré par l'épisode du cariste qui l'a fait lanterner, le considérant comme quantité négligeable ? « C'est quoi la galère du routier ? Le bitume sans fin, les caristes qui t'engueulent, les affréteurs qui te font courir et les patrons qui te paient en monnaie de singe. Tout se fait maintenant par l'informatique et le numérique, par courriel, SMS, sur des applis. De moins en moins de contacts personnels, de présence par la voix. Récemment, à l'étranger, un collègue est décédé dans son camion un vendredi. Tu meurs sur la route et personne ne s'en aperçoit. Il faut plusieurs heures, voire plusieurs jours, pour s'en rendre compte. La terre ne tourne plus rond mais carré. Si tu es sur la bonne face, tu reçois le soleil. Si tu es sur une des trois autres, tu survis ou tu meurs. »

SUR LA D6113 (EX-N 113, AUDE)
18H45

La journée est terminée. Pierre vient de garer son bahut sur le parking d'un resto routier.

Comme chaque soir, il consigne dans un cahier le résumé de sa journée : 546 kilomètres, 8 heures 45 au volant, 14 heures 15 d'amplitude. Avant le repas l'attend la surprise de la douche. « C'est la loterie. Parfois, il n'y en a qu'une pour 70 chauffeurs. Certaines n'ont plus d'eau chaude, même en hiver. Il m'arrive aussi de ne pas me laver pendant deux jours, tellement l'état des sanitaires sur la route est déplorable. »

Dans ce Relais Routier qui vient de rouvrir, après la faillite de l'ancien propriétaire, la douche, parmi les gravats dans une pièce en travaux, est rudimentaire. Indigne pour ces travailleurs qui méritent mieux. Fataliste, par moments résigné, Pierrot ne s'offusque plus. Requinqué, il met enfin les pieds sous la table. « Je tiens à dîner tous les soirs en dehors de ma cabine, pour ne pas me couper du monde et me maintenir dans un semblant de vie sociale. Rester enfermé dans son camion, c'est se condamner à redevenir sauvage. J'en ai tant vu, reclus, infréquentables, ne parlant plus qu'à eux-mêmes. »

Pierre donne un exemple édifiant de l'ajustement permanent imposé aux chauffeurs. « Il m'arrive de manger cinq fois par jour. Tout dépend de l'heure de départ de la semaine. Si je petit déjeune à 2 heures du matin, je déjeune vers 7 heures et je dîne vers 14 heures. Puis, je fais ma nuit en pleine journée. Quand je repars, je petit déjeune à 21 h 30, je déjeune à 2 heures du matin, je dîne en milieu de matinée. À ce rythme, on est vite paumés, en décalage permanent, sans toujours parvenir à se recaler. »

Quand la fatigue monte, les routiers s'appellent. « T'as pas une boîte d'allumettes ? J'en ai besoin pour tenir mes yeux ouverts. »

22H30

Pierrot 64 tire le rideau. Direction la couchette. Sur le parking, poids lourds serrés, ballet des départs et des arrivées, bruit des compresseurs pour les camions frigorifiques, chaleur des moteurs, discussions bruyantes entre chauffeurs, odeurs diverses. Impossible de dormir… « Le corps s'habitue. Abonnés aux nuits courtes, nous avons tous des sommeils fragiles. L'été, de ce point de vue, reste la pire saison. Rares sont ceux qui disposent d'une climatisation de nuit. Vitre ouverte, tous les bruits extérieurs s'engouffrent dans la cabine. Nombreux sont ceux qui ont déjà été volés ou agressés pendant leur sommeil et qui ne dorment plus que d'un œil. Autant dire que nous ne sommes pas frais, sur la route, et pas toujours de bonne humeur... »

LE LENDEMAIN (AUDE)
4H

Réveil. Départ programmé à 4 h 20. Pierre doit apporter un nouveau chargement de bouteilles vides à 260 kilomètres de là, dans une ferme viticole du Gers. La nuit est livrée aux poids lourds qui se suivent, se croisent. Peu de voitures. Sous la frondaison des platanes, leurs phares hyper-puissants écartent le rideau d'ombre. Cette procession sonore, crissements de freins et relances rauques des moteurs, déchire la quiétude des villages assoupis. La fatigue rôde dans le corps des routiers. À l'intérieur de la cabine, le siège monte et descend. Ce mouvement de yoyo, roulis et tangage, est traître, car dangereux. Il mène tout droit à l'assoupissement, et se mue sournoisement en antichambre du sommeil.

CASTELNAUDARY (AUDE)
5H45

Arrêt petit déjeuner Chez Mamie, dans les faubourgs de la ville. Un café, un croissant, des miettes de conversation lestée du poids de la nuit qui n'en finit pas. Au-dessus du bar, quelques maximes bien senties, de celles qui fleurissent dans les troquets, au bord des nationales, et font bien rigoler les routiers. « Mieux vaut être saoul que con, ça dure moins longtemps. »

Chez Mamie. Une halte prisée des chauffeurs pour son calme, idéalement située le long du canal du Midi. Mais marquée au fer rouge du drame pour Pierre. Le 6 septembre 2017, après avoir dormi ici, dans ce havre, sous la fraîcheur des arbres, il venait de reprendre la route. À 8 kilomètres de là, une voiture est venue s'encastrer à pleine vitesse dans son camion. Un père de 52 ans et son fils de 21 ans sont morts sur le coup. Sous la violence du choc, le poids lourd de Pierrot 64 s'est immobilisé sur la voie de gauche, laissant croire qu'il était responsable de cette tragédie. Les témoins assureront et la gendarmerie établira qu'il n'y était pour rien. « Je les ai vus mourir. Je ne saurai jamais ce qui s'est passé. J'ai à peine eu le temps de freiner. Je me suis arc-bouté, dans un mouvement réflexe de survie. J'ai tordu le volant et brisé la pédale. » Pour Pierre, le contrecoup sera sévère. Après deux semaines d'arrêt-maladie, il tente progressivement de reprendre le travail mais s'angoisse dès qu'il perçoit un écart sur la route et devient agressif.

Le film repasse en boucle devant ses yeux. La voiture en face qui se déporte… Le temps de réaliser, de réagir. « Instinctivement, j'ai coupé le régulateur. Quand quelque chose d'anormal se produit, ça permet de décélérer instantanément. J'ai cru que le conducteur allait rectifier sa trajectoire… » Ces trois secondes d'hésitation le hantent. Et le culpabilisent.

Puis le choc, terrifiant. « Je l'ai vue arriver droit dans ma cabine, le capot a jailli sous mes yeux. Elle s'est arrêtée à un centimètre de mon pare-brise, avant de retomber sur ses quatre roues et de faire un 360 degrés… C'était un tremblement de terre, une bombe atomique. Ma cabine s'est désintégrée de l'intérieur : les plastiques qui volent, les placards qui s'ouvrent, les tiroirs qui se décrochent… »

Quand Pierrot, contusionné, parvient à descendre, les jambes en coton, le regard voilé, il sait déjà que les deux passagers de la voiture broyée sont morts. Il tremble, n'arrive pas à saisir son téléphone. Après s'être approché de la carcasse, avoir aperçu les victimes dans un sale état, il reste assis, prostré, au bord du fossé. Lorsqu'il réussit à appeler chez lui, puis à joindre son employeur, il parle de « blessés », sans parvenir à dire « morts ».

À force de ressasser cette tragédie, rongé par les images, Pierrot, qui a perdu 17 kilos, finit par sombrer dans une grave dépression. « Au bout de trois semaines, j'ai craqué. Je descendais vers Toulouse pour une livraison le lendemain. J'ai pris le téléphone pour dire à mon exploitant que je faisais demi-tour. Je n'étais plus capable de conduire en toute sécurité. Je devenais dangereux pour moi-même et surtout pour les autres usagers de la route. Je suis rentré au dépôt comme un robot, en mode pilotage automatique, la peur au ventre. »

Il mettra des mois à s'en relever. Les consultations régulières chez le psy n'endiguent pas les idées noires qui le submergent : culpabilité, déni, rêves, cauchemars, dégoût de la vie… Son médecin et son psy finissent par trouver la clef : la thérapie par EMDR (*eye movement desensitization and reprocessing* ou « désensibilisation et retraitement par les mouvements oculaires »). Une méthode fondée sur le mouvement des yeux, une forme d'hypnose qui parvient à recouvrir les images du tourment par des souvenirs heureux.

« Il m'a fallu beaucoup de temps pour admettre que j'étais juste au mauvais moment au mauvais endroit… Je ne pensais jamais à la mort sur la route. Maintenant, c'est toujours une éventualité. »

L'accident, l'ombre noire des routiers…

D34, VERS LAGRAULET (GERS)
9H

Pierre s'engouffre sur des départementales très étroites, que les routiers entre eux appellent des « autoroutes à lapin », des « routes de chèvres ». « Avec un poids lourd et une remorque, c'est limite. Mais je retrouve le vrai plaisir de conduire. Et quelle beauté, ce paysage ! »

Pierrot freine soudain, sans raison apparente. Il vient d'apercevoir un cerisier dont les branches fournies arrivent à hauteur de sa vitre. Il ne résiste pas et se livre à une cueillette sauvage qui atterrit sur le tableau de bord, dans un éclat de soleil. « Elle est pas belle la vie ? » Intermède heureux que réservent parfois les surprises de la route.

LAGRAULET (GERS)
10H

Ce n'est pas la seule. Dans cette ferme, Pierre est accueilli sans attendre et avec le sourire. « Ça fait du bien. C'est si rare... » Touché par ce contraste, Pierre, comme tous ses collègues, souffre d'être méprisé sans raison, soumis au bon vouloir et à l'arbitraire de ceux qui le reçoivent. « Ils sont tout-puissants. S'ils ont décidé de te laisser en plan, de te rabrouer en te faisant passer un tour, ou de ne t'admettre que le lendemain, tu es planté où tu es. Au milieu de nulle part. Tu vas y passer la nuit, loin de tout. Ces cerbères ne se soucient jamais de savoir d'où tu viens ni combien d'heures tu as déjà au compteur. »

Le pire accueil qui leur est réservé, racontent les routiers, c'est dans l'univers de la grande distribution. Ils n'ont droit à aucun égard. Pas même à un café, ce qui était fréquent auparavant, prétexte à un bout de causette où se reformait un peu d'humanité.

En écoutant Pierrot 64, comment ne pas repenser à cette rage qui fait exploser l'un des personnages d'Albert Aycard dans son roman *La Route* : « Chacun pour soi. Vous êtes tous les mêmes. Si on s'unissait, on représenterait une force invincible. On mettrait les affréteurs à nos pieds. Mais il faudrait s'entendre, s'aimer les uns les autres. Et ça, ce n'est pas possible. On se passe devant, on se marche dessus, et le résultat : on est exploités. »

MANCIET (GERS)
11H30

Longue halte repas dans un petit resto, sur la place du village. Le prochain chargement est fixé à 14 heures à Aire-sur-l'Adour (Landes).

« On me demande de livrer à minuit, de recharger à 3 heures du matin à Paris et d'être à Bordeaux à 11 heures, sans avoir dormi… Heureusement que la législation nous impose neuf heures consécutives de repos, sinon… »

Pierrot 64 a suffisamment roulé pour comparer les époques. « Il y a vingt ans, les chauffeurs n'étaient pas soumis à ce rythme infernal. Ils ne connaissaient pas ce stress qui nous mine. En toute occasion, ils manifestaient un réel esprit de solidarité. Aujourd'hui, plus personne ne s'arrête pour dépanner celui qui est en carafe. Il faut tracer, coûte que coûte. Notre rythme de vie n'est plus le même. La CIBI qui servait de radioguidage local, bien utile pour nous orienter, nous permettait de converser avec des chauffeurs que nous n'avions jamais vus et des radioamateurs. Mon surnom (le "QRZ", en langage routier) remonte à cette période. La CIBI a disparu, remplacée par le téléphone portable. Nous y avons perdu. Il ne nous relie qu'à nos connaissances et le patron peut nous appeler à tout moment. »

Auparavant, le contact avec l'employeur ou l'affréteur s'établissait en cours de route, à condition de trouver un resto ou une station-service équipés d'un téléphone et d'un fax pour recevoir et transmettre les ordres de mission, et connaître sa prochaine destination. « On faisait travailler les restos routiers. Avec la méthode actuelle, ils disparaissent comme neige au soleil. »

À la fin de la semaine, Pierrot, qui roule 180 000 kilomètres par an, aura effectué 2 022 kilomètres, à 59,6 kilomètres/heure de moyenne, transporté 107 tonnes de marchandises qui ne pouvaient pas attendre, conduit 33 heures 50, travaillé (hors conduite) 9 heures 15, consommé 695 litres de gas-oil, pour une moyenne de 34,3 litres aux 100 kilomètres. Amplitude de travail : 55 heures 30. On est loin des 35 heures… « Le gas-oil coule dans nos veines. On vit sur la route. On est des gens du voyage. »

Pierre Audet passe plus de temps (280 jours par an) dans son camion que chez lui. « C'est ma première maison. Mais ça reste un outil de travail, rien de plus. »

Pendant quatorze ans, Pierrot 64 a « fait l'international », parcourant toute l'Europe, avec des absences de cinq à six semaines. « Je gagnais très bien ma vie. Mais il faut être célibataire ou sans enfant, accepter de mettre sa vie de famille entre parenthèses. Je n'ai pas vu grandir ma fille. Un soir, je suis rentré. Elle m'a dit : “Bonjour, monsieur.” Depuis, je reviens tous les week-ends. »

Il a traversé les pays de l'Est, dans les années qui ont suivi la chute du mur de Berlin, vu leur état de dénuement, connu « les champs de mines » des routes archaïques et défoncées. « Trouver des sanitaires et où manger devenaient une expédition. Il fallait se munir de provisions et de jerrycans d'eau pour tenir. » Il va retrouver les mêmes conditions pendant la crise du Covid.

Depuis 2007, forcé par la concurrence des pays de l'Est, Pierre s'est reconverti dans « le national » et goûte à un autre confort de vie, même s'il regrette ses grandes échappées européennes, quand le TIR soudait « la grande famille des aventuriers de la route ». Le métier est devenu moins attirant. « On ne fait plus d'international. On tourne en rond. » Ce qu'il a cru gagner d'un côté, il l'a reperdu de l'autre. Depuis une dizaine d'années, les conditions de travail se dégradent. « Les clients sont moins conciliants, plus agressifs. Nous n'avons plus le droit à l'erreur. Toute l'économie vit à flux tendu. À nous de nous soumettre aux horaires flexibles et d'assurer. »

11

ESCLAVES DE LA ROUTE

« Les mecs ont des lunettes noires,
des maillots de débardeur
Et le coude à la portière,
les yeux sur le compteur
Pousser jusqu'à dix kilos,
trouver le bon rapport
Être à l'heure, décharger,
le pognon se fait rare »

François Béranger, « Canal 19 »

Le dimanche soir, sur l'A63, à l'entrée du poste-frontière de Biriatou (Pyrénées-Atlantiques), s'entasse sur plusieurs kilomètres un long chapelet de poids lourds immobilisés, cohorte à perte de vue de camions espagnols, portugais, quelques algériens ou marocains, auxquels sont collés de rares routiers français piégés par l'interdiction de rouler le week-end. À 22 heures, quand le péage leur est ouvert de nouveau, un vrombissement annonce le premier assaut d'une ruée qui va s'étaler une bonne partie de la nuit. Laissant derrière elle un épais nuage bleu, poisseux de pollution, qui ne se dissipera qu'au lever du jour. Pied au plancher, la caravane impatiente s'engouffre dans l'entonnoir qui, dès les premiers hectomètres, débouche sur un obstacle impressionnant, une interminable montée où les mastodontes, trop lestés, ahanent dans un rugissement d'effort, roulant au pas et de front, départagés par leur tonnage et la puissance de leur turbo. Les moteurs poussés à plein régime pompent dans les réservoirs de gas-oil. La semaine commence fort.

Toute la nuit, sur trois files, les poids lourds se tirent la bourre pour se détacher du troupeau, prendre de l'avance, tenter de grignoter du temps. Le lundi et le mardi, une deuxième vague surgit. Petite localité de 1200 habitants coincée entre Hendaye (France) et Irún (Espagne), Biriatou subit le passage, dans les deux sens, de 15000 camions par jour.

La frontière demeure l'un des meilleurs postes d'observation des effets de la mondialisation. De plus en plus de marchandises en circulation ? De plus en plus de poids lourds. À Biriatou, leur nombre a quintuplé en vingt ans. Il ne cesse d'augmenter. Comme les nationalités au volant. « C'est la guerre entre eux, commente Christian Arruti, douanier en poste depuis trente ans, et qui en a vu passer. Ils sont tous pressés, tous à cran. Chaque minute compte. Leurs comportements sont souvent dangereux. Ils s'insultent au moindre écart. »

Les trois quarts des conducteurs de poids lourds qui attaquent la côte de Biriatou sont roumains ou polonais. Ils sont escortés et doublés par un essaim dispersé de VUL, essentiellement polonais, dépourvus de tachygraphes, exonérés de toutes les interdictions de circuler. Les convois espagnols ou portugais sont pour l'essentiel conduits par des chauffeurs venus de l'Est. Ils vivent dans leur camion, mangent et dorment dans leur cabine, souvent surmontée d'une parabole. Les limites géographiques de leur recrutement ne cessent de reculer. Lituaniens, Lettons, Russes, Ukrainiens, Biélorusses, Moldaves, Turcs... Lors des contrôles à la douane, le dialogue est laborieux, faute d'une langue commune. Beaucoup sont en couple ou conduisent à deux. Il y a aussi les vieux chauffeurs anglais qui roulent encore à plus de 70 ans, contraints de travailler à cause d'un système de retraite injuste et déficient, racontent les douaniers.

Soixante « gabelous » surveillent le trafic et pistent les trafics. Le nombre d'affaires augmente, mais les prises sont plus réduites. Formés à trouver des aiguilles dans des bottes de foin, les douaniers ramassent de grosses quantités de cigarettes de contrebande, d'alcool, de stupéfiants, de contrefaçons. Chasseurs à l'affût, ils comptent sur leur flair. Avec le plaisir avoué de ferrer le gros gibier, de déjouer les ruses très sophistiquées des passeurs. « On se sent utiles. Ici, ce ne sont pas les petits trafiquants de quartier qui passent mais les "mules" des gros réseaux, qui se servent, notamment, de camions comme planques. » Parfois, la délation entre chauffeurs ou la vengeance à l'égard d'un patron leur fait gagner du temps.

Les fonctionnaires vérifient aussi le respect des normes européennes sur la taxation du gas-oil, le poids et la nature des chargements. « Quand les routiers arrivent à la frontière, ils savent qu'ils peuvent être contrôlés. La douane est la police des marchandises. Nous ne traquons pas les hommes mais leur chargement. » Quatre maîtres-chiens et une brigade de scanners mobiles complètent le dispositif, qui rayonne bien au-delà de la nasse de Biriatou. Assurée par 215 agents, la surveillance de la « douane volante » s'étend aux départements des Pyrénées-Atlantiques et des Landes.

Le 1er janvier 1993, sur cette marche du Pays basque, l'ouverture des frontières et la suppression du jour au lendemain de toute la complexité administrative douanière ont déséquilibré l'économie locale. Autour des trois ponts d'Hendaye et Béhobie qui franchissent la Bidassoa gravitait une trentaine de transitaires côté français, une centaine côté espagnol, entourés de bars louches et d'hôtels de passe. Les routiers ne sortaient de ces goulots d'étranglement qu'au bout de 24 ou 48 heures, soumis aux horaires de bureau et au bon vouloir des douaniers.

Le fret espagnol, arrivé par camion, devait être déchargé et rechargé à la main sur des wagons. La SNCF régnait sur cette activité. Les dizaines de voies ferrées alignées sur une vaste étendue témoignaient d'un réel optimisme, soutenu par de sérieux investissements en infrastructures ferroviaires et la bourdonnante activité marchandises de la gare d'Hendaye. Pendant trente ans, 80 % du trafic international partait d'ici en train de marchandises. Fret SNCF, service sûr et de qualité, avait acquis une force considérable. En reportant ce trafic vers les camions, il faudra moins de dix ans pour détériorer la qualité des prestations et démanteler localement tout un secteur d'activité.

Ouverte en juin 1976 à Biriatou, l'autoroute a changé la donne, désengorgeant Hendaye, thrombosée par le trop-plein de camions et de circulation qui provoquait des embouteillages permanents sur la N10. La lenteur du passage à la douane était connue et redoutée. Les formalités s'éternisaient. Des milliers de poids lourds s'agglutinaient et se déversaient dans cette nasse. Leurs chauffeurs devaient se soumettre aux rites d'une paperasserie kafkaïenne. Déclarations d'exportation, d'importation, respect des multiples réglementations nationales, vérifications des documents commerciaux et annexes...

Acteur et témoin de ces tracasseries, Jean Jouve, ancien chef de subdivision à la douane d'Hendaye, a vécu cette succession de transformations. « Les routiers payaient des droits et des taxes. Hendaye employait 130 agents. Les contrôles, sur les espèces, l'origine et la valeur des marchandises transportées étaient tatillons. Le registre des douanes, où l'on consignait tout, nature et tarifs, était un énorme grimoire. Aujourd'hui, il serait impossible de se livrer à toutes ces vérifications. Le flux doit circuler. Il n'est plus pensable de bloquer la circulation. »

Pendant les années de transition vers la mondialisation des échanges, les niveaux de vie des deux pays se sont rapprochés. Au volant de leurs antiques Pegaso poussifs crachant de la fumée noire, une cruche accrochée à la portière pour rafraîchir l'eau, les routiers espagnols ne pouvaient franchir la frontière. Leur flottille était vétuste. Ils arrivaient souvent bâches éventrées, visages fermés. Refoulés par le protectionnisme des transporteurs français, ils n'étaient pas autorisés à rouler dans l'Hexagone et repartaient à vide. Toute marchandise qui sortait d'un pays vers un autre devait être « mise en douane » et « dédouanée » dans le pays de destination (sur le site de livraison ou dans une douane centrale). Les délais, imprévisibles, pouvaient varier d'une heure à trois jours.

Le 1er janvier 1993 à minuit, les frontières intra-européennes sont grandes ouvertes. La route est libre. L'euphorie est de mise. Mais en quelques années, la concurrence sauvage s'installe. Le laissez-passer se mue en sauvage laissez-faire. Le processus va se dérouler par étapes, avec des effets dévastateurs au sein même de l'Europe. Quand les pays de l'Est entrent dans l'Union européenne, en 2004, d'autres vannes s'ouvrent. Le TRM se transforme en jungle du dumping social. Sur la route, c'est le Far West.

Ne pas voir, ne pas savoir. Le spectacle est pourtant saisissant… Il suffit de se poster n'importe quel week-end sur une aire ou autour d'une station-service d'autoroute. Notamment aux beaux jours. Deux mondes parallèles se font face. D'un côté, des automobilistes et des vacanciers insouciants, rayonnants, en plein pique-nique, avec les enfants qui courent et crient, pressés de repartir ; de l'autre, sur le parking, des routiers bloqués, consignés pendant quarante-cinq heures, le temps de repos hebdomadaire imposé, avec impossibilité de bouger. Certains ne reçoivent aucun dédommagement pour leurs repas, leurs frais du week-end. Des habits sèchent, accrochés aux portières ou sur les calandres relevées qui laissent voir les moteurs. La plupart des routiers demeurent à l'intérieur de leur cabine, tuant le temps avec les moyens du bord (téléphone, film sur l'ordi, siestes). Les plus sportifs improvisent une partie de pétanque ou de football. Les autres, sur des pliants, cuisinent leur frichti, tiré des soutes de la remorque, palabrent, torse nu, claquettes aux pieds, jouent aux cartes, bouteilles et canettes bien en évidence. Hygiène de vie désastreuse, fatigue, alcool et malbouffe composent leur ordinaire. La barrière de la langue ne les aide pas à sortir de l'isolement. C'est pire quand ils sont en détresse, malades, paumés ou accidentés.

Symbole sordide de cet ensauvagement auquel sont confrontés les « patrouilleurs » des autoroutes : les « hommes en jaune » chargés de la sécurité sont excédés d'avoir à ramasser une multitude de bouteilles d'urine balancées dans les fossés, sur la route, voire déposées en passant sur les armoires des péages. On n'ose imaginer à quelles contorsions se livrent les conducteurs, sans cesser de rouler, et le danger d'une pareille manœuvre.

Deux mondes s'ignorent, sans un regard. Déambuler au milieu de cette forêt de poids lourds, aviser les plaques d'immatriculation, déchiffrer les bâches, tendre l'oreille : on ne voit et n'entend que des chauffeurs des pays de l'Est, et parfois quelques Espagnols, quelques Portugais. Il n'est pas rare de repérer un Ukrainien au volant d'un tracteur lituanien, qui tire une semi-remorque polonaise. Il arrive que deux ou trois chauffeurs français se retrouvent égarés dans ce *no man's land*. Instantané édifiant de la réalité du transport européen, photo figée de la partie émergée de l'iceberg.

Au passage, le libéralisme a inventé une nouvelle forme d'exploitation. Les routiers français ont pris de plein fouet la force débridée de la concurrence, venue d'abord du Sud, de l'Espagne et du Portugal ; puis, lorsque ces deux pays ont économiquement et socialement redressé la tête, celle, plus frontale, des pays de l'Est. Ce qui frappe quand les routiers français en parlent, c'est la distinction qu'ils établissent entre leurs frères d'infortune, contraints de travailler dans de telles conditions pour nourrir leur famille, et l'attitude des transporteurs sans vergogne, qui tirent les prix et les salaires au plus bas. En cours de conversation, ils peuvent dénoncer le danger sur la route que représentent ces chauffeurs mal formés, mais ne mélangent pas les « forçats de la route », esclaves des temps modernes, avec leurs exploiteurs.

Le test demeure la mise à quai dans les entrepôts. À la simple vue de la nationalité de la plaque, les Français pressentent, par habitude, ce qui va advenir. Les contorsions laborieuses et le mutisme buté du chauffeur qui s'y reprend avec difficulté, sous le regard des autres. On attendrait de la moquerie. On entend plutôt une forme rugueuse de compassion, de compréhension, ce vieux fond de solidarité des ouvriers entre eux, placés en rivalité.

Les uns et les autres ne se côtoient qu'au moment de charger et de décharger – sans se parler ni sympathiser. Sur la route qu'ils partagent, ils ne se rejoignent pas, ne se mélangent pas. Pas de chauffeurs de l'Est dans les Relais Routiers. Ils mangent dans leur camion, ont peu les moyens de s'offrir un repas au restaurant. Et, sur les parkings, ils se regroupent par nationalité.

Cette absence de contact permet de mesurer l'abîme entre deux conditions sociales. Les plus misérables concurrencent les moins fortunés. Le sous-prolétariat de la route, originaire de Pologne, de Roumanie, de Lituanie, de Biélorussie, recruté toujours plus loin à des tarifs inversement proportionnels à la distance pour aller les débaucher, souque comme des galériens au cœur de l'Europe du XXIe siècle.

Les géants de la vente par correspondance et de l'e-commerce expédient des navettes « ultra-timées », tous les jours, pour relier les entrepôts des différents pays, et des semi-remorques, tantôt pleines jusqu'au toit, tantôt avec moins de cinq palettes. Les camions doivent partir aux heures prévues, pour respecter la promesse client d'une livraison toujours plus rapide, et en général offerte...

Boris Raykov est bulgare. Il a démarré chez Somat, une grosse boîte de son pays. Pour y entrer comme chauffeur, dans les années 1990, il a dû débourser 200 deutschemarks. Le prix à payer pour être corvéable à merci. Boris partait en bus avec trois autres chauffeurs récupérer un camion dans un autre pays. On les déposait en Iran, en ex-Yougoslavie ou à Londres. Au volant de son poids lourd, il traversait la Turquie, la Russie, l'Ukraine, la Biélorussie. Puis, ce fut l'Europe occidentale. Deux passeports bulgares en poche, un personnel et l'autre de la société, avec, sur l'un le visa pour l'Asie, sur l'autre le visa pour l'Europe. Le viatique pour rouler six mois sans rentrer en Bulgarie. Beaucoup dans son pays ne reviennent jamais avec leur camion. Un minibus se charge de les ramasser par douzaine quand vient le moment de les rapatrier, pour les mettre au repos après plusieurs semaines d'affilée au volant.

Somat rachetée par la redoutable société allemande Willi Betz, l'un des mastodontes de ce vaste trafic, Boris Raykov était expédié pendant trois ou six mois vers la flotte de camions qui sillonnaient l'Europe. Soit en minibus avec d'autres, soit en « stop » dans un poids lourd.

Que convoyait-il ? Essentiellement des pièces détachées pour l'industrie automobile, et toujours en équipage à deux chauffeurs pour que le camion roule le plus longtemps possible sans s'arrêter : dix-huit à vingt heures de route pour neuf heures de pause. « On était payés l'équivalent de 10 centimes d'euro du kilomètre. Comme on roulait 22000 à 24000 kilomètres par mois, on touchait autour de 2000 deutschemarks. »

Perpétuels et lassants allers et retours, à l'intérieur d'un grand tour qui menait de l'Espagne à la Turquie, avec du transit en France et en Espagne. En cours de rotation, les chauffeurs disposaient d'une base en Allemagne, correctement aménagée avec douches et restaurant, mais sans chambres. Pour dormir, le camion. Au bout de six mois, vingt jours de congé. Un système bien au point de main-d'œuvre délocalisée.

Après dix ans de ce régime, Boris Raykov a décidé de tenter sa chance en France. Muni d'un simple visa, en se mariant avec une Française d'origine bulgare vivant à Paris, il a obtenu des papiers et le droit de travailler. « Le salaire moyen d'un chauffeur bulgare, en Bulgarie, représente l'équivalent de 300 euros. Ici, c'est 2000 euros. C'est pour ça que je suis là ! »

À 58 ans, il ne mégote pas sur sa peine, couvre 2500 kilomètres par semaine, prêt à rouler le week-end, et la nuit « pour la tranquillité ». Avec près de 3000 euros par mois (frais compris), il y trouve largement son compte, économisant pour se constituer un petit capital immobilier à Sofia et sur les bords de la mer Noire, dont il profitera peut-être, plus tard, quand viendra l'heure de se poser, enfin.

Son commentaire est sans appel. « Le monde du transport a laissé les pays de l'Est cannibaliser le marché et employer des esclaves. » Qu'en est-il sur nos routes et autoroutes ? Deux armées venues de l'Est occupent notre réseau. D'un côté, les chauffeurs de poids lourds cosmopolites, employés par des sociétés d'un autre pays que le leur, payés souvent pour partie de la main à la main. De l'autre, la multitude de conducteurs de VUL, essaim discret de camionnettes passe-partout qui n'excèdent pas 3,5 tonnes de PTAC (poids total autorisé en charge), aux bâches anonymes, vierges de tout logo, comme pour mieux se faire oublier. Ces « puces » se faufilent entre les contrôles, donnent l'impression de passer sous les radars, échappent au cadre réglementaire qui régit le transport en France, roulent sans arrêt, nuit et jour, week-end et jours fériés, sans limites de temps ni de distance.

À leur volant, des stakhanovistes jetés sur les routes pour un salaire de misère. L'industrie du transport s'appuie beaucoup sur ces esclaves sans visage, au silence d'or, qui se tuent à la tâche. Ils partent loin de chez eux, entre trois semaines et deux mois, naviguent au gré des appels et des commandes, errent le nez sur leur GPS pour arriver à destination, dorment où ils peuvent, entravent les parkings au grand dam des poids lourds, excédés de les trouver sur leur chemin.

Pratique courante, le cabotage offre la possibilité pour un transporteur étranger d'effectuer du transport national dans un pays qui n'est pas le sien. Ainsi pourra-t-il effectuer un Lille-Bordeaux en dessous du tarif demandé localement. Et il en tirera une marge confortable. Trois opérations de cabotage sur le sol français, dans un délai de sept jours, sont autorisées.

Si le transporteur affrète des VUL, il s'affranchit de toute obligation, mais en poids lourd, il est dorénavant soumis, outre la réglementation sociale européenne, à la « loi Macron » sur le statut de travailleur détaché des routiers effectuant une mission en France (différent du simple transit).

En clair : un conducteur portugais sous contrat roumain peut conduire un poids lourd de l'Italie vers les Pays-Bas en étant payé au tarif roumain, ou bien faire du cabotage. Comment lutter ?

Les routiers français enragent quand ils les croisent. Ils se font doubler à longueur de journée par ce bataillon désordonné, constitué en grande majorité de Polonais (les plaques PL pullulent). Ils savent que des transporteurs français font appel à eux, pratiquant un dumping social éhonté. Ils savent aussi que ces « chauffeurs au rabais » qui leur raflent des marchés vivent dans des conditions déplorables, confinés dans un espace trop étroit, dormant allongés sur une couchette sommaire, perchés au-dessus de la cabine, dans la « capucine », sans confort, sans chauffage, ni climatisation. Pour se reposer, en guise de rideaux, des bouts de carton plaqués sur la portière et le pare-brise. Certains s'affalent entre le siège et la banquette ; d'autres tentent de dormir au milieu de la marchandise, sous la bâche. D'autres encore peuvent rester encalminés une semaine au même endroit dans l'attente d'un hypothétique chargement. Assommés de fatigue, souvent en surcharge, stressés, sans formation, dépourvus de repères géographiques, ils contribuent au lourd tribut des accidents de la route. Pneus éclatés, valses tragiques dans le décor, chocs avec plus lourds qu'eux, fétus de paille que le vent emporte...

À chaque opération de contrôle menée par les gendarmes et les agents de la Dreal (Direction régionale de l'environnement, de l'aménagement et du logement), le bilan est consternant : régulièrement, un tiers des VUL est en surcharge, sans compter les défauts d'assurance, les conducteurs dans un état douteux, ivres ou drogués. Il n'est pas rare que, sur les parkings, l'alcoolémie dégénère en bagarres.

Charitables ou résignés, beaucoup de routiers français font cependant valoir que ces « chevau-légers », qui en charge utile ne peuvent transporter qu'une tonne, ne risquent pas d'éclipser les centaines de milliers de

44 tonnes indispensables à l'économie. Les VUL servent de supplétifs pour désengorger le flux tendu, grâce à leur rapidité, leur maniabilité et l'exploitation à outrance de leurs équipages.

Les destinataires qui programment les délais de livraison, via des planificateurs en Pologne ou en Inde, n'ont que faire de la législation. Dans un courrier adressé au magazine *Les Routiers* (édition de janvier 2019), un affréteur export d'une PME française décrit la perversité du système. « Par exemple, ils imposent des créneaux de livraison à 22 heures ou 1 heure du matin ; veulent qu'on livre un jour férié (pour ceux qui sont en Inde, ils s'en moquent que tel jour soit férié en Europe) ; modifient le créneau, avancent ou reculent la date (...). Sans compter les clients que j'appelle "génération Amazon" (leur prénom est "ASAP" – aussi vite que possible – et leur nom est "urgent") qui demandent que leurs marchandises soient livrées le lendemain avant midi, quelle que soit la destination en Europe. Combien de fois ai-je entendu des phrases comme : "Comment ça, cela ne peut pas être livré le 1er mai ?" ou "Quoi, ce n'est pas le même camion qui livre le département 95 et le 16 ?" »

Les VUL comblent aussi, sur certaines destinations, comme l'Allemagne du Sud ou l'ouest de l'Espagne, le déficit de poids lourds, faute de fret pour le retour. Le magazine ajoutait cette précision : « Les Français qui assuraient ces express il y a vingt ans ont déposé le bilan. Soit 4 000 emplois perdus. Et quinze palettes peuvent bien être livrées le dimanche dans trois VUL qui se suivent... » Après la quasi-disparition du pavillon français sur le transport international, le danger est réel de le voir sombrer sur le marché intérieur. Et les routiers français s'inquiètent de cette concurrence qui monte.

Face à cette situation, le Danemark a décidé de réagir. Pendant trois semaines, une campagne de presse offensive a dénoncé ce nouvel esclavage, suscitant une grande sensibilisation sur le sujet. Elle a déclenché des enquêtes judiciaires, notamment contre la filière philippine. Cette opération a considérablement altéré l'image des transporteurs concernés. En France, les donneurs d'ordres commencent à être attentifs aux conditions sociales. Ils prennent peu à peu conscience que leur responsabilité est engagée, en cas d'emploi dans des conditions illégales. On compte beaucoup maintenant sur des lanceurs d'alerte.

L'Europe des Vingt-Huit ressemble à un vaste casino où transporteurs et affréteurs misent sur le maillon le plus faible, jouent sur la modicité des salaires, en font reculer les limites. Après les Polonais à 865 euros par mois, ils sont passés aux Roumains à 650 euros, puis sont venus les Bulgares à 500 euros. On peut descendre plus bas encore, hors Union européenne, avec les Ukrainiens qui roulent pour 5 centimes du kilomètre, ou les Biélorusses. L'Asie reste un réservoir de main-d'œuvre à bon marché. Vaille que vaille, on y trouve déjà des chauffeurs à importer, dociles, trop heureux de trimer à meilleur prix que chez eux. La grande roue de l'exploitation n'a pas fini de tourner.

Ce flot de poids lourds et de VUL de l'Est provoque une sévère voie d'eau dans le pavillon français. La première alerte est survenue au début des années 2000 quand les compagnies hollandaises, espagnoles, italiennes ont commencé à recruter massivement à l'Est pour sillonner l'Europe. Ensuite, les transporteurs polonais se sont jetés sur ce marché au point de siphonner le bassin d'emplois local et de jouer les sergents recruteurs en Ukraine, en Moldavie, poussant jusqu'au Sri Lanka, aux Philippines, en Inde.

Bataille de sumos. Le très puissant hongrois Waberer's a dû mettre un genou à terre, brader près de 250 poids lourds pour rester à flot. Au passage, les Français se sont fait plumer, en spectateurs de leur naufrage sur les voyages à l'étranger où s'illustrait l'aristocratie du métier. Les seules destinations qui faisaient rêver. Arborer l'écusson « T.I.R. » à l'arrière de sa remorque valait distinction. Et respect.

Au bout du compte, le trafic international est aux mains d'une douzaine de groupes qui ne cessent de se bagarrer, à coût de fusions-acquisitions, pour employer des routiers *low cost*. Le Hongrois Waberer's (5 800 salariés), qui a repris le Polonais Link (956 salariés), est menacé par les

Lituaniens Girteka (4 400 tracteurs, 9 000 conducteurs) et Transtira (2 000 ensembles). C'est aussi la course au gigantisme : en Lettonie, Kreiss (1500 tracteurs, 2500 semis) ; en Lituanie, Hoptrans a dépassé le millier de camions ; en Allemagne, Hegelmann vise 4 400 ensembles ; en Espagne, J. Carrion (3 000 chauffeurs), Logesta (1 600), Sertrans (1 000). Primafrio a recours à des conducteurs brésiliens.

L'envers du décor est peu reluisant. Le groupe belge Jost, domicilié au Luxembourg, a été officiellement confondu pour « dumping social caractérisé, traite des êtres humains et fraude sociale ». Les chauffeurs devaient pousser leur amplitude jusqu'à dix-huit heures d'affilée, loger de six à huit semaines dans leur camion pour un salaire de 550 à 650 euros par mois. Les enquêteurs belges ont recensé 947 victimes et découvert une fraude de 65 millions d'euros en trois ans. Sur un total de 1500 camions, 346 immatriculés en Slovaquie et en Roumanie ont été saisis...

Un point de rupture semble atteint. Confrontées à la ruine du principe du Marché unique, les institutions européennes ont mollement commencé à réagir, poussées par neuf pays de l'Ouest regroupés dans une « alliance du routier » autour de la France, de l'Allemagne et du Benelux, pour harmoniser règles et conditions de travail. Cornaquée par la Pologne, plaque tournante du TRM européen avec ses 80 000 entreprises, et d'autres pays de l'Est (Hongrie, Bulgarie, République tchèque, Slovaquie), rejoints par l'Espagne et le Portugal, la « coalition du refus » voyait bien le danger de tuer cette poule aux œufs d'or. Elle n'a cessé de vouloir détricoter les possibles avancées pour retarder les inévitables échéances.

L'opposition est frontale : les uns dénoncent le dumping social généralisé ; les autres un retour du protectionnisme. Et sur la route, les conditions de travail continuent de se dégrader. Comme leurs homologues de l'Ouest, les entreprises françaises en ont largement profité, enrôlant les chauffeurs les moins chers pour baisser au minimum le prix du transport. Une société comme Geodis, filiale de la SNCF, a systématiquement remplacé les routiers français par des sous-traitants étrangers. Avec notamment des chauffeurs roumains roulant en France payés au tarif roumain, bloqués sur les parkings le week-end et ne rentrant chez eux qu'au bout de huit ou neuf semaines, sans avoir quitté leur camion...

Deux ans et demi de débats ont été nécessaires pour aboutir fin 2019 aux changements qui s'imposent. Un tournant en faveur d'un ajustement législatif et un sérieux coup de frein aux abus. Sont visés le dumping social, la sous-traitance, l'allongement des journées de travail, les contrats précaires, les sociétés « boîtes aux lettres » pour embaucher au rabais des chauffeurs au tarif des pays où

– pure fiction – elles sont implantées... L'attestation de formation obligatoire tous les cinq ans s'achète sans y mettre les pieds. Dans certains pays de l'Est, détaillait en février 2019 le mensuel *Les Routiers*, qui a beaucoup contribué à faire connaître ces pratiques scandaleuses, on applique trois types de rémunérations, toutes interdites en droit européen : prime aux kilomètres effectués ; forfait journalier (généralement entre 80 et 90 euros) ; pourcentage du chiffre d'affaires mensuel de l'entreprise.

Fin 2019, un compromis, appelé « Paquet mobilité », a enfin été dégagé au forceps après d'interminables parties de bras de fer, sur le cabotage, les temps de conduite, de repos et le détachement des travailleurs. Avec cette fois l'impression de dessiner l'avenir du transport routier pour la décennie à venir, de parvenir à une plus juste régulation. Les routiers français poussaient en ce sens, dénonçant régulièrement des pratiques d'un autre âge, aboutissement d'une logique libérale poussée à l'extrême. Il en va du sort de 5 millions d'emplois directs, dont 3 millions de routiers, en Europe.

Si ce compromis est réellement appliqué, le conducteur en transport international devra rentrer chez lui au bout de trois semaines, et chaque véhicule dans le pays du siège social toutes les huit semaines. En 2025, interrogeables à distance, les « chronotachygraphes intelligents » montés sur les nouveaux poids lourds depuis juin 2019 devront équiper tous les véhicules à partir de 2,4 tonnes. Plus contraignant encore, une mesure d'importance vise à abolir le recrutement sauvage. Les conducteurs de VUL devront posséder le permis super-lourd pour rouler à travers l'Europe. Les règles du travail détaché (« à travail égal, salaire égal sur le même lieu de travail ») s'appliqueront sans dérogation. Quelle que soit sa nationalité, tout routier circulant en France sera payé comme en France.

Enfin, le repos hebdomadaire en cabine est désormais strictement interdit. Direction l'hôtel. On sait déjà que cette mesure se heurtera à de nouveaux problèmes de stationnement et de surveillance des convois...

Le cabotage sauvage sera redéfini. Statu quo pour les trois opérations de chargement-déchargement sur sept jours maximum. Sur trois jours, le nombre d'opérations est illimité. En revanche, un délai de carence – obligation de retourner dans son pays d'origine pour refaire un transport international avant de refaire un cabotage de 60 heures (2,5 jours) – est instauré. Seuls les frontaliers s'en sortiront bien. Mais pour un Polonais qui cabote régulièrement en France, la situation va devenir plus complexe.

Toute infraction à cette nouvelle règle pourrait se traduire par de fortes amendes et un retrait des licences communautaires. Un retour de manivelle qui devrait assainir le marché.

Mais le sujet demeure trop épineux pour être résolu sans dommages ni arrière-pensées. À peine cet accord avait-il été trouvé, fruit de longs mois de discussions entre le Conseil, le Parlement et la Commission européenne, compromis d'un trilogue âprement négocié, que l'une des parties, la Commission, le dénonçait comme contraire au « Green Deal », le « Pacte vert », sa ligne directrice pour lutter contre le réchauffement climatique. Obliger un camion à retourner dans son pays toutes les huit semaines sera source d'émissions de CO_2 supplémentaires, estime-t-elle. L'écologie avant le social, en quelque sorte... Une nouvelle partie de bras de fer s'engage à Bruxelles sur le dos des chauffeurs, les éternels perdants.

Depuis, le Covid a tout gelé. Que restera-t-il du Green Deal quand l'économie devra repartir à marche forcée ?

12

EN MANQUE DE CHAUFFEURS

« Dans mon travail, je ne vois pas beaucoup de sourires et je ne dois pas en faire beaucoup, pas même à moi. Tant mieux. Personne n'a envie de lever les yeux et de voir un camionneur sourire. »

James Anderson, *La route 117*

Que s'est-il passé, entre les décennies de respect pour ce métier ingrat qui pourtant faisait rêver, et le mépris d'aujourd'hui ? Pourquoi le lien de confiance établi et conforté avec ces missionnaires de la route s'est-il brisé ? Et pourquoi ce métier n'attire-t-il plus ?

On pourrait multiplier les explications. L'éloignement général à l'égard de la classe ouvrière, la sensibilité écologique qui pointe tous les agents nocifs, la revendication du retour aux circuits courts…

Il est singulier de constater qu'au moment où les camions sont devenus des engins hyper-sophistiqués, bardés d'électronique, truffés d'appareils « intelligents » qui secondent le chauffeur, l'image du routier dans l'opinion s'est dégradée. Il aime son métier, qui exige de lui un haut degré de formation, renouvelée tous les cinq ans pour rester à niveau. Il en tire une fierté, légitime et personnelle, qu'il ne peut plus guère partager qu'avec ses semblables.

Les transporteurs n'arrivent plus à recruter. En cause, la pénibilité du travail, des salaires trop faibles, la revendication d'un treizième mois jamais accordée. Mais l'explication est peut-être ailleurs. L'un des attraits de ce métier reposait sur l'autonomie du chauffeur, à même de choisir le meilleur itinéraire, de déterminer ses temps de conduite et de repos, de savoir doser les contraintes. Les arrêts prolongés au Relais Routiers, le petit détour vers les caboulots où il avait son rond de serviette, la petite sieste dans le pré aux heures de grosses chaleurs étaient rattrapés et compensés par une façon très personnelle de cravacher pour respecter l'heure de la livraison ou du chargement. Chacun y trouvait son compte.

Aujourd'hui, les routiers semblent devenus les fantassins esseulés de l'industrie et du commerce, d'une production à outrance qui ne stocke plus et transporte tout, le plus vite possible.

Au fil des années, alors que diminuaient sensiblement les distances à parcourir, un certain malaise a gagné les cabines. La traçabilité de leur présence et de leur parcours, par la géolocalisation de leurs camions hyper-connectés, étouffe de plus en plus les routiers, déjà privés de leurs escapades internationales. Ils se croyaient libres ; ils ne le sont plus vraiment. Ils se sentent traqués, fliqués, comme avec un bracelet électronique. En liberté surveillée. Patrons et clients les pistent, suivent leur progression, notent sur-le-champ le moindre écart inexplicable ou imprévu, exigeant une explication immédiate, solide et convaincante. Une multitude de sociétés et d'applications se disputent d'ailleurs ce marché de la traçabilité.

Les transporteurs, pour parer à ce désinvestissement de leurs « meilleurs ambassadeurs », comme ils ont coutume de les présenter, avec un brin de démagogie, ont compris qu'ils devaient former leurs chauffeurs et les impliquer dans le nébuleux circuit numérique de la logistique ; leur montrer qu'ils ne sont pas que des pions, mais que de leur collaboration active dépend la qualité du transport.

Les routiers reçoivent leurs ordres et leur feuille de route sur l'ordinateur de bord ou leur téléphone portable, parfois sans contact humain. Des courses sont ajoutées, des itinéraires remaniés ou ajustés au gré des informations que relaient les ordinateurs de bord. Le « grand routier » de naguère a trop souvent la sensation de n'être plus qu'un exécutant, piloté à distance par des managers surdiplômés, des exploitants qui, le nez sur la carte, ne voient pas la route réelle et ses aléas, ainsi que par des machines qui décident, chaque jour, de sa destination et lui retirent la jouissance de se croire encore le capitaine de son cargo. La logique impérative du flux tendu, qui ne doit jamais s'interrompre, du juste-à-temps et du délai à respecter l'emporte désormais sur toute autre considération.

Le routier a aussi perdu une grande partie de sa relation avec son camion. Il ne doit plus y toucher ni tenter de le réparer. La moindre panne ou avarie est prise en charge par une assistance extérieure. C'est à la fois plus confortable et frustrant.

En même temps, le champ de leurs compétences s'est élargi : formation à cette informatique embarquée, à l'éco-conduite avec stages appropriés, à la réglementation et à la sécurité, à la gestion de la relation avec les clients. Du moins, c'est la vitrine que veut afficher le secteur pour se rendre attirant. D'ailleurs, le prix d'un permis super-lourd

(Titre pro) a explosé. Il en coûte aujourd'hui 10 000 euros, dix fois plus qu'il y a trente ans.

Mais le secteur souffre d'une mauvaise image, entretenue par les médias, colportée par l'opinion publique. Il arrive que des professionnels du transport qui ont jadis roulé, aujourd'hui cadres dans les bureaux, veuillent retourner au charbon, tant cette passion du volant est vive et ne s'éteint jamais. Quand ils reprennent la route, ils sont effarés de découvrir une réalité très éloignée de celle qu'ils avaient connue. L'un d'eux, Philippe Favrole, directeur commercial régional chez un gros transporteur, a souhaité « reconduire un peu par amour du camion ». De retour de cette expédition de 40 000 kilomètres, il a tenu à témoigner. « Les rapports humains entre chargeurs et conducteurs se sont totalement dégradés, écrit-il, le respect mutuel et la considération ont quasiment disparu ! »

Son « manifeste » pointe tous les maux dont souffrent les routiers. Absence de sanitaires sur les lieux de chargement ou « réservés aux personnels de l'entreprise » (comment mieux leur faire comprendre qu'ils sont indésirables, pas acceptés ?), parkings de nuit insuffisants (il manque 100 000 emplacements en Europe) et inadaptés (2 % seulement sont sécurisés), vols de marchandises et agressions, fatigue et mauvaise santé. Il a découvert certaines inventions humiliantes, tels ces « sas grillagés », sans chaise, pour confiner les chauffeurs pendant les phases de chargement-déchargement.

Le catalogue quotidien des formules d'accueil entendues l'a laissé abasourdi :

« Transports comment ? T'es déjà venu ? »

« T'as rempli le cahier des entrées ? T'as une carte d'identité ? »

« Faut signer le protocole de sécurité ! »

« Tu charges pour où ? C'est qui le client ? »

« T'es tout seul ? Personne d'autre n'a le droit d'entrer ! »

« Faut pas stationner là, change de place, mets-toi derrière… »

« C'est quoi ton nom, le numéro de ta semi ? Qu'est-ce que tu viens charger ? »

« Attends dans ton camion, on t'appellera… »

C'est le talon d'Achille des économies livrées au tout-consommation, happées par l'e-commerce : sans les routiers, tout est désorganisé. Or, la pénurie de chauffeurs s'aggrave.

Les prévisions démographiques sont inquiétantes. Les plus de 50 ans sont deux fois plus nombreux que les moins de 30 ans, et les départs à la retraite ne sont pas compensés par les nouveaux arrivants. Les moyens de recrutement traditionnels s'essoufflent. De nouveaux canaux pour la formation et l'embauche sont mis à contribution, comme

Le Bon Coin, Forum Emploi et d'autres. En France, au pays des 35 heures, les jeunes voient bien que tirer un 44 tonnes toute la semaine n'est pas une sinécure. Comme l'offre d'emploi est supérieure à la demande, les aspirants routiers, en position de force, imposent leurs conditions. Il n'est pas rare qu'ils réclament pour prix de leur embauche le dernier modèle de camion, doté de tout le confort, et exigent de rentrer chez eux tous les soirs. Ils ont aussi compris que, si le salaire n'est pas dérisoire, rapporté au taux horaire, il n'est pas non plus folichon. Les anciens souffrent de voir leur métier « dévalorisé », selon leurs mots, par la génération de la relève, qui ne partage plus leur rêve, et répugne à être enrôlée parmi « les forçats du bitume ».

Selon une étude de l'AFT Transport Logistique, sur 1000 candidats, 6 entrent finalement dans la profession. L'écrémage s'effectue selon une sélection naturelle qui ne laisse guère des raisons d'espérer : sur les 1000 qui se présentent, 100 seulement manifestent de l'intérêt ; 50 laissent tomber après un premier contact ; 20 sont estimés dignes d'être présentés aux entreprises (contrat en alternance) ; 10 sont retenus pour suivre une formation à la conduite ; 8 intègrent l'entreprise une fois le permis obtenu ; 6 résistent à l'épreuve de la réalité du métier…

Les dix-huit premiers mois, le turn-over est impressionnant, avec des allures de sauve-qui-peut ou de « très peu pour moi, merci ! » Le taux de rupture d'un contrat dans la première année d'activité de la tranche des 18-34 ans est de 83 %. Les démissions sont la première cause des départs, loin devant les licenciements ou les départs à la retraite. Et faire appel à la sous-traitance ou aux agences d'intérim, solutions de facilité ou d'urgence, se traduit par un déficit de compétences, un travail au rabais qui affectent les résultats et la crédibilité de l'entreprise.

Juste avant la grande dépression du Covid, en Europe, un poste sur cinq restait vacant. Ce chiffre devrait même grimper très vite à 40 %. Même phénomène en Amérique du Nord, où le mythe du routier juché au sommet de monstres rutilants, sur les traces des pionniers, a longtemps alimenté l'imaginaire. Aux États-Unis, où circulent 15 millions de *trucks*, un tiers de la flotte de certaines entreprises était parfois immobilisé, faute de chauffeurs. En 2018, les États-Unis étaient en déficit de 61 000 chauffeurs. On estimait que, dans dix ans, il en manquerait entre 160 000 et 240 000 pour faire tourner l'économie ; au Canada, 48 000 *truckers* d'ici 2024. Un tiers des routiers viennent de l'Inde. Les recruteurs prospectent au Pérou, en Asie, aux Philippines, au Vietnam, en Corée du Sud.

Les transporteurs français cherchent par tous les moyens à redorer leur blason pour réussir à embaucher de nouveau. Ils offrent même une prime au chauffeur qui en parraine un autre. Chaque année, ils organisent le concours du meilleur conducteur de l'année (et du meilleur constructeur). Couronné lors de 24 Heures du Mans Camions au terme d'une série d'épreuves, le lauréat devient l'ambassadeur de la profession et de son entreprise. En général, il hérite aussi du dernier modèle du meilleur constructeur (Scania, Mercedes ou DAF), doté d'aménagements de prestige.

Dans l'enceinte de ces mêmes 24 Heures du Mans Camions, profitant de l'affluence de cibles potentielles, les stands de transporteurs se multiplient, édition après édition. Ils cherchent à recruter et ne le cachent pas. Entre les allées se joue une forme de surenchère. Les uns et les autres racolent, prennent des chauffeurs aux concurrents, appâtent parfois pour 20 centimes d'euro de plus à l'heure. Même les Québécois de Trans-West s'invitent à la fête, avec des promesses alléchantes d'épanouissement professionnel sur les routes américaines, auxquelles les routiers hexagonaux, de plus en plus nombreux à tenter l'aventure, ne sont pas insensibles.

Juste avant le passage ravageur du Covid-19, responsable d'une chute brutale et massive de la production, cette pénurie de chauffeurs dans tous les pays occidentaux aurait pu, à un moment ou à un autre, contraindre les économies à lever le pied. Le Covid s'en est chargé.

L'association Le monde du transport réuni, qui fédère 350 entreprises de la route et de la logistique, lance une plateforme (letransportrecrute.fr) et une vaste campagne de communication sur trois ans à destination du grand public pour afficher les atouts du secteur, notamment technologiques et digitaux, revaloriser l'image de la profession et faciliter les embauches. Vidéos, affiches, spots publicitaires, présence active sur les réseaux sociaux, *job datings*, forums, démonstrations de conduite, salons... Rien ne sera trop beau pour tenter d'inverser le courant.

Mais il faudra lutter sur plusieurs fronts pour ripoliner la façade. Quand on les interroge, les trois quarts des chauffeurs pensent que leurs rudes conditions de travail, le non-retour à la maison tous les soirs et la difficulté d'attirer les femmes au volant expliquent la persistance de cette inquiétante pénurie.

Les femmes... Après les avoir beaucoup brocardées et dédaignées, on compte maintenant sur elles pour renflouer cette industrie. Au Québec où, comme en France, elles ne représentent que 3 ou 4 % des chauffeurs, le gouvernement fédéral canadien appuie la campagne de l'association Camo-route, visant à atteindre au plus vite l'objectif de 10 %. Et pour en finir avec les préjugés sur la force physique, la culture masculine, la supposée homogénéité de ce milieu. La Russie qui, depuis Staline, leur interdit l'accès à la profession, officiellement pour « protéger leur santé et leur sécurité », s'apprête à lever cette mesure discriminante. En 2021, elles auront enfin le droit d'y conduire des poids lourds. Comme les hommes.

1836

13

ROUTE DE NUIT AVEC MAYA 972

« Conduire un camion sur les autoroutes, c'est libérer son esprit. Mes pensées peuvent vagabonder comme bon leur semble, rien ne vient les déranger. Et même si je suis toute confinée dans ma minuscule capsule, la route possède le pouvoir de me mettre dans cet état méditatif où j'arrive à agrandir mon espace mental à force de la regarder, droit devant. Je garde le cap comme un capitaine et je pense. La route m'absorbe. La route m'inspire. »

Sandra Doyon, *Je vous écris de mon camion*

Elle n'aime que la nuit. C'est son élément. Elle s'y sent bien. Tous les soirs, Stivelle Malfleury, jeune et tonique Martiniquaise poids plume dans ce milieu de malabars, appareille avec son 44 tonnes depuis le dépôt de son transporteur. Tous les soirs, du lundi au vendredi, elle effectue l'éternel même trajet. Villejust (Essonne) – Pouilly-en-Auxois (Côte-d'Or), aller et retour.

23H

Sur le quai, un premier café. Avec les collègues en partance, tous des hommes, elle partage les dernières nouvelles du front, de vagues prévisions pour les jours à venir, les encouragements de routine, le « Bonne route ! » rituel des compagnons de la nuit.

Stivelle est d'attaque. Elle arrive toujours à l'avance, pour être sûre que son tracteur sera bien en place, comme la remorque qu'elle devra accrocher. Ce soir-là, elle enrage. Son camion attitré, parti le samedi à la révision, n'est pas revenu du garage comme convenu. Elle est attachée à son Mercedes 360 Actros. Un univers confortable, doté de sièges ergonomiques, un très sûr vaisseau de nuit bardé de détecteurs et d'assistance à la conduite, un cocon personnalisé où elle a placé ses objets favoris. Mécontente mais toujours le rire au bord des lèvres, elle doit se rabattre sur un modèle plus ancien, qu'elle jauge, au premier regard, sans allure, fatigué. Son apparence et ses cicatrices trahissent ses trop longues heures de route. Intérieur anonyme, gris, sans chaleur, dénué de toute décoration. Cet « antique » Mercedes Actros, un véhicule de remplacement, accuse ses 840 000 kilomètres et la conduite s'en ressent. « C'est un camion qui ne s'arrête jamais. Quand je vais le ramener demain matin, un autre chauffeur le prendra à son tour. »

Stivelle n'est pas ravie. Elle l'est encore moins quand elle découvre la dernière remorque vide sur le parking. La bâche a été recousue, les montants ont souffert et l'ensemble n'est pas de première jeunesse. Dépitée, elle fait remarquer que son client exige, à l'arrivée, du matériel propre et en bon état. Sous peine de refuser la remorque...

Inutile de râlocher, rigolent ses collègues qui, charitablement, lui prêtent main-forte. « T'as pas le choix ! » Dans cet univers de baraqués plutôt enveloppés, Stivelle détonne, avec sa taille jockey, son énergie inusable, son rire en sautoir, quelles que soient les circonstances. En jean et baskets, elle est directe et sans manières, bises et tutoiement d'adoubement. Cette îlienne d'outre-mer à la conversation enjouée est un feu follet. Elle saute sur la sellette, vérifie son câble TIR qui sert à « plomber » (sceller) la cargaison, fait le tour du propriétaire, remonte dans sa cabine, enclenche la marche arrière, accroche la remorque. Puis redescend illico, s'insinue dans l'espace étroit qui sépare la cabine de la remorque pour brancher les flexibles, de grosses prises électriques qui commandent les freins et les feux de signalisation. Elle rebondit sur le bitume, prend à bras-le-corps une manivelle, remonte les béquilles qui soutenaient l'ensemble et regrimpe enfin dans sa cabine.

Ultimes vérifications sur le tableau de bord. Stivelle démarre et quitte son port d'attache, en suivant l'un de ses collègues, « Fredo 972 », qui toutes les nuits fait la même route qu'elle.

De là, Maya 972 s'engouffre sur la Francilienne. Elle est attendue à 1 heure du matin à Chelles (Seine-et-Marne), 52 kilomètres à l'est de la capitale. Les horaires sont stricts et le temps de chargement doit être invariablement respecté. Avant de partir de chez elle, elle a une nouvelle fois calculé son itinéraire de routine, pour ne pas être surprise par des fermetures sur la Francilienne et les autoroutes, et s'assurer une avance confortable. Elle a consulté l'application Sytadin, qui donne en temps réel l'état du trafic en Île-de-France, signale nature et durée des ralentissements ou déviations (travaux, nettoyage ou accidents). « Je regarde toujours ce qui est prévu et annoncé pour la semaine. Tous les soirs, je vérifie les mises à jour. C'est indispensable pour anticiper les temps de route. »

Il pleut sans discontinuer. Stivelle joue la prudence. Elle se méfie de ce tracteur qu'elle ne connaît pas, dont elle ignore la tenue de route. Les premiers kilomètres, le temps de l'apprivoiser, elle ne le sent pas bien au bout de ses bras et la remorque vide a tendance à déraper légèrement sur la chaussée glissante.

Stivelle, qui n'a pu brancher en Bluetooth son téléphone sur ce maudit camion, appelle Fred via une application audio pour connaître sa moyenne, lui demander si la route est bien libre, estimer s'ils pourront rouler ensemble. Les implacables temps de conduite et de repos empêchent de s'attendre. Stivelle et Fred vont essayer de s'ajuster pour ne pas être trop éloignés. « C'est une forme de soutien et de réconfort au cas où… C'est évidemment plus rassurant de faire la route à deux. » Surtout la nuit.

0H10
CHELLES

Stivelle se gare à quai. Elle anticipe sa coupure obligatoire de quarante-cinq minutes qui lui garantit de pouvoir « tracer » ensuite sans s'arrêter. Elle ne bouge pas de sa cabine, consulte son téléphone, parcourt les réseaux sociaux, somnole un peu.

1H

Elle enfile ses gants de travail, ses chaussures de sécurité, son gilet jaune obligatoires pour suivre le chargement, en vérifier l'équilibre, le sangler, signer les papiers. « Tout est fait par la société. Je ne charge ni ne décharge. Et je ne touche ni à la marchandise, ni à la mécanique. En cas de crevaison ou d'incident, un système d'assistance vient nous dépanner. »

2H

Stivelle remet le contact. Elle est autorisée à lâcher ses 360 ch pour rallier directement son point de relais, 292 kilomètres plus loin. À trois heures trente de route.

Ce n'est pas cette nuit que la plaque lumineuse vert et rouge « Maya 972 » (son surnom et le numéro de son département natal), arrimée au sommet du pare-brise, brillera sur la route, l'identifiant de loin. Son collègue, natif lui aussi de la Martinique, flambe avec son « Fredo 972 ». La communauté de la nuit a ses habitudes, ses habitués, ses repères. « Nous sommes tellement réglés, avec si peu de marge, que je sais à quel moment et à quel endroit je vais croiser Untel ou Unetelle. Si je les vois plus tôt ou plus tard, je sais que je ne suis pas dans les temps. »

Des paquets de camions, mastodontes immobiles, débordent ici et là des parkings surchargés. « Ils se garent n'importe où. En réalité, où ils peuvent. » Les infrastructures n'ont pas suivi l'augmentation du trafic ; les aires de stationnement, vite saturées, condamnent les routiers à trouver des solutions de fortune qui les exposent à être délogés par la police, pour des raisons de sécurité, ou à prendre une amende pour stationnement dangereux. Tenter d'aller plus loin, c'est courir le risque de dépasser la limite du temps légal de coupure qu'enregistre l'impitoyable tachygraphe et d'être sanctionné plus tard.

Voir furtivement, en passant, ces lourds convois, tous feux éteints, imaginer les chauffeurs endormis, loin de chez eux, seuls dans la nuit, dégage toujours une impression émouvante et sinistre. Troupeau qui semble abandonné et que l'obscurité recouvre de son manteau d'ombre et d'oubli.

À 35 ans, Maya 972 roule depuis dix ans. « J'ai un parcours atypique. Je suis arrivée en métropole à 18 ans pour suivre des études. Titulaire d'un BTS Tourisme, je ne trouvais pas de boulot. J'ai suivi une formation pendant un an. Le plus dur a été de trouver une entreprise qui m'accepte en alternance pour mon CAP de conducteur routier. Dans ma classe, nous étions deux femmes pour dix-huit hommes. »

Bien acceptée, Stivelle travaille toujours chez le même transporteur. « Pendant un an, je partais de 4 heures du matin jusqu'en début d'après-midi. Ce rythme ne me plaisait pas. Je roule la nuit. J'aime les longs trajets et l'ambiance de ces heures-là, la solitude, l'autonomie, la tranquillité, l'absence de stress. Je me sens comme un poisson dans l'eau. La nuit ne me pèse pas. Je suis une solitaire et j'aime rouler. Ça me convient parfaitement et je n'envisage pas d'y renoncer. » Mais ce « confort » ne va pas sans contrepartie. « Je vis tout le temps décalée par rapport aux autres. On s'y habitue. L'organisation familiale s'en ressent, forcément. J'ai malgré tout une vie sociale. Il m'arrive d'aller au resto, le soir, avec des amis, puis de partir directement au boulot pour attaquer la nuit au volant. »

Quand son compagnon, cadre dans l'aéronautique, rentre du travail, c'est l'heure où Stivelle se lève. Ils se voient juste le soir, avant qu'elle parte. « Nous faisons bien plus que nous croiser. Et nous avons le week-end pour nous retrouver. » Après avoir rendu les clefs de son camion vers 10 heures le samedi matin, au terme de sa dernière tournée, une longue tranche de sommeil réparateur l'attend. Le week-end commence quand elle se lève, vers 15-16 heures.

« Je récupère très bien. Mais je ne supporte pas d'entendre le réveil le dimanche. La nuit du lundi au mardi est la plus rude. Je dois me recaler, et si je n'ai pas réussi à faire une bonne sieste l'après-midi je peux me retrouver à ne pas avoir dormi pendant vingt-quatre heures... Le mardi matin, l'arrivée dans les embouteillages sur Paris peut virer au calvaire, avec les yeux qui se ferment. »

En route, quelques coups de fil à des collègues, parfois des conférences à plusieurs, la radio et de la musique emmagasinée sur son portable. Cette nuit, elle lève le pied, ne roule pas à fond, pas vraiment rassurée par son matériel, ni par la pluie qui brouille la vue et ruisselle sur la chaussée aux bandes luisantes. Elle calcule. Elle sait qu'elle aura du retard sur l'horaire prévu. « La moindre déviation peut avoir de grosses conséquences à l'arrivée. Le gros souci, c'est la fermeture de l'autoroute. »

D'ores et déjà, le « compteur mental », qui occupe tant l'esprit des routiers, est en marche. Toute minute, en avance ou en retard, est comptée et recomptée, ajoutée ou retirée du plan de route initial.

3H

Même au cœur de la nuit la plus profonde, le ballet des camions est incessant. Leur nombre est affolant ; les croisements ont la cadence d'un métronome. Régulièrement, une décoration flashy et colorée, bien en évidence sur le pare-brise, permet de reconnaître qui file dans l'autre sens. De grandes croix lumineuses ornent par moments les pare-brise, signalant le passage de routiers espagnols ou portugais qui affichent leur foi. Les médaillons de saint Christophe, si présents naguère dans les camions, ont quasiment disparu.

Succession de phares blancs qui zèbrent le rideau de pluie, et de moments d'aveuglement quand un chauffeur oublie de se remettre en codes ou envoie une violente giclée de toute sa puissance lumineuse. « À la longue, ça fatigue les yeux », se plaint Stivelle.

« Au début, la route de nuit, avec ses embûches, ses incertitudes, sa monotonie, était stressante. Je n'avais pas imaginé croiser autant de camions, surtout entre 20 heures et minuit, le pic de leur fréquence. Maintenant, je gère, j'ai mes repères. La nuit, ça vit. »

Native du Vauclin, une station balnéaire du sud-est de la Martinique, fille d'un maçon et d'une aide-ménagère, sœur d'un routier dans la région de Niort, qu'est-ce qui pousse Stivelle à trimer toutes les nuits sur les routes de la métropole avec son 44 tonnes ? « Au départ, je me destinais à être agent de voyages ou agent d'escale. Pendant trois ans et demi, j'ai distribué le courrier dans Paris. Je m'ennuyais, je m'enlisais. Au fond de moi, je voulais être routière, mais je pensais que ce n'était pas un métier de filles. Trop physique, trop crevant.

Finalement, j'ai pu bénéficier d'une formation en alternance. J'accompagnais des chauffeurs, sans conduire, faute d'avoir le permis. Mais je m'initiais aux contraintes et à la réalité de cette profession. On m'a proposé d'être exploitante, dans les bureaux. J'ai refusé. Je voulais être sur la route. J'en avais envie depuis longtemps. Je ne sais pas pourquoi. J'ai découvert un monde que j'avais idéalisé et qui m'a plu tout de suite. Je m'y retrouve. Un métier difficile, qui impose des sacrifices dans la vie privée et sociale, mais que j'exerce avec passion. »

Maya 972 n'est pas insensible à la mauvaise image de sa profession, très dépréciée, critiquée, montrée du doigt, ni aux regards chargés de reproches, voire accusateurs. « Oui, nos camions sont lourds, encombrants, volumineux, dangereux, mais on ne va pas trouver de sitôt des solutions de remplacement. Le routier a encore de beaux jours devant lui. »

Depuis ses débuts, Stivelle roule en « grand régional » et fait des relais de nuit. De la conduite pure. Peu de manutention autre qu'accrocher et décrocher sa remorque, mouliner les béquilles. « J'ai trouvé du travail tout de suite. J'ai été acceptée. Il y a encore dix ans, j'entendais derrière moi : “Venez voir, y a une femme à quai !” C’est fini. Je n’ai jamais ressenti ces manifestations d’exclusion, de rejet, d’hostilité dont parlent souvent les autres routières. Peut-être est-ce dû à mon travail de nuit à flux tendu, avec très peu d’arrêts, qui laisse peu d’occasions pour m’importuner. »

Stivelle sait ce qu’ont enduré les pionnières. « Les anciennes avaient plus de mérite que nous. Le boulot était difficile et elles ont dû se battre pour se faire accepter. » Elle reconnaît que les conditions se sont améliorées, notamment en confort et sécurité. « Je ne ressens du mépris que chez les automobilistes, mais pas dans le milieu des chauffeurs. Ils se sont habitués à nous. »

Dans son entreprise, le nombre de femmes au volant a doublé. On peut aussi le dire d’une autre façon : en dix ans, sur un effectif de 80 chauffeurs, elles sont passées de 3 à 6. Soit moins de 10 %...

« Rouler la nuit évite de découcher et ça limite les frais de l’entreprise. » Ses heures de nuit sont payées, et elle est gratifiée d’une indemnité de 9 euros pour un éventuel repas, qu’elle saute allègrement. En vol, elle a un appétit d’oiseau. « Je n’aimerais pas “faire la semaine”, rester loin de chez moi, passer la nuit dans le camion. »

4H

Entre 4 heures et 5 heures du matin, Stivelle accuse toujours un petit coup de mou. Un fruit, un biscuit et ça repart. « Ces longues heures, seule au volant, me laissent le temps de réfléchir, de penser. J'organise la journée à venir en pensée. Je pose des jalons. »

Au fil du temps, une forme de gravité a pris le pas sur l'enthousiasme des débuts. Sa hantise demeure le verglas sournois, invisible, et, tout aussi imparable, les voitures à contresens sur l'autoroute. L'après-midi même, sur ce tronçon de l'A6, dans la vallée de l'Yonne, une mamie est venue s'encastrer et mourir sous un poids lourd qu'elle a percuté frontalement. Les traces du drame sont encore visibles, à 5 heures du matin, sur le macadam.

« Avec ce que j'ai vu, ce que je lis sur les réseaux sociaux, ce que j'entends, je commence à voir les dangers de la route que j'ai longtemps occultés. J'ai pris conscience depuis peu qu'on pouvait partir un soir et ne pas revenir... »

5H40

SORTIE DE L'AUTOROUTE À POUILLY-EN-AUXOIS (CÔTE-D'OR)

Après 3 heures 37 de conduite depuis Chelles, Stivelle bifurque vers la bretelle de sortie à Pouilly-en-Auxois (Côte-d'Or). Passé le péage, au milieu d'une zone de futurs entrepôts, sur une vague bande de terre goudronnée, deux chauffeurs attendent depuis deux longues heures. Maya 972 et Fredo 972 rappliquent presque simultanément. Exécuté en moins de dix minutes, un étrange ballet réglé comme du papier à musique se met en place. Les quatre camions échangent leurs remorques. Marche arrière, décrochage, accrochage, transfert des « lettres de voiture », détail des chargements et leur destination, poignées de main, saluts enjoués. Chacun repart aussi sec d'où il vient.

5H50

RETOUR VERS PARIS

Après le péage, les convois se séparent. Les uns plongent vers le sud, les autres remontent vers le nord. Devant le pare-brise de Stivelle, « sa » remorque, tractée par un autre, file déjà vers Montélimar. Là-bas, un autre relais est organisé pour finir le trajet à Mauguio, près de Montpellier.

Miser sur le passage de relais est risqué. Si l'un des maillons craque, la chaîne s'arrête. La distribution en cascade est stoppée.

Fredo 972 n'a eu que le temps de se garer sur place. Avec quatre heures trente et une minutes de route (il n'avait pas pris sa coupure à Chelles), il doit impérativement s'arrêter quarante-cinq minutes.

Selon le tonnage de sa charge, Fred aura peut-être le temps de rattraper Stivelle pour la suivre et rentrer ensemble au dépôt.

En route, Stivelle commente cette opération éclair qui se déroule toutes les nuits, au même endroit. « Je pars avec de la presse ; je reviens avec du fret. Je viens de récupérer 66 palettes gerbées (empilées), du paramédical. Du très léger : 3,4 tonnes. » De plus en plus de transporteurs pratiquent le système du « relais ». Pas de frais de découchage (près de 60 euros par nuit) à verser au chauffeur qui rentre chez lui après sa tournée et dort dans son lit, moins de coupures qui ralentissent la vitesse de livraison, si cruciale dans l'économie actuelle. « Si j'avais dû livrer à Mauguio, j'aurais roulé dix heures, passé une nuit sur place (onze heures d'immobilité pour le véhicule), puis je serais remontée vers Paris pour la même durée. Là, je fais l'aller et retour en un seul voyage. Réussir ce type de transfert nécessite d'avoir plusieurs agences un peu partout en

France. Avec ce système, des chauffeurs ne voient jamais leur employeur. Tout se passe par téléphone, ou oralement, ou par texto... »

Maya 972 s'en retourne vers Paris. Elle s'accorde trois quarts d'heure de conduite, avant de respecter une nouvelle pause de quarante-cinq minutes.

6H40

Un café rapide, en fin de nuit, dans une station-service sur l'autoroute où se croisent quelques routiers, la mine fatiguée, qui viennent se dégourdir les jambes. Sous la lueur trop crue des néons, une caissière, elle aussi enfermée dans sa solitude, grappille quelques instants de conversations. Zestes de sourires, miettes de réconfort. Une escale, parmi d'autres, pour ces travailleurs de l'ombre.

Au téléphone, Fredo 972 avertit Maya 972 qu'il tire 23 tonnes de ferraille. Il ne tiendra pas la même cadence. « Pas grave, commente Stivelle. De toute façon, après ma coupure, j'aurai de la marge. Rentrer à Paris, sauf imprévus ou éventuels embouteillages, me prendra trois heures quinze. Quand t'as roulé toute la nuit et que tu butes sur les bouchons juste avant d'arriver, c'est dur ! »

Le vent déporte la remorque, pas assez lourde pour résister aux rafales de pluie. Quand la voie est libre, Maya 972 glisse vers la voie médiane de la chaussée pour adapter sa conduite à ces conditions météo. Les nappes de brouillard l'obligent à lever le pied.

DEUX HEURES PLUS TARD

Appel de phares dans son rétroviseur. Fredo 972 est sur ses traces. Il se rapproche et va rester derrière elle. Ils rentrent en convoi. Le jour se lève. Paris est encore loin mais à deux la route est plus légère.

Stivelle abat 650 kilomètres par nuit. Du lundi soir au samedi matin, cinq heures de sommeil dans la journée lui suffisent, plus une petite sieste avant de repartir. « Je n'y vais jamais à reculons. J'aime vraiment cette vie. »

14

FOLKLORE, COURSES ET PARADES

> *« Les routiers polissent et lustrent avec des caresses d'amoureux ces corps d'acier frémissants, ils les parent de lumières, de rubans, de chromes, de bijoux. »*
>
> **Jean Steinauer,** *Contes et légendes à trois ou quatre essieux*

Un dimanche d'été dans le Loir-et-Cher... De loin, la rumeur d'un grondement sourd de moteurs enfle et sur la route se forme un embouteillage bon enfant vers un terrain vague à perte de vue, une prairie dégarnie, transformée en circuit de course automobile. En pleine région des châteaux de la Loire, bienvenue au rassemblement estival et annuel Route 41 (appellation dérivée de la mythique Route 66, qui traverse les États-Unis, le royaume des *truckers*), dans une ambiance de flonflons et de baraques à frites.

Les amoureux de vieux bahuts, de camions décorés, de modèles de collection, de *trucks* américains ont trouvé le chemin. Naguère, ils se donnaient rendez-vous à Francueil, en Indre-et-Loire. Mais l'événement prenait de la place, devenait trop bruyant, provoquait des nuisances que ne supportaient plus les riverains. L'organisateur, Patrick Rabet, s'est replié sur ce site, son site, Les Circuits du Val de Loire, pour faire converger camions tuning, décorés ou *trucks* américains, le temps d'un week-end festif, fin juillet. On vient de loin et en famille. 6 000 visiteurs rappliquent pour déambuler, flâner, regarder, toucher, admirer et repartir avec des objets fétiches qui débordent des stands.

Les propriétaires de camions décorés ne se font pas prier pour décrire leurs châteaux ambulants. Ils ne se lassent pas de répondre aux questions, répètent les mêmes explications, posent de bonne grâce pour les photos. Fiers comme Artaban, ils campent devant leur forteresse et se préparent au grand moment : la parade de nuit. Et ils remettent ça, le lendemain midi. Seule restriction : pour ne pas indisposer le voisinage, il est interdit de klaxonner, l'une des grandes joies pourtant de ce type de démonstrations. Patrick Rabet n'est guère disposé à déménager son barnum une deuxième fois. Il court d'un camion à l'autre rappeler les consignes. Des bénévoles zélés lui emboîtent le pas et le speaker lance une annonce officielle que répercutent les haut-parleurs.

Évidemment, des réfractaires ne se plient pas à cette injonction. Ces frondeurs d'esprit potache déclenchent les hostilités, toutes trompes stridentes, afin de bien marquer leur différence et manifester leur peu de goût pour l'ordre. Le camionneur est une forte tête, qu'on se le dise ! Et qu'on ne vienne pas le priver de son plaisir. Il suffit d'un seul qui actionne sa corne de brume pour que d'autres, désinhibés, se lâchent et relèvent le défi de bramer plus fort encore, improvisant un tintamarre désordonné. Au grand dam de Patrick Rabet, qui s'arrache les cheveux. « Organiser un tel événement, c'est se conformer à d'énormes contraintes de réglementation. Si nous ne sommes pas respectables, nous ne serons pas respectés. » « Cause toujours ! », semblent lui répondre les gros bras qui rigolent et font résonner leurs sirènes. Des bénévoles sautent sur le marchepied des contrevenants pour tenter de parlementer à la portière et ramener à la raison ces joyeux récalcitrants.

Une procession colorée de 150 camions, moteurs ronflants, lumières clignotantes, serpente sur le circuit, escortée par les badauds qui gambadent en famille, le gamin ou la gamine sur les épaules, ou déambulent avec leurs poussettes entre deux haies de spectateurs. Les moins vaillants et les plus âgés ont posé leur pliant sur le parcours. Cette kermesse pétaradante avance gaiement, au pas. Mines réjouies aux portières, distribuant des bouquets de « Coucou ! » Foule abandonnée au plaisir de regarder passer ces drôles de monstres, de rêver à leur puissance, d'admirer leur magnificence. Alliage de la beauté avec la mécanique.

La voix grave du speaker historique détaille les mensurations et le pedigree officiel de chaque camion, sans négliger d'en saluer l'équipage, qui rosit sous l'hommage. Santiags, jean, chemise de cow-boy et gueule burinée du baroudeur, Didier Richard est une figure du milieu, avec près de quarante ans de micro au compteur. Il court les salons, les concentrations, les compétitions. Dessinateur-métreur passionné par la mécanique, incollable sur l'histoire automobile, il est passé professionnel de la tchatche rémunérée en 1985. « La base, c'est la voix. Savoir parler à bon escient, ne pas être répétitif. »

Didier Richard connaît bien le « peuple migrateur » qui suit ou conduit ces camions de foire. « Ils font ce choix par amour de la route. Ils sont fiers de rouler avec ces engins qui sortent de l'ordinaire et suscitent l'admiration. Ces camions décorés circulent tous les jours. Ils les bichonnent, les entretiennent pour les exhiber dans leurs plus beaux atours. Ils se retrouvent aussi entre amis.

La plupart des routiers ont laissé leur remorque dans le coin et se débrouillent pour organiser leur tournée dès le dimanche soir, à partir du lieu du rassemblement. »

Rares sont ceux qui ne viennent pas en couple. Pascal et Aline Besnier ont été sélectionnés pour parader fin septembre au Mans, le grand rendez-vous de ces aficionados. Leur DAF écarlate fait sensation, avec sa double rangée de phares (douze au total), son portrait sérigraphié de Jean-Jacques Goldman, dessiné avec sa guitare sur les flancs, la calandre et l'arrière de la cabine, elle-même tapissée d'un cuir rare et immaculé sur lequel sont gravés partitions et titres de chansons. L'investissement est conséquent : ici, 15 000 euros pour les peintures extérieures, 20 000 euros pour l'intérieur, aménagé par un sellier qui, d'ordinaire, équipe les voitures de prestige. Quatre mois de travail, vingt jours d'immobilisation.

Depuis trente ans, Pascal Besnier hante les rassemblements, rêve devant les camions décorés, admire le travail de précision et d'orfèvrerie des peintres. « J'y vais aussi pour le plaisir de me mêler à la grande famille unie des chauffeurs, d'y nouer des amitiés. C'est Aline qui m'a poussé et qui a eu l'idée. Nous avons dû obtenir l'accord de Jean-Jacques Goldman, lui expliquer nos raisons, lui montrer les esquisses. Il nous l'a donné très gentiment.

Ce DAF Goldman est, pour moi, l'aboutissement de ma carrière de routier. »

Depuis Saint-Omer (Pas-de-Calais), d'un client à l'autre, il roule tous les jours sur les routes de France, de Belgique et des Pays-Bas, avec cette pièce de musée, briquée, astiquée à la peau de chamois, où la moindre trace de poussière est illico délogée. Tout brille. Le couple, qui ne quitte pas son camion des yeux, reste discrètement aux aguets, en alerte au cas où un badaud viendrait à le rayer ou à le salir. « C'est mon outil de travail. Il m'appartient, je suis le patron. Aline me seconde, au bureau. » Ensemble, ils se rendent aux expositions et aux rassemblements, escapades prises sur leurs jours de congé. « On aime le beau matériel, on a l'amour du camion et du travail soigné. On partage vraiment cette passion », explique Aline, tout sourire, qui arrive à l'épaule de son double-mètre de mari.

Depuis plus de dix ans, ils paradent avec leur camion au Mans, le nec plus ultra de ces concours de beauté. « La première fois, j'avais les jambes qui flageolaient et de sacrées poussées d'adrénaline », avoue ce grand gaillard resté mince, une exception dans le milieu.

Le camion d'à côté, un Scania blanc et bleu surmonté de rampes lumineuses, décoré d'un griffon stylisé coiffé d'une couronne, est sous la garde de Christophe Gautier, le neveu de Pascal Besnier, employé par les Transports

Piquet à Azé (Mayenne). « Le patron, qui roule lui aussi et connaît bien le métier, paie la décoration extérieure, selon les désirs des chauffeurs. À nous d'équiper l'intérieur. Dans le mien, tout est en cuir. Rouler dans un beau camion est un plaisir incomparable. On en prend soin. Le vendredi soir, quand je rentre de ma semaine, je passe deux heures à le nettoyer et le laver. C'est aussi l'image de marque de l'entreprise. »

Une passion qui coûte, au bas mot, 150 000 euros. Le tracteur vaut 100 000 euros ; l'intérieur customisé, le plus souvent en cuir, avec un luxe de détails, pas loin de 15 000 euros ; la peinture sur carrosserie, aux motifs les plus divers, peut frôler les 30 000 euros. La facture est lourde pour un plaisir éphémère que le temps, les kilomètres, les intempéries, voire les accidents se chargeront d'effilocher. Les propriétaires entretiennent un rapport fusionnel avec l'objet de leur passion, apprécient de détailler les étapes de sa décoration ; ils aiment ouvrir leur album de photos, donner moult informations, tout en gardant un œil vigilant sur les débordements de badauds trop curieux qui poseraient leurs gros doigts sur la peau lustrée du trésor. L'inconscient qui voudrait fouler sans précaution le marchepied pour se hisser dans la cabine est chapitré avec gentillesse. Avant d'être autorisé à risquer un œil, dûment accompagné. On est prié d'enlever ses chaussures avant d'entrer.

L'acmé de la saison se situe deux mois plus tard, dans la Sarthe. Dernier week-end de septembre : on retrouve les mêmes, et beaucoup d'autres, aux 24 Heures du Mans Camions, lancées en 1981 par Max Meynier, avec l'appui de Thierry de Saulieu, du magazine *Les Routiers*. C'est La Mecque européenne du camion. 60 000 badauds, casquettes publicitaires sur le chef, se pressent autour du circuit et dans les allées jonchées de papiers gras et de canettes de bière vides. La billetterie est ouverte dès le mois de décembre, neuf mois à l'avance… Écolos s'abstenir.

Aujourd'hui, c'est son concurrent, le mensuel *France Routes*, qui pilote cet événement à la gloire du camion sous toutes ses formes : prototypes, séries limitées, camions décorés, courses de vitesse, concours du meilleur mécano, concours du meilleur chauffeur de l'année, avec épreuves d'obstacles, de précision et de rapidité, stands de démonstration… Et, clou de ces grands moments de communion collective, les parades où, pendant deux heures, le samedi soir et le dimanche midi, antiques modèles et prototypes futuristes défilent parmi une procession de poids lourds décorés.

Cette parade est une attraction nostalgique pour grands enfants. Le public, massé sur les gradins, applaudit, filme, photographie ; les chauffeurs et leurs passagers (famille, femme, enfants) agitent les bras à la portière dans un concert de klaxons, tandis que le speaker, l'éternel Didier Richard, s'époumone, inaudible, la voix couverte par un effet d'écho qui se propage. Ses commentaires fleuris ou extatiques se perdent dans le vent. Les camions défilent, tous phares allumés, guirlandes de LED autour des cabines, avertisseurs poussés à pleine puissance. Les chauffeurs roulent au pas, zigzaguant d'une rive à l'autre des gradins.

Exhibés, les poids lourds scintillent tels des sapins de Noël. Les constructeurs profitent de ce rassemblement populaire, maxi show-room grandeur nature, pour faire admirer leurs dernières productions, séduire les futurs acheteurs et utilisateurs. Chaque marque invite sur son stand des chauffeurs triés sur le volet à des repas gastronomiques, avec serveurs et discours, nourrissant le secret espoir que, reconnaissants, ils resteront leurs meilleurs ambassadeurs.

Sur la piste, les nouveaux modèles en série limitée, emblèmes des marques, se succèdent, rutilants, d'une propreté impeccable. Les jantes brillent comme des miroirs. Pas la moindre trace de cambouis, de graisse, d'huile, de gas-oil. Pas le moindre indice non plus, dans le clinquant de ce manège enchanté, de la dureté du métier. Le public vient rêver. Cérémonie ludique d'un monde à part qui affirme sa singularité, en affiche les étendards, et retrouve de la fierté, quitte à rester « entre soi ».

Des *bikers* extravagants se glissent au sein de cette parade, entre deux vagues de mastodontes délestés de leurs remorques, les *trikes*. Des rampes de lampes multicolores découpent le cadre et le châssis. À l'arrière des motos, des pom-pom girls se déhanchent, reluquées et acclamées, sous les vivats et les sifflets des mâles, manifestement ravis de ce spectacle.

C'est kitsch à souhait, pimpant, sonore, bruyant. Les speakers en rajoutent, tentent de surmonter le tintamarre pour en placer une, jouent d'une complicité répétitive. Même en tentant de recomposer les bribes de phrases qui flottent comme des écharpes d'hélium, nul ne parvient à saisir la totalité de ce qu'ils disent. Qu'importe, on est là pour admirer la féerie de ce spectacle dont on rapportera une gerbe d'images, de sensations, de souvenirs.

Reliquat de la mythologie américaine, une partie du village est réservée à la célébration de la Route 66, qui mène de Chicago à Los Angeles. On se déguise avec la panoplie US – santiags, jean, T-shirt, Perfecto à franges, lunettes noires et Stetson en cuir. On invoque les mânes de Johnny H. Des airs de rock se télescopent d'un stand à l'autre. Des Peterbilt, des Mack, des Kenworth, des Freightliner et des GMC sont alignés, nez allongé (ou « museau long », selon le jargon du métier), cuivres astiqués. C'est Didier

Richard, le speaker, encore lui, qui règne sur le village US. « Les camions américains qui sont ici ne sont pas faits pour les routes européennes. Ils ont longtemps été interdits et ne sont pas distribués facilement en France. Ceux qui les font venir ne choisissent pas la facilité. Déjà, pour être autorisés à circuler. Mais quelle publicité pour l'entreprise qui en fait rouler ! Les fondus de *trucks* appartiennent à un mini-monde dans l'univers des camions d'exception. C'est tout un esprit. Ils sont amoureux de la culture américaine, du mode de vie du Nouveau Monde, de l'immense réseau routier, de la puissance du syndicat des *truckers*. Ils adorent étendre le drapeau US sur leur camion. »

On baigne en pleine ambiance vintage. De belles Américaines, mastoc et girondes, aux couleurs acidulées comme des sucres d'orge, pistache et rose bonbon, des Corvette vert pomme, Pontiac rouge sang, Dodge, Chevrolet, Chrysler, sucent la roue des motards. Un Kenworth massif avec un Jacuzzi greffé à l'arrière du tracteur fait grimper l'applaudimètre.

À la queue leu leu se bousculent des *murals* mobiles peints à l'aérographe. Tout un imaginaire collectif déambule : Johnny, Goldman, Renaud, La Septième Compagnie, Clint Eastwood, Stallone, Kevin Costner, mêlés à des icônes franchouillardes, des pin-up court-vêtues dans des positions suggestives, des illustrations de légendes bretonnes, et même une grande fresque très réussie sur la guerre de 14-18, en hommage aux camions qui ravitaillaient le front en vivres et en chair à canon. Exposés durant deux jours, livrés à la curiosité des badauds bombardant de questions techniques, artistiques et financières les doux dingues qui cassent leur tirelire pour en mettre plein la vue, ils roulent maintenant dans une débauche de feux multicolores, au milieu d'une cacophonie soutenue de klaxons. La gamme est large. De quoi faire exploser les trompes d'Eustache. « On est en plein rêve ! », s'extasie, lyrique, Didier Richard.

Cette procession semble sans fin. Les camions décorés continuent de tirer des bords, à droite, à gauche, et multiplient les appels de phares vers le public, tout à sa joie d'être aussi solennellement salué. Carrousel coloré et sonore. On garde pour l'épilogue les convois plus fastidieux, les remorques et leur ensemble. Dans ce bain de lumière, ils apparaissent si proprets, si nickels, qu'on dirait des modèles réduits comme on en trouve, nettoyés au plumeau, sur les étagères des collectionneurs.

Sur ce circuit prestigieux chargé de tant d'heures glorieuses, au point qu'un musée en retrace l'histoire et entretient la légende des bolides effilés, se déroulent le plus grand rassemblement et la plus grande compétition de poids lourds. Un sport peu connu mais très populaire. L'âge des coureurs sur le circuit s'échelonne de 16 ans à

58 ans… Dans les paddocks, entre deux manches, à la lueur des projecteurs, cernée par de larges et robustes pneumatiques, s'active une armée de mécaniciens maculés de cambouis, aux gestes précis, et de mystérieux préparateurs, au regard vissé sur les données cabalistiques que livrent leurs écrans d'ordinateur. Durant deux jours, on baigne dans la démesure : 1500 camions alignés dans les allées, 60 000 visiteurs, des stands et des modèles à perte de vue. Avec dans l'air le vrombissement des monstres de 1100 ch, pesant 5,5 tonnes, lancés à 160 kilomètres/heure – vitesse strictement contrôlée, pour des raisons de sécurité –, pare-chocs contre pare-chocs. Au Mans, la largeur du circuit offre la possibilité de voir débouler trois monstres de front : spectacle renouvelé de passes d'armes impressionnantes. Dans les virages, l'arrière part à la dérive, entraîné par la trop forte puissance du moteur survitaminé. Un dispositif envoie de l'eau sur les disques de frein, dont la température monte à 1000 °C. De la vapeur s'en dégage. Avec le bruit, la vitesse et le crissement des dérapages, la senteur de caoutchouc cramé renforce l'impression de folie.

Au cœur de la bagarre, deux femmes tirent la bourre aux pilotes masculins : la Française Jennifer Janiec, 31 ans, fille et sœur de champion, et l'Allemande Stéphanie Halm, 36 ans, championne en 2012 et 2013. L'une s'aligne pour le championnat de France ; l'autre pour le championnat d'Europe. Sur la piste, elles se font respecter, n'hésitant pas à dégager d'un énergique coup de volant les adversaires trop empressés à vouloir les déloger. On ne leur fait aucun cadeau, en course. Les hommes ont tendance à leur « fermer la porte » quand elles se rapprochent d'eux et amorcent un héroïque dépassement. On n'ose imaginer leurs réactions quand l'une ou l'autre les double. Et les bat.

15

JENNIFER JANIEC, PATRONNE ET CHAMPIONNE

« I believe in the rhythm of the road / I don't got a need for so much more / That kind of free, kind of freedom is all I want. »
(« Je crois au rythme de la route / Je n'ai pas besoin de grand-chose de plus / Ce genre de liberté, c'est tout ce que je veux. »)

Santigold, « Run the Road »

À chaque virage, négocié à pleine vitesse, visant « le point de corde », escortée et serrée de près par d'autres furieux, mâles testostéronés qui n'abusent pas de la galanterie, elle encaisse des poussées de 3 *g* dans tout le corps avant de se relancer. Qui n'a connu cette expérience des limites, dans les violentes pulsations d'un moteur poussé à plein régime, les vibrations du châssis, les grincements métalliques de la tôle, les odeurs de gas-oil brûlé, la chaleur de l'habitacle, le vertige de la vitesse sur le fil de l'adhérence, ne peut en rien imaginer l'adrénaline et le plaisir de Jennifer Janiec.

Elle avait disparu des circuits pendant six ans pour cause de maternité, spectatrice malgré elle des exploits des autres, de la réussite de son frère plusieurs fois champion de France de courses de camions. Elle piaffait de retrouver son baquet, d'exciter les 1 000 ch à sa disposition pour se mesurer aux autres preux du bitume. Casquée, harnachée, sanglée, avec bien en évidence sur le pare-brise et en lettres fluo son prénom, dont la tonalité féminine est le seul élément distinctif au milieu de la horde rugissante, engoncée dans sa coquille de protection, oiseau blond dans un nid d'arceaux soudés, scrutée et soutenue par un public d'aficionados, Jennifer Janiec a retrouvé la piste de la puissance et de la vitesse pure. Avec les moyens du bord. Slalomant sur la corde dans le creux des courbes, anticipant les trajectoires idéales, forçant le passage dans le brasier d'un rude compagnonnage où s'éprouvent les caractères et se reconnaissent les fortes natures.

Inscrite dans le championnat de France des courses de camions, entourée d'une équipe de bénévoles, mécanos et chauffeurs prêts à tout et qui ne mégotent pas sur leurs heures pour mettre au point son pur-sang de lourd métal, Jennifer Janiec perd de l'argent à chaque course. Elle n'en gagne pas de ses victoires, mais la passion l'emporte sur toute autre considération.

Dans le paddock, elle est l'attraction familiale. On se presse pour se prendre en photo auprès de la championne, accessible quand son équipe, entre les caisses à outils et les écrans d'ordinateur, s'affaire dans les entrailles du monstre. Jennifer se prête avec gentillesse à cette obligation de courtoisie envers le public. Les femmes la regardent avec admiration ; les enfants sourient, impressionnés ; les hommes, intimidés, la jaugent avec perplexité.

Ainsi donc c'est elle, cette jeune femme au sourire discret, maman d'un petit Lenny, qui tient la dragée haute aux malabars en acier trempé. Profitant de sa popularité, toujours en quête de mécènes et partenaires, elle lance sa propre ligne de vêtements, siglée d'une panthère stylisée, aux couleurs de la Janiec Racing Team.

Son écurie de quinze personnes se déplace d'un circuit à l'autre avec deux semi-remorques, l'un pour transporter la « bête », l'autre, vaste motor-home, pour loger l'équipe. Elle roule avec un budget annuel estimé entre 100 000 et 150 000 euros. Sans assurance. Jennifer a déjà été victime de sorties de piste. À Albi, en 2018, elle s'est même envolée par-dessus les barrières, avec ses 5,5 tonnes, en heurtant un mur de pneus, avant de s'écraser sur la butte de terre, ultime rempart. « Même pas mal ! Je me sens en totale sécurité, bien harnachée dans cet habitacle renforcé. Il a fallu réparer dans la nuit et remonter tout de suite sur le cheval. Mais le lendemain, à l'approche de ce maudit virage, mon pied se levait de l'accélérateur, malgré moi. Je luttais contre cette appréhension. J'avais beau me raisonner en l'abordant, mon corps me trahissait. Il m'a été impossible de vaincre ce réflexe. »

Le moteur de son nouveau camion de course lui a été offert par un généreux transporteur. Elle a racheté le châssis d'un autre concurrent qui passe à la vitesse supérieure. Un gros concessionnaire MAN de Paris-Nord met à sa disposition les pièces de rechange. Pendant trois mois, trois mécanos préparent son camion de course, qui ressort de l'atelier métamorphosé, repeint en rose fluo. Jennifer a eu peu de temps pour l'apprivoiser avant de se jeter dans le brasier de sa première course.

L'engagement de Jennifer Janiec repose sur une économie de la débrouille et de l'entraide. Il arrive même, geste chevaleresque, qu'un pilote d'une écurie mieux dotée, impliqué dans un accident, propose de participer aux frais des réparations quand il sait que la « victime » tire le diable par la queue. Quitte à s'affronter sans ménagement, de retour sur la piste.

Consciente de son niveau, de ses moyens et de ses capacités, Jennifer Janiec ne s'aligne que dans le championnat de France. Longtemps, elle a rivalisé avec son frère Anthony, tenant du titre, passé près d'une carrière en Formule 1 mais qui a dû y renoncer faute d'argent. De trois ans son aîné, Anthony protégeait sa petite sœur dans le feu de la bagarre, lui ouvrant la voie, lui montrant, en lui filant sous le nez, les points d'adhérence et comment plonger dans les courbes.

Avec sa classe et son palmarès, Anthony a rejoint le championnat d'Europe où les cadors, tous pilotes professionnels, se mesurent avec des bolides de 1200 ch mis au point par les constructeurs eux-mêmes. Une autre blonde, Stéphanie Halm, 36 ans, s'est immiscée dans ce haut lieu de la confrontation virile, où elle aussi force le respect, avec ses 10 victoires en 160 courses.

Importées des États-Unis et du Canada, ces courses de camions si populaires (120 000 spectateurs sur le circuit du Nürburgring, en Allemagne) ont démarré en 1981 en Europe. En France, le ministre des Transports avait voulu opposer son veto, par crainte du « mauvais exemple ». Comment lui donner tort ? La première année, disputée avec des remorques chargées de Placoplatre (!), la compétition fut marquée par force renversements spectaculaires.

Puis vint le premier accident mortel, en 1986, dont fut victime Guido Dana. À l'époque, les tonneaux étaient fréquents et les murets ne résistaient pas au choc d'un camion à pleine vitesse. La décision fut prise de réglementer ces rodéos mécaniques, de souder des arceaux de protection dans la cabine, de privilégier la sécurité, de brider les moteurs, de ne plus les laisser atteindre des vitesses de folie, au-delà des 200 kilomètres/heure. Aujourd'hui, c'est l'AFTRAL, l'organisme de formation des routiers, qui parraine ces joutes musclées, sur le fil du rasoir.

Fille d'un père et d'une mère cascadeurs, sœur d'un champion, Jennifer Janiec a suivi les traces familiales. Depuis l'enfance, elle accompagne partout son paternel. « Mon père, c'est mon pilier. Il m'a légué sa force de caractère. »

Figure bien connue dans le milieu, baroudeur, agitateur d'idées, adepte du spectaculaire et des sports extrêmes, Jean-Pierre Janiec s'est illustré dans tous les sports mécaniques (voitures, motos, camions, karting). Il a délaissé son flirt avec la mort au-dessus des précipices, acheté des camions américains, créé une boîte de transport. Il venait chaque jour à la sortie de l'école chercher sa fille au volant d'un Kenworth bleu métallisé, une rareté stupéfiante dans son village de Meurthe-et-Moselle. Son apparition faisait sensation. Grimpant avec son cartable dans ce palais mécanique, la petite Jennifer avançait vers son propre destin.

École de pilotage à 15 ans. Quatre saisons en Formule Renault, antichambre de la Formule 3, puis de la Formule 1… Amoureuse de la vitesse et des sensations extrêmes, mais mal à l'aise de se retrouver en position allongée dans les monoplaces, Jennifer découvre sa vraie passion, par hasard, en prenant place derrière le volant du camion de course d'Anthony, « juste pour voir ». Elle a 18 ans. Assise normalement cette fois derrière un volant, juchée au sommet de cet engin surdimensionné, surpuissant, elle ressent de nouvelles sensations qui la grisent.

Initiée par ses parents à la gestion et à la comptabilité, elle se lance dans le monde de l'entreprise tout en s'entraînant avec son bolide sur un circuit, près de chez elle. Elle court plusieurs saisons avec un Renault, puis avec un MAN, peaufine son style qui, plutôt que le passage en force privilégie la subtilité du coup de volant et le contrôle sur le fil de la dérive arrière. Son père saute sur la piste, loue un camion de course, s'inscrit dans les compétitions pour accélérer la progression de sa fille. À chaque tour, il lève un peu le pied pour l'attendre, l'aspirer dans son sillage afin de lui faire prendre de la vitesse et la protéger des attaques des autres concurrents. « Il voulait aussi connaître nos impressions de l'intérieur, voir à quoi ressemblaient les courses de camions, pour mieux m'aider encore... », dit Jennifer. Toute la tribu Janiec la suit sur les circuits, pendant que l'aîné, Anthony, flambe en course. Les médias se jettent sur cette famille de têtes brûlées qui n'a pas froid aux yeux. Voir se défier le frère et la sœur à 160 kilomètres/heure au volant de leurs camions offre au spectacle sa part de légende, du pain bénit pour les gazettes et le public.

Dans sa cage métallique, bien calée dans son baquet moulé à ses formes, Jennifer dispose d'un ordinateur de bord sur lequel elle visualise sa vitesse, sa position de course, le rapport de vitesse enclenché, le temps au tour, la pression du turbo (pour prévenir la casse moteur), la pression d'huile, les températures des divers organes de la machine. À main droite, près du robuste levier de vitesse rudement sollicité, une série de boutons pour envoyer de l'eau sur les freins, enclencher le coupe-circuit en cas de gros pépin, la radio pour communiquer avec l'équipe, le limiteur de vitesse pour entrer dans la voie des stands. Jennifer dispose aussi d'un canal particulier pour dialoguer avec le « team manager » qui lui transmet en direct des informations capitales, comme les variations de la météo, les changements d'adhérence sur la piste, le comportement des concurrents, sa position en course, la modification de la stratégie ou le retour aux stands.

Entre les baptêmes promotionnels, les essais, le « warm-up » (mise en jambes et répétition qualificative), les quatre manches de la compétition, un week-end de course représente près de 80 tours de circuit à pleine vitesse, dont 48 réservés à la compétition, dans un état de pure concentration. « En général, je mets trois jours pour récupérer. Je suis lessivée, j'ai mal partout. Mais je reprends le travail dès le mardi. »

Associée avec son père dans leur entreprise de transport – spécialisée dans les matières dangereuses –, leur société, Friaufer, de Friauville (Meurthe-et-Moselle) a décroché l'un des « marchés du siècle » : le ramassage des gravats et des déchets après l'incendie de Notre-Dame de Paris. Un travail ultra-sécurisé et secret pour lequel le savoir-faire des Janiec a été distingué, parmi une multitude de concurrents dont de très grosses structures.

Quand elle est tombée enceinte, Jennifer Janiec a raccroché les gants, enlevé sa combinaison, suspendu son casque au clou afin de se consacrer à sa nouvelle condition. L'inné ? L'acquis ? À 5 ans, Lenny, son fils, apprend déjà sur le circuit de karting de son tonton, le champion, à combiner vitesse et trajectoires dans les virages. Et à suivre sa mère, de retour sur les circuits. Le voilà d'entrée adoubé dans le grand manège de ces fondus de la gomme, funambules d'un étrange sport de glisse et de puissance, adulés par les foules, aux côtés d'une mère bien différente des autres. Avec cet héritier de la troisième génération qui s'initie aux fondamentaux et prépare déjà son entrée, les Janiec n'ont pas fini de faire parler la poudre ni de cramer les pneus dans les courses de camions.

16

UN MYTHE, BERLIET

« Je ne suis qu'un petit industriel de province. »

Marius Berliet (1866-1949)

Pour y passer l'essentiel de leur vie, beaucoup de routiers manifestent un attachement affectif à la marque et au modèle de leur camion. Les amateurs de Scania, par exemple, ressemblent à une secte d'adorateurs, conquis par la puissance et la musique du vibrant V8. Ils appartiennent à un monde à part.

Les anciennes générations de chauffeurs ne se consolent pas de la disparition de Berliet. Intégrée en 1975 par la régie Renault, la marque devient en 1978 Renault Véhicules Industriels. Quand la décision est prise, la firme lyonnaise rayonne sur 67 pays, exporte massivement en Chine, dispose d'usines en Afrique, à Cuba.

Les partisans de Berliet hurlent à la trahison. Ils se sentent lâchés. Cette blessure ne cicatrisera jamais. Le prestige de la marque rejaillit sur les chauffeurs qui les conduisent. Au volant d'un Berliet, considérés comme « les rois de la route » ou « les seigneurs de l'asphalte », ils ont mal digéré que l'on efface d'un trait de plume l'insigne de leur fierté. Une partie du patrimoine français leur fut arrachée. Sans raison valable, estiment-ils.

Un jour de 1894, dans un hangar de la petite rue d'Enfer (Lyon), sur les pentes de la Croix-Rousse. Marius Berliet, 28 ans, ouvrier rubanier, fils de canuts, arrière-petit-fils de laboureurs, aîné d'une famille de sept enfants (lui-même en aura huit), bricole son premier moteur. Et, en 1895, sa première automobile, surnommée bien plus tard « La Pantoufle ».

À la même époque, à Clermont-Ferrand, André Michelin fabrique des pneumatiques dans l'espoir d'en équiper les roues des premières automobiles, freinées par leur cerclage de fer qui accroche sur les chemins.

Vingt ans auparavant, en 1875, un certain Amédée Bollée, fondeur de cloches de son état, a déposé le brevet d'une caisse à savon à quatre roues dotée de deux moteurs à vapeur. « L'Obéissante » est autorisée à circuler à condition de respecter les « prescriptions relatives aux inconvénients pouvant résulter de la fumée ou des escarbilles ».

En 1884, deux Rouennais, Édouard Delamare-Deboutteville et Léon Malandin, assemblent un véhicule de transport, réalisé avec une carriole à cheval, qui se déplace par ses propres moyens grâce à un moteur thermique.

Un peu partout, des Géo Trouvetou s'activent : le marquis Albert de Dion et Georges Bouton, René Panhard et Émile Levassor, Robert et Jules Peugeot, Émile Delahaye, Léon Serpollet, André Citroën, Louis Renault. Les autorités fixent à 30 kilomètres/heure la vitesse maximale pour le passage de ces bolides qui affolent les piétons et provoquent des attroupements.

À Bordeaux, spécialisé dans les moteurs à vapeur, Valentin Purrey est devenu le plus important constructeur de bus et camions au début du XXe siècle. En 1906, il engage trois camions chargés de 10 tonnes pour un raid de Bordeaux à Paris en plein hiver. Malgré les problèmes dus au gel, ils atteignent la capitale treize jours plus tard.

À Marseille, Latil transforme les voitures à chevaux en automobiles en moins d'une heure. « Venez avec vos chevaux et vous repartez avec un véhicule à motorisation moderne. » Satisfait ou remboursé. Si cette révolution de locomotion ne convient pas au client, on lui rendra ses chevaux.

Au début du XXe siècle, Marius Berliet, jeune trentenaire, lance ses premiers ateliers de fabrication dans le quartier Monplaisir, de l'autre côté du Rhône, non loin des usines où Auguste et Louis Lumière viennent d'inventer le cinématographe. Il est amusant de rappeler que les patriarches, Joseph-Marie Berliet et Antoine Lumière, estimèrent que les inventions de leurs rejetons – l'automobile et le cinématographe – n'auraient « aucun avenir »...

Son premier camion, classé depuis Monument historique, est un 3,5 tonnes aux roues en bois équipées de bandages en caoutchouc. La cabine est ouverte au grand air. En 1910, les industriels sont prévenus : « D'ici deux ans, les camions Berliet reviendront moins chers que les chevaux ; ils rouleront plus vite et couvriront de grandes distances. » Marius a compris que le chemin de fer n'aurait jamais la souplesse d'un véhicule, en constante évolution, qui assure le transport de porte à porte. « Un camion de 5 tonnes peut remplacer 12 forts chevaux de gros trait. Et quand le camion ne travaille pas, AUCUN FRAIS. » Placardé par voie d'affiche, l'argument séduit. Les commandes affluent. Premiers clients ? Des minotiers.

Marius Berliet a racheté aux paysans du coin leurs carrés de terre pour une bouchée de pain. Il dispose désormais, aux portes de Lyon, de 400 hectares où construire ses usines. Son regard panoramique englobe l'avenir. « Un jour, cette plaine se couvrira de lumières. » Il y bâtira aussi la Cité Berliet, une cité ouvrière sur le modèle des corons du Nord, avec une soixantaine de pavillons familiaux et des immeubles collectifs, où se déploiera une forme de paternalisme (sport, santé, encadrement), propre à l'époque.

En 1911, Berliet produit déjà 219 camions, 32 autobus. L'exportation représente 50 % de ses ventes. D'autres constructeurs lui emboîtent le pas : Saurer, Unic, Willème, Laffly... C'est l'effervescence. Le marché est immense.

L'armée estime que ce moyen est idéal pour transbahuter les troupes, les ravitailler et acheminer le matériel. En Russie, l'état-major du tsar Nicolas II perçoit le bénéfice à tirer de la robustesse, déjà bien éprouvée, des camions Berliet. Quelques exemplaires sont acheminés jusqu'à Moscou. D'autres vont faire les beaux jours des colonies et se répandre en Afrique du Nord, notamment en Algérie.

Marius Berliet a mis au point en 1913 le CBA, simple, robuste, économe, surnommé « L'Increvable ». Il en construira 30 000 exemplaires, dont la moitié livrée pendant la Grande Guerre. C'est le camion à tout faire, produit et transformé en de multiples configurations.

Très vite, les usines Berliet, où travaillent un millier d'ouvriers, deviennent les plus importantes de la région lyonnaise. En août 1914, au moment de la déclaration de guerre, outre les camions, les usines de Lyon fabriquent des obus, puis des chars. Après le début de l'offensive de Verdun, en février 1916, pendant trois cents jours et trois cents nuits, sur la Voie sacrée, le trafic ininterrompu d'une noria de 3 500 camions par vingt-quatre heures, dont plus de la moitié sont des Berliet, a transporté 2 millions de tonnes de matériel et d'obus, et 4 millions de combattants.

Toute la logistique du futur transport routier est inventée pendant ces jours terribles de fureur. Il est indispensable de disposer le long de la Voie sacrée de garages et d'entrepôts de maintenance pour ne pas rompre la chaîne de l'acheminement. Par nécessité absolue, la bataille de Verdun invente, au passage, le futur régime du flux tendu.

Berliet, qui emploie 12 000 ouvriers et ingénieurs, a déjà fabriqué 37 800 camions. Mais la guerre en réclame beaucoup plus. Ils vont débarquer des États-Unis et, après l'armistice, inonder le marché. Ce surplus, qui trouve preneur à bas prix, condamne à la fermeture nombre d'usines françaises. Marius Berliet, en difficulté, est destitué (provisoirement) de ses fonctions.

À son retour aux commandes, il se lance dans le gazogène, surnommé « le gaz des forêts », à partir du bois abondant. Cette source d'énergie peu chère mais compliquée à mettre en œuvre resservira sous l'Occupation. Les affaires reprennent. Les chaînes repartent de plus belle. À Vénissieux, la forge de l'usine Berliet, surnommée « la cathédrale industrielle », 27 mètres de haut, crache sans discontinuer une longue traînée de fumée noire qui s'échappe des cheminées, témoignage visible de son intense activité.

Des années 1920 aux années 1950, grande période d'expansion coloniale, les camions Berliet effectuent plusieurs traversées du Sahara pour démontrer leur résistance. Ces expéditions frappent les esprits. Les journaux dépêchent leurs envoyés spéciaux, les actualités cinématographiques rendent compte de la progression dans les dunes et l'immensité désertique. Des livres exaltent l'épopée, déclinée dans des albums illustrés pour les enfants. Le département « réclame » exploite le filon. La commercialisation de ces modèles ne sera qu'une formalité. La découverte de champs pétrolifères accentue la domination des Berliet, rompus aux difficultés de pistes instables et mouvantes. Leur charge au sol, notamment celle du T100, qui peut arracher 150 tonnes sans s'enfoncer dans le sable, a été répartie en s'inspirant de la morphologie évasée des sabots de chameaux.

Le logo Berliet intrigue. Pourquoi le sigle d'une locomotive chasse-buffle sur des calandres de camions ? En 1905, Marius signe un contrat de licence avec l'American

Locomotive Company (ALCO), fabricant de locomotives à New York. Grâce à cette manne providentielle, il construit de nouvelles usines, embauche à tour de bras. En hommage à ce bienfaiteur, les camions Berliet se promènent avec l'insigne d'une locomotive.

Dès 1905, Marius, gros employeur de la région lyonnaise, subit ses premières grèves, provoquées par ses méthodes autoritaires et sans appel qu'il diluera par une « politique sociale » de logements et de soins, selon les archétypes du paternalisme industriel. L'histoire de l'entreprise est jalonnée de longs conflits, de grèves à répétition, longues et sévères, en 1936, 1950, 1957 et 1968, avec, cette fois, occupation d'usine. Marius Berliet ne tardera pas à imposer le taylorisme, appliqué par l'ingénieur anglais S. J. E. Banks, le travail à la chaîne pour accélérer les cadences de production, adopté à grande échelle par Henry Ford, raillé et dénoncé par Charlie Chaplin dans *Les Temps modernes* (1936).

À l'aube des années 1930, Marius Berliet opte pour les moteurs Diesel, du nom de leur inventeur allemand Rudolf Diesel, qui biberonnent au gas-oil, l'énergie la moins chère sur le marché. Le constructeur lyonnais domine le marché. Les chauffeurs louent la robustesse des camions qui peuvent tenir jusqu'à 4 millions de kilomètres. On les entend souvent dire : « Tu prends une clef à molette, un rouleau de fil de fer, une paire de tenailles et avec un Berliet tu fais le tour du monde. »

Numéro un du poids lourd français, Berliet affiche sa supériorité dans les gazettes, à coups de grandes pages promotionnelles. « Possibilités de charge égales à celles d'un wagon moyen et mobilité constituent par rapport au transport par fer autant d'avantages se traduisant par un gain de temps et d'argent. C'est la route se substituant au rail. »

Exaspéré par cette concurrence, qui assure que le camion va trois à quatre fois plus vite, à moitié prix et de porte à porte, Raoul Dautry, technocrate pro-rail, fait adopter en 1934 une série de décrets-lois destinés à torpiller le réseau routier, obtenant même qu'un demi-millier de poids lourds disparaissent. Berliet perd 65 % de ses ventes, accuse une chute de 40 % de son chiffre d'affaires. Au printemps 1936, les ouvriers, enrôlés par la CGT, décident de débrayer et de dénoncer, à grands cris rageurs, l'étouffant paternalisme de « l'autocrate ». La crise dure six semaines. Peu enclin à composer, Marius Berliet ferme ses usines, licencie les grévistes et réembauche les ouvriers, selon son bon vouloir.

En 1939, une partie des chaînes est reconvertie en ateliers d'obus. La production se réduit comme peau de chagrin jusqu'à tomber à quatre camions par jour. En mai 1944, les Américains bombardent l'usine de Vénissieux. Celle de Monplaisir est réquisitionnée par les FTP (Francs-tireurs et Partisans). Marius Berliet et son fils Paul, directeur général, qui échappe à une exécution sommaire, sont poursuivis pour « collaboration économique ». Marius et Paul sont condamnés à la confiscation de leurs biens et à l'indignité nationale à vie. Marius écope de cinq ans de prison, et son fils de cinq ans de travaux forcés.

Pour avoir fait tourner ses usines sous l'Occupation, la famille est écartée, la firme placée sous administration provisoire de l'État. Les ouvriers jouent de l'anagramme du nom pour remplacer, au fronton de l'usine, Berliet par Liberté.

La peine qui a frappé le patriarche, lourde, infamante, ne sera levée, sur arrêt du Conseil d'État, qu'à la fin de 1949. Marius Berliet est mort la même année, le 17 mai. On l'a enterré au cimetière de la Guillotière, à Lyon. Une rue, à proximité, porte aujourd'hui son nom. Non loin du caveau des Berliet repose Max Meynier, le chantre des routiers.

À Vénissieux, en septembre 1944, un administrateur provisoire est nommé. « L'expérience Berliet » d'autogestion tourne mal. Cadres et techniciens protestent contre la politisation de l'entreprise. Le conflit dure quarante-deux jours. En juillet 1949, deux mois après la mort de Marius, le Conseil d'État rétablit la famille dans ses droits. Ses biens lui sont restitués. L'usine lui est rendue. Dix ans plus tard, Paul, l'ancien proscrit, qui a repris la production sur un site exsangue, aux caisses vides, sera décoré de la Légion d'honneur...

Berliet s'en sort grâce à son fleuron, le GLR. La marque lyonnaise, qui revient de loin, domine le marché et réalise 50 % de la production française de camions.

L'histoire de Berliet est jalonnée de modèles mythiques, comme les GLA et GLB, le T100, « le Vaisseau du désert », dont le gigantisme et les prouesses frappent les esprits, adapté pour la recherche pétrolière (longtemps, le plus gros camion du monde, 5 mètres de haut, 5 de large, 50 tonnes à vide, 700 ch, juché sur des pneus de 2,20 mètres de haut), le GBC 8 « Gazelle », le Stradair, le TR 280, le TR 350 dit « le Centaure ». Les cinéastes s'en emparent pour corser leurs scénarios. La fine équipe (Jean-Paul Belmondo, Lino Ventura, Bernard Blier) de *Cent mille dollars au soleil*, d'Henri Verneuil, se coursent et tracent dans le Sahara au volant de plusieurs modèles de Berliet (GLM, TLM, Gazelle).

Mais aucun n'égale, en performance comme en popularité, le GLR de l'après-guerre. Avec son museau long, bientôt carré, qui fend l'air, sa cabine « Relax » panoramique, semi-avancée, tout acier – « la route en grand écran », vante la réclame – où le bruit est amorti, ses amortisseurs hydrauliques, ses détecteurs de crevaison, son excellente motorisation qui garantit des pointes à 70 kilomètres/heure. Le GLR demeure, et de loin, son modèle de référence, « le plus docile des routiers », plébiscité par les chauffeurs. Il est l'emblème de la maison. Robuste et séduisant, solide, souple, équilibré, agréable à l'usage, on se l'arrache.

Dans la mémoire collective, il se fond dans le décor des Trente Glorieuses. Il hante le cinéma français. En 1956, Jean Gabin le conduit, bougon et dur à la tâche, tirant sur son volant, haut et grand, sans direction assistée, dans le mélodrame d'Henri Verneuil *Des gens sans importance*.

Également omniprésent en Afrique subsaharienne, adapté aux climats extrêmes, capable d'affronter et de passer le désert, le GLR fut bien l'un des outils tout-terrain indispensables de cette période euphorique de reconstruction et de prospérité.

En 1994, il recevra le titre de « camion du XXe siècle ».

En 1965, Berliet fait sensation avec une campagne publicitaire originale pour lancer son nouveau modèle, le Stradair. Soumettant le camion aux pires tortures, le cascadeur Gil Delamare pousse aux limites sa tenue de route exceptionnelle, prouve les qualités de sa suspension sur coussin d'air et vante son confort, comparable à celui d'une voiture. Mais ce modèle, avec sa cabine futuriste, sa visibilité intégrale, son isolation thermique et phonique, sans doute trop avant-gardiste, ne trouve pas preneur.

En 1967, Berliet intègre le groupe Michelin et s'associe à Citroën en 1980. Après l'accord forcé avec Renault, la marque et le logo Berliet disparaissent définitivement.

Les anciennes usines Berliet sont aujourd'hui celles de Renault Trucks, passé sous pavillon suédois, racheté par Volvo AB. Le conglomérat, qui regroupe Volvo, Renault Trucks, Mack et UD, emploie 5 000 salariés dans la métropole lyonnaise, loin des 24 000 de la grande époque.

Le groupe chinois Geely (Zhejiang Geely Holding Group) détient déjà 8 % du capital de Volvo AB et 10 % du capital de Daimler, devenant l'actionnaire majoritaire du premier constructeur mondial de poids lourds. Début d'un processus qui redessine les rapports de force capitalistiques du XXIe siècle, impulsé par Li Shufu, fils de pauvres riziculteurs, désormais dixième fortune de Chine. On dirait les débuts de Marius Berliet. À une autre échelle.

LA FONDATION BERLIET

En 1980, à Lyon, la « capitale du poids lourd », Paul Berliet décide de sauvegarder l'histoire de sa firme au moment où son nom disparaît. La Fondation Berliet ouvre deux ans plus tard. Installée au milieu du beau parc paysager de la villa Art nouveau de Marius Berliet, dans le quartier Montchat, elle protège 300 000 documents, met à la disposition des chercheurs 1 500 titres de périodiques, 5 000 ouvrages, 80 000 photographies, des films, des affiches publicitaires, des plans, des dessins, et publie une lettre bimensuelle de seize pages.

À 30 kilomètres de là, au Conservatoire du Montellier (Ain), en pleine nature, à l'écart du village où repose Paul Berliet, dans cinq hangars anonymes, sont rassemblés 250 camions de trente marques et de toutes les époques, restaurés, alignés sur 7 000 mètres carrés. Des merveilles d'ingéniosité, des défis techniques, des curiosités aussi (camion colombophile de la Première Guerre mondiale, porte-alambic briqué et rutilant, camions à vapeur). Retaper ces antiquités, leur redonner fière allure exige du temps, de l'argent et nécessite l'intervention de vingt corps de métier.

Chaque année, au printemps, une grande fête est organisée au Montellier : 2 000 personnes, admiratives et nostalgiques, musardent dans les allées où s'alignent, brillant de tous leurs chromes, ces joyaux de la nostalgie.

L'Association des amis de Berliet compte 1500 membres.

Vestales de ce patrimoine inaliénable, le président de la Fondation Berliet, Philippe Brossette, un polytechnicien, petit-fils de Paul Berliet, et Monique Chapelle, vice-présidente, entourés de six salariés et d'une quarantaine de bénévoles, maintiennent les vestiges et la mémoire de cet héritage industriel. Ils veillent sur ce conservatoire, l'une des plus importantes collections mondiales de poids lourds.

17

LES CONSTRUCTEURS FACE À L'AVENIR

« Un camion, c'est une usine. »

Louis Caro, *Routiers*

Aujourd'hui, les constructeurs, confrontés à une réglementation drastique en faveur de l'environnement, doivent relever une série de défis pour obéir à l'injonction européenne d'une baisse de 15 % du CO_2 en 2025 et de 30 % en 2030.

Les départements Recherche et Développement usinent dur pour se mettre en ordre de bataille au plus vite. Héritier de Berliet, Renault Trucks s'attelle à tous ces chantiers. Avec une donnée nouvelle, fruit d'une prise de conscience récente : le routier lui-même.

Pour alimenter la réflexion sur les nouveaux projets, la firme ne se contente plus de ses sources internes, l'analyse de la concurrence, du marché et la veille technologique, elle se tourne vers les chauffeurs, se rapproche d'eux, roule avec eux, écoute leurs doléances, consigne leurs souhaits.

Certains responsables de département ont embarqué en leur compagnie sur la route, pour voir et comprendre. D'autres, des femmes notamment, ont même passé le permis super-lourd, « une montagne à escalader », avec une partie théorique très ardue, pour éprouver les effets de la vraie conduite. Les équipes de R&D conçoivent des camions, appliquent des procédures, ajustent leurs calculs, testent leurs innovations, mais rien ne remplace l'expérimentation grandeur nature, celle de se frotter à la route, de se confronter aux conditions réelles de circulation, par tous les temps, pour observer de quelle manière le poids lourd réagit et absorber dans son propre corps la fatigue, la monotonie ou le plaisir de conduire. De se heurter aux limites et à l'étroitesse de l'habitacle pendant plusieurs jours, de chercher le sommeil sur des couchettes raides, au milieu du bruit. De dialoguer avec les routiers en partageant leurs conditions de travail. Et de vérifier si l'objet de rêve sur l'écran d'ordinateur se révèle aussi idyllique *in situ*.

Ils ont ainsi pris la mesure de leur solitude, découvert l'épaisseur de leur désarroi, le manque d'hygiène, les facteurs de risque de cette population « nomade-sédentaire », son stress et son nouveau besoin de sécurité.

Selon les enquêtes de Renault Trucks, un chauffeur sur six a déjà été agressé au moins une fois. Vol de gas-oil, bâche découpée au cutter, remorque fracturée, attaque au gaz anesthésiant, coups et blessures. Comme au temps des diligences. Le phénomène a pris une ampleur inquiétante, jusque sur les parkings sécurisés. Aussi les routiers demandent-ils aux constructeurs de trouver des parades.

Enfin, les enquêteurs ont rencontré et mis à contribution des routiers férus de technologie, incollables sur la mécanique, des *geeks* du camion connecté.

Le camion est un outil polyvalent idéal. Il s'adapte à tout et couvre tous les besoins. Souple, flexible, endurant, résistant. « Dis-moi quel est ton usage, je te ferai ton camion. »

Aux concepteurs de trouver des réponses appropriées et progressives. Beaucoup d'améliorations se jouent sur de menus détails. Des couchettes adaptées à l'obésité, mal endémique des routiers, ou des sièges légèrement reculés pour se conformer aux changements de morphologie (grandeur et grosseur).

Au constructeur d'imaginer des solutions selon l'utilisation, de fournir le bon produit, de répondre aux exigences environnementales et de vendre un produit rentable pour les exploitants.

Pour Fabrice Courtens, chef du service « Simulation et prestation cabine » chez Renault Trucks, un camion reste un outil de travail, capable de parcourir 1,6 million de kilomètres, de tracter 44 tonnes, de consommer aujourd'hui 27 litres aux 100 kilomètres. Son prix moyen, entre 80 000 et 100 000 euros, est comparable à celui d'une berline de luxe.

Le développement d'un poids lourd s'élabore sur une période de cinq ou six ans, mais les nouvelles réglementations communautaires se succèdent à un rythme si rapide que les constructeurs ont du mal à suivre. Leurs stratégies industrielles s'échelonnent selon des perspectives à dix ou quinze ans. « Notre défi, témoigne François Rebière, vice-président *product management* (en français, gestion des projets et des évolutions), s'arc-boute sur deux exigences. Respecter, voire devancer les demandes de la société pour réduire la pollution, et augmenter la rentabilité des transporteurs, dont la marge reste faible. »

Comme la pénurie de chauffeurs tend à s'installer, répondre aux besoins des conducteurs devient prioritaire. « Nous avons réalisé d'énormes progrès pour améliorer la conduite mais nous avions délaissé, oublié le temps que le conducteur passe dans sa cabine sans être au volant, reconnaît François Rebière. Aujourd'hui, nous investissons beaucoup sur la "vie à bord", pendant les temps d'attente ou de repos. »

« Un camion est très compliqué à configurer », souligne Sophie Rivière, au marketing international de Renault Trucks. La cabine est un cube contraint (2,5 mètres sur 2 mètres) dont les dimensions ne sont légalement pas modifiables. Les aménagements doivent tenir dans ces limites. « Investir dans une cabine coûte extrêmement cher et demande autant de temps que de construire une voiture. Le chauffeur veut retrouver les équipements de sa maison : frigo, réchaud, micro-ondes, télévision, ordinateur, deux smartphones (professionnel et personnel). Il est très friand des éclairages intérieurs avec des LED colorées, dotées de variateurs, pour se distinguer des autres. Mais on ne change les modèles de cabine que tous les dix ans. Entre-temps, on procède par petites touches. »

Chaque année, Renault Trucks sort un modèle de prestige en série limitée à 100 exemplaires, avec une identité visuelle très marquée, pour valoriser les chauffeurs et séduire les transporteurs qui s'en servent pour les retenir dans un marché de l'emploi où fraient les recruteurs.

Pour la firme, cette opération, mise en scène aux 24 Heures du Mans Camions, avec remise officielle des clefs à ses fidèles acheteurs, sert à tester les nouvelles options avant de les développer sur les modèles de série.

Elle marque le début d'un processus industriel et la montée en puissance d'une nouvelle gamme.

Sur les dernières séries limitées présentées, Renault Trucks insiste sur les progrès de l'Optivision, qui s'adapte à la topographie de la route pour lisser et réduire la consommation de carburant ; les gains de poids ; les changements de sellerie ; les modifications ergonomiques des tableaux de bord.

La révolution numérique, qui a envahi les camions, a soulagé le labeur des conducteurs. Les progrès sur la sécurité sont d'ailleurs salués par les routiers, impressionnés par les nouvelles réactions de leur camion. Aides à la conduite, anti-patinage, anti-renversement, alertes diverses dont le franchissement de ligne, les distances de sécurité, le freinage d'urgence.

Dans dix ans, prédit le designer anglais Paul Daintree, les camions seront méconnaissables. Jusque-là, on ne faisait que « changer le cheval », en jouant sur la puissance des moteurs, en se conformant aux desiderata de Bruxelles pour endiguer la pollution et en espionnant les concurrents. Il va falloir tout repenser sous la poussée des mouvements citoyens en faveur d'un changement de paradigme environnemental, du bouleversement logistique introduit par Amazon, de l'entrée fulgurante de nouveaux acteurs tels Hyundai, Tesla ou Arrival.

L'intelligence artificielle avance à pas de géant. Les camions autonomes se profilent à l'horizon du milieu du XXIe siècle. Un peu partout fusent des idées ébouriffantes. « On peut tout à fait imaginer, poursuit le designer de Renault Trucks, que le chauffeur roule le jour et que le camion poursuive sa route la nuit pendant qu'il dort. Les pédales seront enlevées. On finira par escamoter le volant et la colonne de direction. On en viendra sûrement à une phase de téléconduite, comme on pratique le télétravail. Et pourquoi la cabine, désencombrée de ce qui l'occupait, ne deviendrait-elle pas un bureau pour lire, écrire, regarder des films ? »

La prochaine étape, plus immédiate, sera celle de la réalité augmentée. Le pare-brise servira d'écran où s'afficheront les informations. Dans une cabine débarrassée de son tableau de bord, on pourra agrandir son champ de vision, rendre l'habitacle panoramique, plus ouvert sur le paysage. Le siège se transformera en fauteuil enveloppant, qui basculera comme dans la classe affaires des avions, avec un micro et un haut-parleur. Il faudra auparavant résoudre le problème de l'airbag… Le volant, remplacé par un joystick ou une tablette, sera virtuel, à la manière de la Wii de Nintendo, pourquoi pas ? Quid du routier ? Une personne bien formée à ces nouvelles technologies, venue d'un autre métier, le remplacera peut-être au bout du compte.

« Le tableau de bord sera digitalisé, remplacé par des objets nomades qui recueilleront et communiqueront toutes les informations », précise Paul Daintree. Ce qui dégagera de la place.

Tant que toutes les infrastructures de surveillance généralisée et de partage d'informations ne seront pas installées, l'autonomie restera limitée. Et même si la technologie est opérante, les questions des interactions avec tous les usagers de la route (voitures, motos, vélos, piétons, cyclistes) et de la responsabilité en cas d'accident devront, au préalable, avoir été réglées. Avec des capteurs et des caméras partout, l'environnement de la route va être bouleversé, et son usage profondément modifié. Mais pour y parvenir, les investissements nécessaires seront démentiels. Ce n'est donc pas pour demain. »

Chez Renault Trucks, on ne croit donc pas aux camions autonomes dans un futur proche. Mais on s'y prépare. On lorgne du côté de Tesla, qui secoue le vieux monde et prend une avance considérable. On imagine, à chaque revers d'Elon Musk, qu'il va verser dans le décor. Mais malgré quelques emballements boursiers, et d'étranges embardées techniques, sa tenue de route demeure bluffante. Avec panache, et un rien de provocation arrogante, il donne l'impression de laisser les autres constructeurs sur place.

En attendant, Renault Trucks promène sa troisième génération de camion laboratoire, l'Optifuel Lab 3, épaulé par treize partenaires, pour résoudre la quadrature du cercle : puissance et sobriété. L'aérodynamique du tracteur et de la remorque a été travaillée, affinée ; Michelin fournit des pneumatiques connectés, de faible résistance au roulement. En cabine, des fonctions prédictives d'aides à l'écoconduite et à la réduction de consommation s'appuient sur les données météo et de navigation.

Bientôt, la phase « maintenance prédictive dynamique » sera activée pour s'ajuster en temps réel. Dès qu'un organe du moteur présentera une faiblesse, affichera une usure prématurée, le système embarqué alertera le concessionnaire le plus proche. Si celui-ci dispose de la pièce à changer, le système fixera rendez-vous pour prévenir la panne et traiter au plus vite le problème. Le temps d'immobilisation du poids lourd en sera raccourci, solution plus rentable pour le transporteur. Le chauffeur sera libéré du stress.

Bardés de numérique, préfiguration des camions autonomes, les camions connectés circulent déjà sur nos routes. L'Actros Mercedes cinquième génération se présente comme un modèle d'avant-garde, avec plus de soixante technologies nouvelles. Pas de clef pour démarrer : un simple bouton-poussoir suffit. Avant de grimper à bord, grâce à sa mini-télécommande, le chauffeur allume tous les feux extérieurs. Il n'entre plus dans une simple cabine avec un tableau de bord et un pare-brise, mais dans un cockpit à quatre écrans, dont deux iPad latéraux qui renvoient l'image des caméras-rétroviseurs, lui offrant une vue panoramique. Les yeux, les mains, les pieds du chauffeur reçoivent le renfort d'organes informatiques qui lui mâchent le travail, analysent en direct le prévu et surtout l'imprévu.

Il est presque inutile de tenir le volant. Sur l'autoroute, où les lignes blanches sont bien visibles et entretenues, repères identifiables par les ordinateurs de bord, le camion freine, accélère et se cale sur ce rail virtuel. L'assistance numérique, qui prend les commandes du poids lourd, s'adapte aux descentes, que l'on doit toujours aborder avec précaution, en sollicitant un sens de l'anticipation ne tolérant aucune négligence, sous peine d'emballement fatal. Elle prévoit les pièges répertoriés par son intelligence artificielle, prend soin de prévenir le chauffeur, de l'informer de la manœuvre qui s'annonce, le réduisant quasi au statut de spectateur. Elle détermine l'orientation de la courbe à venir et affiche la vitesse à laquelle son camion l'abordera. Idem à l'approche d'un rond-point : l'écran de conduite annonce à quelle allure le camion va le franchir, puis à quelle allure il se relancera, sans intervention humaine. Quant aux limitations de vitesse, il en fait son affaire – mais informe toujours de son intention. Libre au conducteur de lui faire aveuglément confiance ou de reprendre la main.

Grâce à ses capteurs hyper-sensibles, l'Actros refuse tout dépassement si le conducteur n'a pas enclenché son clignotant, et l'empêche de se rabattre s'il estime la manœuvre trop juste. Il le prévient de l'arrivée de véhicules plus rapides, et sur les écrans de ses caméras des repères s'allument lors des mises à quai, pour aider le chauffeur à évaluer les distances et la conformité de son alignement. À l'arrêt, le frein de stationnement se déclenche automatiquement et se maintient lors des démarrages en côte.

Les rétroviseurs sont remplacés par des caméras latérales qui pivotent avec le camion, suppriment l'angle mort. Elles améliorent l'aérodynamisme et font baisser la consommation de carburant de manière significative (de 3 à 5 %). L'Actros 5 prévient les risques de collision frontale ; il détecte même les obstacles latéraux et réagit pour les éviter.

De nouveaux dispositifs de sécurité obligatoires devront bientôt équiper les poids lourds. Ils avertiront en cas de somnolence, sournois fléau du routier, ou de distraction, comme l'utilisation de son smartphone en conduisant. Et comme dans les avions, une « boîte noire » conservera toutes les données capitales en cas d'accident.

Avec ces aménagements technologiques, dont certains seront étendus à tous les véhicules, l'Union européenne souhaite résorber l'hécatombe routière. La Commission cherche même à atteindre l'objectif, utopique ou irréaliste, de « zéro mort et blessé » sur les routes d'ici 2050.

Les ordinateurs de bord recalent le camion dans son axe lorsque le vent tend à le déporter. Ils anticipent le moindre obstacle et commandent au millième de seconde la réaction idoine, freinage d'urgence ou évitement. Le régulateur prédictif analyse la topographie de la route, prend en compte les données météo et l'état du trafic, recadre automatiquement le plus infime changement de trajectoire dans la file. Il contribue largement à la réduction de la consommation de carburant, donc de la pollution.

Reliées au Truck Data Center, les informations en direct activent la maintenance prédictive pour réduire les temps d'immobilisation, facilitent la prévision des opérations logistiques, réduisent les temps d'attente entre deux livraisons et permettent de calculer au plus près les itinéraires. Les phares s'ajustent à la densité de la circulation, passant automatiquement de codes à pleins phares et vice-versa. Conduite automatisée et connectivité généralisée, jusques et y compris dans les pneumatiques, modifieront les conditions de travail des routiers, réduisant stress et fatigue.

Mercedes travaille sur un camion qui sera une carte de paiement ambulante, payant tous les services sur la route (carburant, péage, parking) sans la moindre manipulation du chauffeur. On imagine mal Jean Gabin au volant de ces engins futuristes.

Verra-t-on un jour des convois de camions sans chauffeur ? Les routiers affectent d'être sceptiques, refusant de croire à l'effacement de leur métier qui pourtant, comme tant d'autres, pourrait bien être supplanté, balayé par les progrès foudroyants de l'intelligence artificielle. Pas une semaine ne passe sans l'annonce d'un nouvel essai, aux États-Unis, en Europe, sans un communiqué de constructeur informant de ses avancées. Elon Musk, le cerveau de Tesla, se prépare à lancer sur route ses « trains de camions » (*platooning*).

En Scandinavie, Volvo et Scania ont ouvert la voie en 2015. « En France, la réticence était de mise. Les esprits ont évolué », explique Olivier Quoy, directeur général d'Atlandes, la société gestionnaire de l'autoroute A63, entre Bordeaux et Bayonne, zone de transit européen qui tire 70 % de son chiffre d'affaires du trafic poids lourds.

La première expérimentation française d'un convoi de camions autonomes est attendue sur ce tronçon. « Dans le poids lourd de tête, un chauffeur conduit et gère l'ensemble. Dans ceux qui suivent, à vitesse et distance constantes

(25 à 30 mètres, et même jusqu'à 5 mètres les uns des autres), un routier contrôle son camion sans toucher le volant, sauf en cas d'incident. Selon les études, le platooning (de l'anglais *platoon*, "peloton") permettrait des gains de sécurité – trop d'accidents sont dus au non-respect des distances, à l'inattention, à la fatigue, à l'endormissement et, parfois, au visionnage de films en conduisant… On estime que la traîne aérodynamique ferait baisser la consommation de 15 à 20 % pour les camions du centre et de 5 à 10 % pour celui de tête, exposé à la résistance de l'air. »

Olivier Quoy n'imagine cependant pas un seul instant, même dans un lointain avenir, que les routiers disparaissent des cabines. « Ils reprendront la main en dehors des autoroutes, gagneront en détente et tranquillité, jouiront d'un autre statut. »

Beaucoup d'acteurs se montrent intéressés : région Nouvelle-Aquitaine, transporteurs, cartographes, startups en transport intelligent connecté, entreprises de cognitique aéronautique (science du traitement automatique de la connaissance, et les techniques associées), instituts de recherche, universitaires.

Certains constructeurs commencent toutefois à reculer, peu convaincus par ce dispositif trop contraignant à leurs yeux pour un gain marginal. Daimler, le plus grand constructeur de camions au monde, s'est désisté. La firme concentre ses efforts sur les expérimentations de camion autonome en solo, aux États-Unis, sur des routes ouvertes.

En Angleterre, maillés par un réseau de télésurveillance et munis de capteurs sur la chaussée, deux parcours urbains de 24 kilomètres autour du Grand Londres, ouverts aux autres véhicules, accueillent déjà des camions autonomes contrôlés à distance. Les Pays-Bas se distinguent par leur audace. Une loi autorise la circulation de véhicules sans chauffeur sur toutes les routes publiques du pays, pour un laps de temps limité et sous la surveillance à distance d'un chauffeur expérimenté.

Un poids lourd mis au point par TuSimple voit et interprète les données qu'il reçoit à un kilomètre de distance. Cette start-up américaine prévoit de construire une flotte de cinquante camions qui circuleront sans chauffeur, sur des trajets cartographiés à l'avance. Le groupe Volvo fait circuler en zone fermée des engins plats, sans cabine donc sans chauffeur, pour livrer des conteneurs dans certains ports ; ils franchissent seuls ronds-points et barrières de sécurité. Scania expérimente un prototype sans chauffeur qui roule au biocarburant et se déplace avec une visibilité à 360 degrés grâce à sa batterie de radars et de caméras. L'intelligence artificielle prendra possession des poids lourds du futur, en relayant et analysant les données fournies par les cerveaux des capteurs RADAR (détection et télémétrie par radio) et LIDAR (détection et télémétrie par lumière), associés à l'œil des caméras vidéo… Dans cette course, Elon Musk, le visionnaire de Tesla, a déjà plusieurs longueurs d'avance avec son modèle révolutionnaire de poids lourd électrique « zéro émission ». D'une autonomie de 800 kilomètres, il peut emporter 36 tonnes de charge, pour un coût de revient inférieur de 20 % à un modèle équivalent carburant au gas-oil.

Début 2020, première étape d'une ère nouvelle, un camion autonome tirant une remorque réfrigérée avec 18 tonnes de marchandises périssables a parcouru 4 500 kilomètres à travers les États-Unis. Parti de Tulare (Californie), il a rallié Quakertown (Pennsylvanie) en moins de trois jours, affrontant la conduite de nuit, les routes sinueuses à travers les Rocheuses (avec des montées à plus de 3 000 mètres et de sérieuses descentes), des chaussées en réparation, de longs tunnels, la pluie et la neige… Une start-up américaine, qui a déjà un pied en Chine, a piloté cet exploit, une évolution majeure.

L'effervescence que provoque la perspective plus ou moins lointaine de constituer des « flottes autonomes » échauffe les esprits. Les prévisions les plus optimistes laissent entrevoir des diminutions de coûts d'exploitation de l'ordre de 45 %.

Et si, à l'avenir, le routier devenait le col blanc de la route, une sorte de superviseur uniquement chargé des affaires courantes, pendant que son convoi travaillera à sa place, ou de veilleur, qui pourrait se livrer à d'autres occupations, débarrassé du lourd fardeau des contraintes qui écrasaient ses aînés ? Contrepartie de cette révolution : il roulerait davantage (200 kilomètres de plus par jour). Les cadences de livraison, hyper-rationalisées, augmenteraient – comme l'impatience des producteurs et des consommateurs. Le cercle vicieux n'est pas prêt de se rompre. Il est plus que probable que le XXIe siècle sera le siècle des mutants, à la fois hommes et machines. Avec le futur du camion viendra le futur du camionneur.

18

VERS LA TRANSITION ÉCOLOGIQUE

« La petite fille se lance :
– Monsieur, est-ce que vous savez quelle énergie remplacera le pétrole quand il n'y en aura plus ?
Je réfléchis deux secondes, je hoche la tête, pensif, et je déclare, prenant l'air solennel et grave de l'expert en catastrophe industrielle :
– L'homme. »

Alexandre Labruffe,
Chroniques d'une station-service

Au commencement, le chemin. Puis vint la roue. Ensuite, le moteur. Et avec le moteur, la question de l'énergie. Longtemps, le choix fut incertain... Les premiers camions, brinquebalants, roulaient à la vapeur, à l'électricité, au bois (gazogène), avant que le pétrole n'étouffe ces différentes solutions de propulsion.

Mais le choix du pétrole, cette énergie fossile abondante qui passait pour la panacée, nous revient comme un boomerang chargé de griefs. Et les accusations de pollution tombent sur le dos des chauffeurs. Montré du doigt, le monde des routiers ne se tient plus à l'écart des urgences écologiques de notre époque. Là aussi, tout bouge. Le diesel est condamné et le gas-oil aura bientôt fait son temps. Les constructeurs sont lancés dans la course à la transition énergétique. Partout fusent les expérimentations. On forme désormais les chauffeurs à l'écoconduite. Les ordinateurs embarqués, qui corrigent tout excès, lèvent le pied à leur place, les notent, envoient le résultat à l'entreprise, et décernent des primes aux plus méritants.

À force de le répéter, on pourrait croire que le ferroutage, le transport multimodal ou combiné rail-route représentent la solution idéale, adaptée aux exigences écologiques comme de sécurité. Cette évidence semble tomber sous le sens. Une tonne de marchandises sur la route émet neuf fois plus de CO_2 que par le train. Mais, à la différence de la Suisse, de l'Allemagne ou de la Belgique qui ont poussé les feux au bon moment, en France cette alternative se révèle inadaptée. Absence de volontarisme politique, mauvaise prise en compte publique des exigences logistiques, priorité au trafic voyageurs, longues grèves à répétition, pannes et retards ont conduit tout droit à la dramatique désaffection pour ce secteur trop lent, trop cher, sans souplesse. Rigide dans sa conception comme dans son exécution, il ne peut répondre à aucun des trois impératifs de la logistique. Coût, efficacité, ponctualité.

Chronique d'une dégringolade annoncée... Dans les années 1970, le chemin de fer, soutenu encore par les pouvoirs publics, assurait 75 % du transport de marchandises. En 2020, alors qu'on aurait pu l'imaginer ardemment réclamé et défendu par une opinion publique sensibilisée aux enjeux climatiques, il ne représente plus que 9 % du marché et ne cesse de perdre du terrain. En trente ans, sa part de marché a été divisée par trois. Fret SNCF, qui licencie à tour de bras, est au bord du dépôt de bilan. Sa dette est abyssale.

Il existe bien cinq autoroutes ferroviaires pour désengorger l'axe de transit que représente la France dans le commerce international. Poussées, au début du XXIe siècle, par l'euphorie et les engagements du Grenelle de l'environnement, elles devaient transporter 500 000 poids lourds en 2020... Même dans un contexte de pénurie de chauffeurs qui incite à trouver des réponses de circonstance, avant la crise du printemps 2020, on en comptait péniblement 70 000 qui prenaient le train.

Le feuilleton du train des primeurs Perpignan-Rungis, enlisé dans une impuissance autant politique qu'économique, illustre, de manière pathétique, le naufrage d'une évidence quand elle n'est portée par aucune conviction. Le seul convoi ferroviaire de fret français qui montait chaque nuit vers la capitale avec 1200 tonnes de fruits et légumes est resté à quai l'été 2019. Ses wagons frigorifiques, trop vieux, quarante ans de service, posaient des problèmes de sécurité et de maintien de la chaîne du froid. Il fallait injecter entre 20 et 30 millions d'euros pour le relancer. Une somme que personne n'est prêt à débourser. Il y a dix ans, quatre trains des primeurs ravitaillaient Rungis chaque nuit. En maintenant le dernier d'entre eux sur une voie de garage, on envoie 25 000 poids lourds de plus sur la route. Drôle de message d'avenir. Comme la Nature, réputée avoir horreur du vide, la loi du marché, au nom de ses intérêts, se hâte de remplir les trous que lui abandonne l'inertie politique. Et tant pis pour l'opinion publique, qui peut toujours se mobiliser pour la galerie mais ne renonce pas à ses modes de consommation. Être servi et livré, sans attendre. Par des poids lourds qu'on se hâte de dénoncer comme les pires pollueurs...

Avec l'urgence climatique et l'amorce d'un volontarisme politique, poussée par un changement notable de mentalités, la question énergétique refait surface. Différentes réglementations européennes ont contraint les constructeurs à transformer au plus vite leurs motorisations pour réduire drastiquement l'émission d'agents pollueurs. Entre 1990 et 2018, pas moins de six normes, déclinées et affinées, ont été imposées pour adopter des technologies de dépollution des moteurs visant les quatre polluants principaux : les NO_x (oxydes d'azote), le CO (monoxyde de carbone), les HC (les hydrocarbures imbrûlés) et les particules.

Les résultats, régulièrement contrôlés, sont sensibles, parfois spectaculaires (depuis 1990, réduction de 98 % des NO_x et de 97 % des particules…), mais peu médiatisés, en raison d'une très ancienne méfiance, liée aux offensives des lobbys qui s'entourent de performantes agences de communication habiles à tordre les chiffres. Comment parvenir à convaincre les automobilistes que leur voiture, qu'ils occupent seuls la plupart du temps, consomme plus – et pollue plus – qu'un poids lourd ? Qui le sait ? Qui le dit ? Et surtout qui en tire les conséquences ? Le poids lourd, éléphant dans le corridor, qui a les apparences contre lui, sert de cible commode.

Et pourtant, quand on réunit diverses analyses et prélèvements, les efforts consentis ont porté leurs fruits. Si l'on en croit la FNTR, « en moins de vingt ans, les professionnels ont diminué de 24 % les émissions de CO_2 en les ramenant à 5,7 % des émissions totales en France. En moins de trente ans, le secteur a diminué de 74 % ses émissions de particules fines. Les camions n'émettent que 1,6 % du total des émissions en France. » Le Parlement européen établit, lui, que les transports sont responsables de 27 % des émissions totales de CO_2, dont 72 % émanent des poids lourds, soit 5 % des émissions de gaz à effet de serre dans l'Union européenne. C'est une bataille de statistiques… On se perd dans ce maquis de données confuses, tantôt rassurantes, tantôt apocalyptiques, dont il ressort néanmoins qu'il est temps, et plus que temps, d'agir.

Qu'on ne s'y trompe pas. Ces très bons résultats ne relèvent pas d'un cercle vertueux ni d'une conversion subite à l'urgence écologique. Les transporteurs ont fait leurs comptes. Le carburant restant pour eux le principal poste de dépense, ils ont aussi poussé les constructeurs à trouver des moyens pour alléger la consommation. En réduisant leurs factures, ils augmentent leur prix de revient. Les intérêts bien compris des uns et des autres ont accéléré le mouvement.

Une multitude d'instruments embarqués mesurent la consommation d'un poids lourd. Un outil de simulation devenu obligatoire, le Vecto (*vehicle energy consumption calculation tool*), calcule les émissions de CO_2 sur chaque camion. Et l'Ademe (Agence de l'environnement et de la maîtrise de l'énergie) a mis au point EVE (Engagements volontaires pour l'environnement), un dispositif très strict et toute une batterie de mesures pour accompagner les patrons qui font l'effort de contribuer à la réduction du CO_2 et des gaz à effet de serre. Les plus motivés sont repérables, sur la route, par le label « Transport écoresponsable » qui orne leurs camions. Il est urgent de changer les mentalités, d'en finir avec les clichés sur les camions polluants.

Le transport routier de marchandises traîne aussi la réputation, en partie fausse, d'avoir coulé l'écotaxe qui visait à faire payer les camions pour, soi-disant, financer les infrastructures routières. Taxe enterrée dès que contestée, et dont il ne reste que des portiques abandonnés, vestiges désolants d'un fiasco d'État dénoncé par la Cour des comptes. Sa calamiteuse gestion par les pouvoirs publics a terni, par ricochet, le peu de considération que l'opinion accordait encore aux routiers et aux transporteurs. « Nous avons été les boucs émissaires de l'incurie gouvernementale », fulmine Florence Berthelot, déléguée générale de la FNTR.

Au nom du principe « pollueur-payeur », les transporteurs réclament de n'être plus les seuls taxés sur la route. Ils veulent que la marchandise elle-même soit ponctionnée et non seulement celui qui la véhicule. Pour eux, il est inconcevable que les chargeurs et les donneurs d'ordres ne s'acquittent pas de leur part.

Beaucoup s'insurgent aussi que soient mesurées uniquement les émissions « du réservoir au pot d'échappement ». Non sans raison, ils préconisent que l'on passe à une estimation, plus juste pour l'empreinte environnementale, « du puits à la roue », de l'extraction du pétrole au véhicule en circulation, en tenant compte de toute la chaîne des intermédiaires qui contribuent à la pollution générale.

Tôt ou tard, le pétrole et ses dérivés seront bannis. Certains camions roulent déjà avec un carburant 100 % colza. Les unités Recherche et Développement des grandes firmes travaillent d'arrache-pied pour mettre au point la solution miracle. À chaque salon professionnel, elles exhibent de nouveaux prototypes. Trois sources tiennent la corde : le gaz, l'électrique et l'hydrogène. La compétition est lancée. Le gaz et l'électrique sont au coude-à-coude, l'hydrogène gagne du terrain.

Le recours au GNV (gaz naturel pour véhicules) recueille les faveurs des constructeurs. Mais il est encore balbutiant, faute d'autonomie suffisante et d'infrastructures. La principale fédération patronale met son poids dans la balance et s'engage dans cette voie, privilégiant le bioGNV (produit par la méthanisation des déchets de l'industrie agroalimentaire, de la restauration collective, des exploitations agricoles, des ordures ménagères, des boues des stations d'épuration), pour encourager l'économie circulaire.

Le GNV a le vent en poupe. Les constructeurs commencent à commercialiser des poids lourds au gaz. Les ventes décollent, soutenues par des avantages fiscaux. Les transporteurs se préparent et s'équipent. Les premières stations d'avitaillement sortent de terre. L'Allemagne subventionne cette offre alternative, l'exonérant de l'écotaxe en vigueur outre-Rhin.

Les chiffres avancés plaident pour cette source d'énergie. Si l'on s'en tient à la norme « Euro 6 », la plus draconienne, imposée aux constructeurs, le GNV et le bioGNV, sans fumée ni odeur, rejetteraient 50 % de moins de NO_x (oxydes d'azote) et 95 % de moins de particules fines. Par rapport au diesel, ce serait 80 % de moins d'émissions de CO_2 – et une réduction de moitié du bruit des moteurs.

L'électrique balbutie encore, freiné par la capacité limitée des batteries, son autonomie limitée, le manque d'infrastructures pour recharger. On a oublié que cette énergie fut exploitée dès la fin du XIXe siècle par les premiers véhicules utilitaires. Une marque de Saint-Étienne, la Sovel (Société des véhicules électriques), créée en 1926, s'est illustrée pendant près d'un demi-siècle en fournissant des utilitaires électriques de proximité (bennes à ordures notamment).

D'étonnantes tentatives redécouvrent les vertus et les potentialités de cette énergie trop vite délaissée. Au sud de Francfort, l'Allemagne a converti 10 kilomètres d'autoroute en réseau électrique, où défilent des poids lourds hybrides surmontés de pantographes, à la manière des bons vieux trolleybus. Ils se rechargent en roulant. Le programme est financé par le ministère de l'Environnement, avec un budget de 50 millions d'euros. Deux autres pistes d'essais doivent être construites dans le Schleswig-Holstein et le Bade-Wurtemberg. Premières tentatives balbutiantes, très limitées. Deux kilomètres en Suède en juin 2016 ; un petit tronçon en Californie ; une portion de voie rapide électrique de 12 kilomètres en Italie, au nord de Milan.

La Californie, l'Oregon et l'État de Washington développent ensemble un essai de recharge par induction électromagnétique intégrée à la chaussée de l'Interstate 5, qui relie le Mexique au Canada, axe stratégique pour ces trois États, ayant le défaut d'être la principale source de pollution atmosphérique et de gaz à effet de serre.

Les expérimentateurs allemands avancent un objectif de 1 000 kilomètres d'*e-highway* en 2025 et entre 3 000 et 4 000 kilomètres d'ici 2035. Si ce dispositif venait à prendre de l'ampleur, consommation et pollution des poids lourds diminueraient considérablement.

Pour l'hydrogène, énergie propre, molécule la plus répandue sur terre, les investissements montent en puissance. Les premiers poids lourds ainsi équipés arrivent sur le marché. Hyundai en a déjà fourni un millier à la Suisse. La Chine met le paquet, évacuant l'électrique de ses priorités pour la remplacer par cette énergie renouvelable, via des piles à combustible. Un véhicule qui roule avec ce type d'alimentation ne produit ni gaz à effet de serre ni particule. Il ne rejette que de l'eau… On l'annonce comme « le pétrole de demain ».

D'ici 2023, l'Allemagne devrait passer de 45 stations de distribution d'hydrogène à 400. Le Japon et la Corée du Sud suivent son exemple. Aux États-Unis, selon les États, des échéanciers imposent des quotas, qui varient de 3 à 50 % des plus gros poids lourds, pour arriver à « zéro émission » en 2050 au plus tard. Jusqu'à présent, le développement de cette énergie est freiné par le coût de production des piles à combustible.

Pour les pneumatiques aussi, l'heure est aux innovations radicales. Continental produit du caoutchouc à base de « pissenlit russe » (*Taraxacum*). Chez Michelin, la mathématicienne Agnès Poulbot a fait sensation en mettant au point un pneu qui « s'autorégénère » au fur et à mesure de son usure, diminuant sa résistance au roulement, allongeant de 20 % sa durée de vie moyenne, contribuant aussi à la baisse de la consommation de carburant…

Des chercheurs de l'École polytechnique de Lausanne, en Suisse, ont breveté un système pour capturer 90 % du CO_2 à la sortie du pot d'échappement, puis le transformer, en séparant l'eau du gaz, et le stocker sous forme liquide à bord du véhicule, dans un réservoir au-dessus de la cabine. Il pourrait même être recyclé en carburant, grâce à des sources d'énergie renouvelables.

L'industrie du camionnage sera, dans les prochaines décennies, l'un des principaux champs d'application de l'intelligence artificielle. Cette révolution préfigure-t-elle des temps plus raisonnables et plus économes ? Un nouvel âge où le routier serait associé à une plus juste organisation collective des flux ? Dans l'immédiat, nouvelle corde à son arc, il s'initie à la « simplexité » (« rendre simples la compréhension et l'usage de systèmes complexes ») pour profiter de l'abondance de biens numériques dont regorgent les cabines des nouveaux poids lourds. En plus de conduire, il doit apprendre à piloter ses assistants nomades.

Tout concourt à une rationalisation des usages, dont profitera l'environnement. Poussés de toutes parts, les constructeurs veulent prendre un temps d'avance sur la révolution énergétique. Dans un contexte hautement concurrentiel, il leur arrive de partager leurs recherches et de mutualiser leurs efforts en ce sens. Et si, mine de rien et à l'envers de l'opinion courante, l'industrie du camionnage était en pointe sur le front de l'urgence climatique ? L'idée peut heurter, faire sourire ou encourir le soupçon de naïveté. Mais quand on y regarde de près, elle correspond à une réalité, trop mal perçue, encombrée de préjugés.

19

LE TOURNIQUET DE TOUPINETTE

> *« Le camion, conduit au long des jours et des nuits par son transporteur, n'humilie pas ce dernier qui le connaît dans son entier et l'utilise avec amour et efficacité. »*
>
> **Albert Camus,** *L'Homme révolté*

LUNDI, 1H30

ALLOUVILLE-BELLEFOSSE (SEINE-MARITIME)

Le réveil est impitoyable. En pleine nuit, Annick Niquet s'arrache de son lit quand la France dort. Petit déjeuner, douche, une touche de maquillage et la voilà partie chercher son camion, déjà chargé. Dans le salon, elle a croisé sa fille, Julie, qui conduit des cars pour véhiculer les salariés d'une centrale nucléaire. Son fils, Xavier, routier lui aussi, est déjà sur le parking, au volant de son Volvo. Il travaille dans la même entreprise que sa mère. Faut-il préciser que Thierry, mari et père, est lui aussi routier ? Alias « Cambouis », il a connu la belle époque des chevauchées internationales. Dans le rouge depuis un moment, trop-plein, lassitude, comme tant d'autres, le burn-out l'a envoyé dans le décor avec son camion. On l'a relevé avec une triple fracture tibia-péroné.

2H45

Annick grimpe dans son poids lourd attitré. « C'est un privilège. Sinon, on doit traîner son sac et son duvet d'un camion à un autre, sans rien à soi à l'intérieur. » Elle doit se présenter à Savigny-le-Temple (Seine-et-Marne) à 6 heures pour décharger son conteneur de 40 pieds (33 mètres cubes). La rampe de six phares longue portée (fournie par le patron, c'est rare) efface la nuit noire. Son 44 tonnes avale les petites routes avant d'aborder « l'autoroute des conteneurs », l'axe Paris-Le Havre. Le camion, bridé à 90 kilomètres/heure, trace sans difficulté. « Ce matin, je n'ai que 10 tonnes de chargement. Le camion roule bien. Mais on ne sait jamais comment c'est rangé. Je me méfie. Le premier rond-point à la sortie du port du Havre, je l'aborde toujours avec prudence. On peut se faire surprendre par le comportement de la charge et terminer couché sur le flanc. Dans les virages, on doit toujours garder le pied sur l'accélérateur, toujours rester en traction, pour que le camion continue de tirer la remorque et pas l'inverse... »

3H20

Radio Nostalgie et RTL lui tiennent compagnie. « Le camion m'a toujours attirée. Mon père était garagiste dans une petite ville, à Bolbec, en Normandie. Son Dodge, qui m'impressionnait, était le seul gros engin de dépannage lourd de la région, équipé d'un treuil à l'avant et d'une grue. On l'appelait sur tous les accidents du secteur nécessitant de gros moyens de relevage et de désincarcération. Dès que mon père partait, j'étais sur ses talons pour sauter dans son camion. Il m'emmenait partout avec fierté, sauf sur les accidents où il y avait des morts et des blessés.

J'adorais le suivre dans son Dodge, me hisser au-dessus du sol. Mon père est mort jeune. Mais cette passion ne m'a pas quittée. Adolescente, seule avec ma mère, j'écoutais "Les Routiers sont sympa", de Max Meynier, sur RTL. Les voyages, les galères, les échos d'une vraie solidarité, sa voix chaude et chaleureuse, le bon esprit de l'émission, tout ce que j'entendais me faisait rêver. »

Annick Niquet roule depuis vingt-trois ans chez le même employeur. Auparavant, elle était à son compte, après avoir passé l'indispensable « attestation de capacité de transport routier de marchandises ». Une formation ardue de comptabilité, de droit du travail, de règles de sécurité, de complexité administrative, suivie d'une épreuve éliminatoire sur laquelle 80 % des candidats se cassent les dents.

Après une première vie dans le commerce, elle a débuté à 31 ans, contre l'avis de son ex-mari, un routier, qui ne la voyait pas d'un bon œil au volant d'un camion. Entre-temps, elle a été affréteuse pour le transit export conteneurs. Thierry, son nouveau mari, lui a d'abord appris les rudiments. « J'adore conduire. C'est magnifique un 44 tonnes ! » Elle l'a beaucoup suivi avant de se lancer. « J'aime cette forme d'indépendance, malgré les contraintes. Je n'ai personne sur le dos. Je gère moi-même tous mes trajets. Je sais ce que j'ai à faire. » Annick fut l'une des premières femmes à s'aventurer au volant d'un poids lourd sur l'immense port du Havre. Aujourd'hui, elles sont près de 200. « Même si nous avons du caractère, nous réglons tout en souplesse. Au début, mon patron avait peur de m'embaucher. Depuis, il a engagé plusieurs femmes routières et ne s'en plaint pas. »

Dans la région d'Yvetot, d'où elle part, comme sur les quais du Havre où elle charge au milieu des dockers, sans subir leur machisme assure-t-elle, le Volvo FH 500 d'Annick ne passe pas inaperçu. À l'intérieur comme à l'extérieur, sur les jantes et les pare-chocs, tout est rose fuchsia. « Toupinette » préfère rouler de nuit, moins sur le qui-vive, pour la tranquillité de la circulation et la sécurité de la conduite. Elle « profite » des chargements-déchargements pour dormir à la sauvette mais ne goûte guère ces phases de sommeil fractionné.

Son surnom remonte à ses débuts, quand elle effectuait de sempiternelles rotations de courts trajets, avec des conteneurs, du port au dépôt du transporteur, à quelques kilomètres de là. Un matin, « Cambouis », son mari, qui travaillait dans la même entreprise, lui a lancé : « Toi, t'es comme une toupinette ! »

4H45

154 KM

Après le triangle de Rocquencourt, les premières lueurs de la capitale se réverbèrent sur le ciel. Comme tous les routiers, Annick a horreur de passer par le périphérique. « Le comportement inconscient des motards et des automobilistes qui se rabattent sous notre nez, sans réaliser la masse et le danger que nous représentons, sans imaginer l'angle mort qui nous prive de les voir venir, est stressant. Il faut avoir les yeux partout, sur les six rétroviseurs latéraux. »

5H20
PORTE D'ORLÉANS (PARIS) - 171 KM

Relax ! Le périph' est plus que fluide. Cap sur l'A6. La circulation est soudain très dense en direction de Paris. Le jour se lève.

Le trafic des camions monte en puissance.

5H45
211 KM

Après avoir cherché son chemin dans le dédale de l'une de ces nouvelles zones d'entrepôts massifs qui poussent à l'orée des grandes villes, Annick trouve son point de chute. Elle a bien calculé. « Si je pars trop tôt, ça joue sur mon amplitude. »

Elle est arrivée un peu en avance. Les grilles sont fermées. Personne. Comme partout, se plaint-elle, rien n'est prévu pour garer les poids lourds. Rien n'est pensé pour les routiers. Même dans ces zones-là.

6H

Un vigile fait coulisser la grille. Mais personne à l'administration pour viser ses papiers, lui désigner son quai de déchargement.

6H30

Enfin quelqu'un. Annick vient de perdre une demi-heure. Elle manœuvre avec doigté et précision pour se mettre à quai. Les clients disposent de trois heures maximum pour vider ou charger un conteneur de 40 pieds. Au-delà, les transporteurs facturent le dépassement. L'opération va prendre plus de temps, à cause du nombre de références à trier sur le quai après déchargement. Lors de l'empotage à l'expédition, son chargement n'a pas été conditionné sur palettes, pour gagner de la place. « Sur un terminal du port, il m'est arrivé d'être bloquée pendant neuf heures... »

Début de sa première longue attente de la journée dans l'un de ces *no man's land* impersonnels, souvent dépourvus de sanitaires, handicap supplémentaire pour les femmes. « Ils ont obligation de nous réserver un local chauffeurs. Mais c'est très rare et souvent l'état des lieux dissuade de s'y poser. »

Que fait de ces longues heures cette grand-mère de six petits-enfants ? « Je lis, je tricote, je papote, au téléphone avec ma famille, et mes copines sur la route. Je fais des mots croisés. Je poste des messages sur nos réseaux sociaux. J'arrive rarement à m'allonger sur la couchette pour me reposer. »

Toupinette a eu cinq enfants. « Je me demande parfois comment j'ai pu gérer tout ça... On change de rythme tout le temps. C'était galère de trouver une nounou à demeure qui pouvait s'adapter à nos horaires décalés. En tout cas, mes enfants ont appris très vite à être autonomes. »

L'habitacle de son Volvo, où l'on peut tenir debout, est spacieux et décoré. Tout est rose. Même l'un des deux chapeaux de cow-boy qui ornent les parois. Un *dreamcatcher*, un « attrape-rêves », veille sur Toupinette. Visible de loin, son surnom défile sur le pare-brise, avec des effets lumineux pour attirer l'œil, l'identifier, la reconnaître sur la route. De ses multiples rangements qui contiennent réchaud, frigo avec des victuailles au cas où, gamelles, linge, paperasse, gros livres de cartes routières, Annick sort une cafetière et se prépare ce fameux petit noir que l'on n'offre plus aux chauffeurs. « Les cabines sont devenues très confortables, avec des aménagements bien étudiés. »

Plusieurs poids lourds arrivent, conduits par des chauffeurs de l'Est. Ils ont du mal à manœuvrer pour se mettre à quai. « Ils sont payés au rabais et pas assez formés. On les a pris en grippe mais, venant d'où ils viennent, il est normal qu'ils acceptent ces conditions. » Habituée à ce ballet laborieux, Annick reste compréhensive à l'égard de ces infortunés confrères dont les employeurs pratiquent à outrance le dumping social. « J'ai un bon patron, réglo, soucieux de nos conditions de travail. Il a été contacté par des intermédiaires polonais qui lui proposaient des chauffeurs à bas coût... »

9H50

Direction le port de Gennevilliers, où elle doit laisser son conteneur. À la suite d'une série d'accidents, la radio annonce que le périph' et les entrées de Paris sont saturés. Annick consulte son GPS, évalue ses chances de se faufiler. Elle hésite, transige et vise le passage nord-ouest de la capitale, bien au large. Mauvaise pioche ! Dès la première bretelle, elle se retrouve bloquée dans un engorgement de poids lourds. « Circuler en région parisienne, c'est toujours la loterie. Il n'y a plus qu'à prendre son mal en patience. »

12H10

Après deux heures de circulation en accordéon, comme elle s'y attendait, le port de Gennevilliers se révèle saturé de poids lourds. Annick préfère anticiper sa pause déjeuner plutôt que de rester coincée à attendre pour la série de formalités qu'elle devra remplir. Demi-tour. À l'approche du resto, posé sur la rive d'une friche industrielle, les poids lourds sont garés n'importe comment en bordure d'un terrain vague. « Le soir, ici, c'est le Far West. » Pas de parking approprié. « En général, je mange dans mon camion pour gagner du temps et rentrer plus vite. »

13H15
283 KM

Au port de Gennevilliers, la situation n'a guère évolué. Une longue file de poids lourds est agglutinée dans l'entonnoir. « Ici, c'est l'anarchie. » Annick part se signaler à la réception. Elle doit de nouveau attendre au milieu des autres, sans information sur l'ordre de priorité. Un employé viendra contrôler l'état du conteneur, vérifier qu'il n'est pas abîmé et que c'est le bon. Un peu plus tard, un autre employé surgit pour lui indiquer sa zone de délestage, puis sa zone de chargement, d'où elle va repartir, lestée d'un autre conteneur. Vide, lui aussi. Absurdité de cette urgence et des impératifs qui lancent sur les routes des poids lourds sans cargaison. Toupinette slalome au milieu de montagnes de conteneurs pour trouver sa place. De nouveau, elle patiente.

14H

Soudain, c'est à elle. L'opération se déroule sous une pluie battante. En sortant, l'A13 est bouchée. Toupinette doit livrer à 16 h 30 sur les quais du Havre. Cette fois, elle n'hésite pas. Elle pique vers l'A14 malgré son péage dissuasif. Elle a très peu dormi la nuit dernière, peu mangé à midi et pourtant aucun signe de fatigue. « Nos horaires sont tellement décalés que les organismes en prennent un coup. On s'adapte comme on peut. »

Elle trace. « J'aime la route. Je regarde le paysage. Assister au lever du soleil m'émerveille. Je ne m'en lasse pas. Aucune journée n'est semblable à une autre. » Il y a quelque temps, Annick s'est retrouvée pour deux mois en arrêt-maladie à cause d'un problème à l'épaule, douleur classique chez les routiers. « Au bout d'un mois, je tournais en rond. Il était temps que je reparte. La route me manquait. »

Les dépassements entre poids lourds se font au cordeau, et demandent une certaine anticipation pour se lancer, ce que ne comprennent pas les automobilistes qui tentent de griller la politesse ou de forcer le passage. Petit salut au passage d'un camion. « C'est une femme. On ne se connaît que de vue. »

16H05
PONT DE TANCARVILLE (SEINE-MARITIME) - 446 KM

À la descente, sur la voie opposée, plusieurs appels de phares rapprochés. Mauvais signe. Quelques centaines de mètres plus loin, un camion en perdition vient d'arracher les barrières de sécurité, de traverser le terre-plein. En bout de course, il s'est immobilisé *in extremis* à contresens sur la voie de gauche de notre file. C'est un miracle qu'il n'ait heurté personne. Hagard, gilet jaune de sécurité sur les épaules, le chauffeur constate les dégâts et guette les secours. Aucun routier ne s'arrête. Toupinette pas plus que les autres. Manque de temps. Commentaire laconique d'Annick : « Voilà ce qui a changé. Fini, la solidarité sur la route. Notre mentalité, maintenant, c'est chacun pour soi. »

16H25
LE HAVRE (SEINE-MARITIME) - 488 KM

Partout des conteneurs. Sur leurs flancs, des inscriptions en mandarin. On se croirait dans un port chinois.

Ce jour-là, les dockers tout-puissants ont décrété la grève. Tout est désorganisé. Premières victimes ? Les routiers. Annick va devoir encore poireauter. « En porte-conteneurs, on passe la moitié de notre vie à rouler, l'autre moitié à attendre. Beaucoup de jeunes s'enfuient quand ils découvrent cette réalité. Le turn-over dans notre secteur est impressionnant. Mais pour une femme, c'est idéal. On ne fait que rouler. On n'a ni à charger ni à décharger. » De nouveau le même ballet incompréhensible, la même énigme des priorités. Rien n'avance. Moteur coupé. Situation bloquée. Le compte à rebours de l'amplitude égrène ses derniers grains dans le sablier d'Annick.

17H15

Encalminée dans la pétole des docks, Toupinette ne se départit pas de son calme. Elle prend tout avec philosophie. « Depuis le temps que je connais ce bazar, je sais que s'énerver ne sert à rien. » Personne ne vient s'enquérir de ses besoins ni de ses urgences. Sagesse et zénitude. Ne pas s'y laisser prendre, toutefois. « Quand ça part, c'est trop tard. Mon mari dit toujours, lorsqu'il me voit changer d'humeur et rentrer dans le lard : "Voilà mon pit-bull !" »

17H30

Personne ne l'a prévenue : par surprise, un « cavalier » passe au-dessus de son Volvo. Ces énormes et spectaculaires engins de manutention portuaire, dont la cabine de pilotage culmine à 15 mètres de haut, enjambent les camions pour agripper ou déposer les immenses conteneurs maritimes. Ils peuvent soulever une soixantaine de tonnes jusqu'à 12 mètres de haut.

17H45

« Normalement, je devrais m'arrêter sur le bas-côté et rester là pendant neuf heures. Pas question. Je rentre au dépôt. » Comme son amplitude journalière a pris fin, Toupinette se met en infraction. À 51 kilomètres de chez elle, l'appel du foyer est plus fort. Elle prend un risque. Elle en connaît le prix. « Les flics peuvent être compréhensifs pour ce type de dépassement mais ils sont impitoyables sur les durées de coupures et les temps de conduite. La nuit, si l'on ne respecte pas les neuf heures minimum de repos, on est passible de la correctionnelle. C'est un délit. »

18H10
519 KM

Retour au dépôt.

Annick grimpe dans un chariot élévateur pour charger le conteneur à livrer le lendemain dans le Nord. En pleine manœuvre, elle reçoit un contre-ordre ! Erreur d'informations dans les bureaux. Sa « boîte » est restée au Havre. Elle devra y retourner avant le lever du jour. « On gagne moins bien notre vie qu'avant. Les salaires sont tirés vers le bas. Au prorata du nombre d'heures, on est très au-dessous du SMIC. »

18H50

Toupinette sort du dépôt. Elle vient d'apprendre qu'elle repartira dans les mêmes conditions que ce matin. « Ça fait de longues journées, tout de même. » Sourire fatigué. Elle a encore vingt minutes de route pour rentrer chez elle. En cette seule journée de lundi, Annick Niquet a déjà effectué la moitié d'une semaine de 35 heures.

Levée à 1 heure du matin, elle franchit le seuil de sa maison à 19 h 30.

À quoi ressemble la vie d'un couple de routiers ? Thierry se souvient. « Entre le dimanche soir et le vendredi soir, on se croisait très souvent sur l'axe Le Havre-Caen-Vannes. Nos échanges se limitaient à des appels de phares complices et à des discussions sur la CIBI. On mangeait dans le même restaurant, mais jamais aux mêmes heures. Chacun dans son camion, on dormait à des centaines de kilomètres l'un de l'autre... »

Demain, Toupinette se lèvera à 3 h 45.

Une heure plus tard, elle sera au dépôt et repartira vers le port du Havre.

À 6 heures, son conteneur enfin chargé, elle mettra cap au nord.

À 15 heures, elle arrivera chez son client à Dunkerque (Nord). Le déchargement prendra du temps.

En fin de journée, les limites de son amplitude l'empêcheront de rentrer chez elle.

LES JOURS D'APRÈS

« Moi je traîne dans ma remorque
tous les excès de mon époque
La surabondance surgelée, shootée
suremballée, yeah
Pendant que les vœux pieux passent
dans le beurre
Que notre insouciance est repue
C'est dans le fond des containers
que pourront pourrir les surplus »

Les Cowboys fringants, *L'Amérique pleure*

Voilà où nous en étions au printemps 2020, quand tout a déraillé…

Selon la Banque de France, le secteur du transport routier de marchandises a été, avec la construction, le commerce, l'hébergement et la restauration, l'un des plus touchés par la crise du Covid-19. Cette catastrophe a surgi après quinze mois de ralentissement lié à des mouvements sociaux à répétition (occupation des ronds-points par les gilets jaunes, grèves contre la réforme des retraites, blocage des ports par les dockers).

Au printemps 2020, le transport routier a subi une situation paradoxale, avec des filières en surtension, comme l'alimentaire, et d'autres en arrêt partiel ou total. Près de 60 % des poids lourds sont restés immobilisés et leurs chauffeurs au chômage partiel ou en congé forcé. En deux mois, le chiffre d'affaires de la profession a chuté de 48 %, avec des PME (78 % du total des entreprises) au bord du dépôt de bilan et de la faillite. Le coronavirus a déclenché un effet domino : désorganisation complète des flux, continuité de la chaîne logistique disloquée, augmentation des retours à vide, coût des heures supplémentaires, surcoût généré par les achats de produits sanitaires et de protection… L'offre de transport, désormais largement supérieure à la demande, risque de plonger le secteur dans un marasme durable, et de profiter aux opérateurs des pays de l'Est, dont les chauffeurs sont longtemps restés bloqués sur les parkings d'autoroute ou dans leur pays, faute de fret à charger et prisonniers des restrictions de circulation. Dans la perspective prévisible de prix cassés pour s'emparer du marché à venir, les fédérations de transporteurs ont demandé à l'État, ainsi qu'à Bruxelles, de suspendre le cabotage pendant plusieurs mois pour assainir un marché désorienté et limiter la casse. L'urgence de réamorcer la pompe, coûte que coûte, va probablement reporter les préoccupations écologiques aux calendes grecques.

Bruno Triquet, que je suivais en novembre, s'est retrouvé quinze jours à l'arrêt à la mi-mars 2020. Il a posé ses congés pour ne pas être pénalisé par le chômage partiel qui, garantissant 84 % du salaire net, lui accordait moins de 1000 euros par mois. Il avait déposé son CV dans une agence d'intérim pour tenter de se faire embaucher dans une usine près de chez lui, lorsque son patron, Michael, a réussi à retrouver des contrats. Bruno a repris la route. Et c'est sur la route, début mai, qu'il a appris la mort de sa mère, victime du Covid.

Maya 972 n'a connu aucune interruption et a continué à tracer toutes les nuits ou presque (réduction de quelques jours de travail les premières semaines ; elle a posé des congés), sur des autoroutes dégarnies, revenant vers Paris sans encombre, débarrassée des bouchons qui étaient son lot quotidien. Début avril, son entreprise lui a fourni un kit de sécurité doté d'une vingtaine de gants, d'une dizaine de masques et de gel hydroalcoolique.

Pierrot 64 ne s'est jamais arrêté. Livrant de l'alimentaire, il a même travaillé plus que d'habitude, roulant jusqu'à 3200 kilomètres par semaine, ravi lui aussi de ne plus subir les bouchons, de ne plus avoir à se faufiler au milieu d'automobilistes indisciplinés et vindicatifs. Mais il a connu « la misère » sur la route : aires barricadées, restos fermés, sanitaires inaccessibles, rejet dans certains entrepôts. Conscient des difficultés pour les gérants de stations-service de recruter du personnel de nettoyage en période de confinement, mais furieux de constater une nouvelle fois que les routiers, exposés au virus, restaient les grands oubliés. « Vous arrivez dans une société, on vous refuse l'accès aux toilettes parce que vous êtes routier. Vous voulez boire un café, vous voulez prendre une douche ? Vous êtes routier, vous ne pouvez pas ! »

Les premiers jours, il déversait sa colère sur les réseaux sociaux, photographiait les interdictions réservées aux routiers, commentait, rageur, cette absence de considération. Au fil des semaines, il avançait écœuré, courage défaillant, fatigué de subir autant d'humiliations. Il n'avait à sa disposition qu'un seul masque et une paire de gants trop petits. Quand les premiers restos routiers ont commencé à rouvrir, il fulminait de découvrir des « profiteurs de guerre » qui facturaient de maigres plateaux-repas au tarif des buffets habituels. Quand il trouvait enfin une douche (pas tous les jours), il y entrait avec son bidon de javel, aspergeait parois, poignée et robinets avant de se laver. Il était exaspéré de constater que dans les usines et les entrepôts les conditions d'accueil variaient d'un lieu à un autre, de la sécurité extrême au laxisme inconscient.

Toupinette a dû prendre deux semaines de congé, faute de travail. Sur la route, elle a vécu douloureusement les premiers jours de la crise, s'épanchant sur les réseaux sociaux. Le 18 mars, à 4 heures du matin, sur Facebook: « Quand tout ça ne sera plus qu'un mauvais souvenir, j'espère que vous vous souviendrez que pendant que vous étiez confinés, des hommes et des femmes ont continué jours et nuits à rouler au volant de leurs poids lourds (oui, vous savez, ces assassins de la route, ces pollueurs, ceux que vous refusez de voir traverser vos villes et villages car ils vous gênent) afin que vous puissiez continuer à ne manquer de rien malgré tout !!! » Hormis quelques gestes de solidarité, ici ou là, c'est cette rage face à l'indifférence, à la déconsidération et au rejet qui restera dans le cœur des routiers. Elle ne s'effacera pas de sitôt.

« Il faut que tout change pour que rien ne change », écrit Lampedusa dans *Le Guépard*. Les discours appelant à une révolution des modes de production, de consommation, de vie n'ont pas manqué. Le monde va-t-il repartir comme avant ? Tout laisse le supposer, en dépit des déclarations nombreuses et justifiées qui réclament une inflexion rapide et radicale de la mondialisation à outrance et du tout-consommation. Cette crise majeure, inédite, provoquée par un virus, invisible grain de sable aux effets dévastateurs, a cruellement montré les limites de ce système.

Mais elle a aussi mis en lumière l'impérieuse nécessité des relais d'approvisionnement et l'importance vitale du transport routier.

Quand la machine se relancera, les routiers seront plus que jamais la courroie de transmission indispensable. On pourra toujours, et on le devra, plancher sur de réelles solutions alternatives, se promettre ou tenter de rompre avec le stakhanovisme ambiant, inventer enfin d'autres voies que « l'économisme » comme finalité ultime. Bouleversement ou retour à un statu quo aménagé, les routiers assureront toujours le service. Comme avant.

Qu'on le veuille ou non, le transport routier est la pierre angulaire du commerce mondial. Il restera dominant. De la production à la distribution, tout se retrouve dans les camions. Les stocks ne stationnent plus. Ils circulent. Entre l'expéditeur et le destinataire, toujours le chauffeur. Inexorablement.

La progression exponentielle de l'e-commerce agit comme un gigantesque aspirateur à camions qu'il recrache sur les routes, avec des chauffeurs cadenassés par l'impératif de l'urgence. À eux de cravacher. Comme si rouler était une science exacte, aucun retard n'est toléré. Le « bourricot », du plomb aux pieds, œillères réglées sur les ordinateurs de bord, doit tracer pour arriver à temps. Ce système perdurera aussi longtemps que nous occulterons le travail des « invisibles », tant que nous contesterons le système capitaliste tout en nous précipitant dans les magasins, tant que notre satisfaction aveugle ne sera pas remise en cause par notre conscience et nos comportements.

Convivialité, entraide, liberté, autonomie. Naguère, ces quatre valeurs gouvernaient la vie quotidienne et le travail harassant des routiers. Elles ont été balayées par la grande vague de la mondialisation, du « flux tendu », du juste-à-temps. L'autonomie retirée aux chauffeurs est peu à peu confiée aux camions. Comment mieux suggérer, *in fine*, aux hommes et aux femmes qu'ils ne sont que des pions interchangeables ? Pire encore, que leur obsolescence est d'ores et déjà programmée ? Tous les efforts de recherche portent sur le matériel, l'intelligence artificielle embarquée. Les investissements se concentrent sur l'outil de travail. Les espoirs reposent sur de fulgurantes prouesses d'avenir, annonces d'accélération, de rentabilité accrue. L'illusion entretenue que l'homme demeure au cœur du transport finira par voler en éclats quand le camion « autonome » l'aura poussé hors de sa cabine.

Mondialisation des échanges et croissance démographique, développement artificiel des besoins et de la mobilité, montée en puissance des pays émergents, extension de l'urbanisation, exigences du commerce mondial, irrésistible force d'attraction de l'e-commerce.

Le nombre de poids lourds sur les routes ne cesse et ne cessera d'augmenter.

L'évolution du monde contemporain conduit à cette fuite en avant. L'onde de choc du coronavirus en 2020 n'aura fait que freiner, pour un temps, ce mouvement. Au milieu du XXIe siècle, le volume de fret routier devrait doubler, voire tripler. D'ici trente ans, la population mondiale augmentera d'un tiers. Nous devrons nécessairement composer avec cet afflux massif de poids lourds.

À la place des anathèmes qui promettent de s'en débarrasser, ne serait-il pas temps d'établir une cohabitation raisonnée ? Et, avant tout, de réhabiliter les routiers, ces travailleurs de l'ombre à notre service.

ANNEXES

TEMPS DE TRAVAIL, TEMPS DE REPOS

Temps de conduite par semaine
4 fois 9 h par jour + 2 fois 11 h par jour.

Temps de service
Le temps de conduite + le temps d'attente + le temps de chargement ou déchargement (travail).
10 h de temps de service, si le départ a lieu avant 5 heures du matin.
12 h de temps de service, si départ après 5 heures du matin.

Amplitude
Le temps compris entre le début de journée et la fin de journée :
3 fois 15 h par jour + 2 fois 13 h par jour.

Repos journalier
La loi impose des coupures journalières de 11 h consécutives par période de 24 h.
Ces coupures peuvent être réduites 3 fois à 9 h.
Exemple : départ à 3 heures du matin. La coupure de 9 h ou 11 h devra être finie avant 3 heures le lendemain matin.

Repos hebdomadaire

45 h par semaine.

Ce repos peut être réduit à un minimum de 24 h.

Dans ce cas, les heures manquantes devront être récupérées, en coupure journalière ou hebdomadaire, dans une période de trois semaines.

Exemple : si le repos hebdomadaire n'est que de 30 h, le chauffeur devra récupérer 15 h :

– soit collées à une coupure journalière minimale de 9 h : 9 + 15 = 24 h ;

– soit sur un repos hebdomadaire : 45 + 15 = 60 h d'affilée.

TEMPS DE TRAVAIL HEBDOMADAIRE

Sur une semaine, un routier ne peut conduire plus de 56 h : 2 jours à 10 h et 4 jours à 9 h.
Sur deux semaines, il ne peut dépasser 90 h de conduite.
Mais les heures de travail et d'attente ne comptent pas pour les 90 h.
Donc, sur deux semaines, un chauffeur peut travailler 120 h sans problème.
Si la semaine 1, il conduit 50 h, il ne pourra conduire que 40 h la semaine 2.
En réalité, son temps de service (conduite + travail) peut atteindre 60 h par semaine, 240 h par mois.
Alors que le contrat est de 204 h par mois.

Une journée peut faire 23 h ou 24 h ou 25 h ou 28 h, parfois...
Et 56 h par semaine devenir 90 h en deux semaines...

SALAIRE DE BASE

Minimum en régional : 1521,22 € brut (soit 1204 € net) en début de carrière.
Minimum en national : environ 2200 € brut (soit 1700 € net) en début de carrière selon les entreprises.
Taux horaire : de 10,15 à 10,39 €.
Frais de déplacement national : 56,93 € par jour = 1 casse-croûte (7,35 €) + 1 repas midi (13,56 €) + 1 repas soir (13,56 €) + 1 nuit (22,46 €).
Frais de déplacement international : 67,17 € par jour = 1 casse-croûte (8,67 €) + 1 repas midi (16 €) + 1 repas soir (16 €) + 1 nuit (26,50 €).

SOURCES

Presse

Les Routiers

France Routes

Charge utile

TRM24.fr (site Internet)

Livres

Frédéric Dard, *Batailles sur la route*, Fayard (1949)

Georges Bayle, *Du raisin dans le gaz oil*, Gallimard, « Série noire » (1954)

Albert Aycard, *La Route*, Denoël (1956)

Louis Caro, *Routiers*, André Bonne Éditeur (1957)

Max Meynier, *Mille et une nuits avec mes routiers sympa*, La Table ronde (1978)

Julio Cortázar et Carol Dunlop, *Les Autonautes de la cosmoroute, un voyage intemporel Paris-Marseille*, Gallimard (1983)

Daniel Torrent, *Le Routier, son métier, ses mythes, sa littérature*, SEJT Éditions (1984)

Jean Steinauer, *Contes et légendes à trois ou quatre essieux*, Éditions 24 heures (1990)

Lucien Chanuc, *Camions, chroniques d'un siècle*, Éditions MDM (1993)

Louis Muron, *Marius Berliet*, LUGD (1995)

John Steinbeck, *Voyage avec Charley*, trad. fr., Actes Sud (1997)

Carole Pither, *Un camion dans la tête*, Éditions Dubuisson (2003)

Patricia Kapferer et Tristan Gaston-Breton, *Renault Trucks, une autre idée du camion*, Le Cherche Midi (2005)

Thierry Dubois et Sylvain Cantalès, *Rochepot, la vieille route* (album dessiné), Drivers (2005)

Monique Chapelle, *Berliet*, EMCC (2010)

Sandra Doyon, *Je vous écris de mon camion, histoires de route*, Éditions Goélette (2011)

Thierry Dubois, *C'était la Nationale 7*, Paquet (2012)

Isabel Lepage, *Les Routiers, les meilleures recettes*, photos de Louis-Laurent Grandadam, Tana Éditions (2015)

FNTR, Panorama économique et financier 2007-2016, *10 ans de mutation – Les entreprises de transport routier de marchandises français*

Virginie Raisson, *2038. Les futurs du monde*, Robert Laffont (2016)

Thierry Dubois, *Chroniques de la Nationale 7*, Paquet (2017)

James Anderson, *Desert Home*, trad. fr., Belfond (2017)

Maurice Bernadet, Philippe Brossette, Bernard Favre, Patrice Paletto, *L'avenir du transport routier de marchandises*, Economica (2018)

Patrick Pécherot, *Hével*, Gallimard, « Série noire » (2018)

Alexandre Labruffe, *Chroniques d'une station-service*, Verticales (2019)

Nathalie Fabbe-Costes et Aurélien Rouquet, *La Logistisation du monde. Chroniques sur une révolution en cours*, Presses universitaires de Provence (2019)

Sébastien Rutés, *Mictlán*, Gallimard, « La Noire » (2019)

Michel Sarrat, *Nous réinventons notre entreprise*, Diateino (2019)

James Anderson, *La route 117*, trad. fr., Belfond (2020)

Films

Le Camion blanc, de Léo Joannon (1943)

Le Salaire de la peur, de Henri-Georges Clouzot (1953)

Gas-oil, de Gilles Grangier (1955)

La Lumière d'en face, de Georges Lacombe (1955)

Des gens sans importance, de Henri Verneuil (1956)

Duel, de Steven Spielberg (1971)

Faux Mouvement, de Wim Wenders (1975)

Le Camion, de Marguerite Duras (1977)

Le Convoi de la peur, de William Friedkin (1977)

La Menace, d'Alain Corneau (1977)

Le Convoi, de Sam Peckinpah (1978)

F.I.S.T., de Norman Jewison (1978)

Road Games (Déviation mortelle), de Richard Franklin (1981)
Thelma et Louise, de Ridley Scott (1991)
Hoffa, de Danny DeVito (1992)
Une virée en enfer, de John Dahl (2001)
Loin, d'André Téchiné (2001)
My Joy, de Serguei Loznitsa (2010)
Camion, de Rafaël Ouellet (2012)
Mad Max : Fury Road, de George Miller (2015)
Teret, de Ognjen Glavonic (2018)
The Irishman, de Martin Scorsese (2019)
Le Monde selon Amazon, documentaire d'Adrien Pinon et Thomas Lafarge (2019)

Sketch

Jean Yanne et Paul Mercey, « Les Forçats de la nuit » (1964)

Chansons

Francis Lemarque, « Les Routiers » (1956)
François Béranger, « Canal 19 » (1980)
Laure'n B, « Monsieur » (2014, sur Max Meynier) ; « Ouvriers du bitume » (2014)
Santigold, « Run the Road » (2018)
Éric Gaussen, « Le Routier » (2018) ; « J'ai rencontré des routiers » (2018)
Les Cowboys fringants, « L'Amérique pleure » (2019)

REMERCIEMENTS

Avec toute ma gratitude pour

Sophie de Sivry, mon éditrice, qui m'a soutenu dès les premiers kilomètres par son enthousiasme inlassable

Charlotte Rotman, lectrice vigilante

Emmanuel Dazin, lecteur rigoureux.

Pour

L'hospitalité d'Annick Niquet, alias Toupinette

La patience et les explications de Pierre Audet, alias Pierrot 64

La disponibilité bienveillante de Bruno Triquet

L'accueil de la noctambule Stivelle Malfleury, alias Maya 972

Tous les quatre m'ont longuement accepté dans leurs poids lourds, m'offrant sans réserve de partager leur vie et leur condition pendant plusieurs jours.

Annie Sedlegger, qui m'a ouvert la porte de son association La Route au féminin et de son banquet annuel, d'ordinaire fermé aux hommes.

Dominique et Isabelle Thomas, les patrons de L'Escale, qui m'ont aidé à pénétrer ce monde jusqu'alors inconnu pour moi.

Marie Fréor, du magazine *Les Routiers*, pour ses conseils avisés.

La Croix, qui a publié ma série d'été sur « Le monde des routiers », à l'origine de ce livre.

Tous les routiers et routières, croisés en chemin, qui ont pris le temps de me parler de leur vie, de leur passion et de leurs galères. Que tous soient ici salués pour leur disponibilité et leur confiance.

Et aussi

Arnaud André (Safar Group); Benoît Arpoulet; Christian Arruti; Caroline Augé (OTRE); Laurent Bénali (L'Escale); Aline Besnier; Pascal Besnier (Transports Pascal Besnier); Florence Berthelot (FNTR); Julien Berthet (Renault Trucks); Philippe Brossette (Fondation Berliet); Isabelle Caillebotte (Renault Trucks); Bertrand Carlier; Jonathan Cazaubon (L'Escale); Monique Chapelle (Fondation Berliet); Guillaume Chavanat (Transports Poux); Éric Chevillat (L'Escale); Fabrice Courtens (Renault Trucks); Joël Courtie; Jean-Michel Cuchet (Fondation Berliet); Eddy Curtil (Renault Trucks); Paul Daintree (Renault Trucks); Georges d'Aviau de Ternay (Renault Trucks); Laurent de Saulieu (*Les Routiers*); Thierry de Saulieu; Thierry Dubois; Huguette Durand (La Route au féminin); Sylvie Estaynou (Transports Estaynou); Francis Boubaker (L'Escale); Christophe Gautier; Dominique Guedj Meynier; Vanessa Ibarlucea (FNTR);

Jennifer Janiec ; Michael Javaudin (L'Escale) ; Jean Jouve ; Alain Lancereau ; Laurence Lasseguette, chef des services douaniers de la surveillance, adjointe au chef d'unité (CSDSA) ; Véronique Laurain ; Michel Leblanc (RTL) ; Pierre Le Bougeant ; Michael Lobstein (Roadstar) ; Raoul Mafu-Okok (L'Escale) ; Fabien Marie (Renault Trucks) ; Philippe Mauduit (L'Escale) ; Delphine Maury (Renault Trucks) ; Anthony Mercerais (L'Escale) ; Muriel Montaron (L'Escale) ; Martine Moteau (L'Escale) ; Pascal Moteau (L'Escale) ; Mickaël Menet (L'Escale) ; Thierry Niquet (Cambouis) ; Jean-Michel Olano (Transports Olano) ; Olivier Quoy (Atlandes) ; Patrick Rabet (Route 41) ; Jacqueline Raffolt ; Charlie Raszkowski ; Boris Raykov ; Yvette Rayot ; François Rebière (Renault Trucks) ; Didier Richard ; Éric Rivals (Transports Rivals) ; Sophie Rivière (Renault Trucks) ; Michel Sarrat (GT Solutions) ; Lilyane Slavsky (Fantastique) ; Marie-Pierre Soulard ; Benoit Therrien (Truck Stop Québec) ; Transports Combronde ; Transports Larchevêque ; Chantal Triquet ; Jean-Pierre Triquet ; Jérémy Triquet ; Olivier Triquet ; Séverine Triquet ; Emmanuel Yarzabal.

TABLE

L'EXEMPLAIRE QUE VOUS TENEZ ENTRE LES MAINS A ÉTÉ RENDU
POSSIBLE GRÂCE AU TRAVAIL DE TOUTE UNE ÉQUIPE

ÉDITION : Charlotte Rotman
RÉVISION ÉDITORIALE : Emmanuel Dazin
COUVERTURE ET CONCEPTION GRAPHIQUE : Quintin Leeds
MISE EN PAGE : IGS-CP
CORRECTION : Audrey Guillemet et Isabelle Paccalet
PHOTOGRAVURE : POINT-11
FABRICATION : Maude Sapin avec Lucie Le Bon
COMMERCIAL ET RELATIONS LIBRAIRES : Adèle Leproux avec Marie Bréhin
PRESSE/COMMUNICATION : Karine Vincent

DIFFUSION : Élise Lacaze (Rue Jacob diffusion), Katia Berry (grand Sud-Est),
François-Marie Bironneau (Nord et Est),
Charlotte Jeunesse (Paris et région parisienne),
Christelle Guilleminot (grand Sud-Ouest), Laure Sagot (grand Ouest),
Diane Maretheu (coordination) et Camille Saunier (ventes directes),
avec Christine Lagarde (Pro Livre),
Béatrice Cousin et Marie Potdevin (équipe Enseignes), Fabienne Audinet (LDS),
Marine Fobe et Richard Van Overbroeck (Belgique), Alodie Auderset (Suisse),
Mansour Mezher (grand Export)

DISTRIBUTION : Hachette

DROITS FRANCE ET JURIDIQUE : Geoffroy Fauchier-Magnan
DROITS ÉTRANGERS : Sophie Langlais avec Anne Zunino
ACCUEIL ET LIBRAIRIE : Laurence Zarra
ANIMATION : Sophie Quetteville
ENVOIS AUX JOURNALISTES ET LIBRAIRES : Vidal Ruiz Martinez
COMPTABILITÉ ET DROITS D'AUTEUR : Christelle Lemonnier,
Camille Breynaert et Christine Blaise
SERVICES GÉNÉRAUX : Isadora Monteiro Dos Reis

Légendes des photographies (p. 4-5 et 366) :
Reportage sur une journée type d'Annick Niquet, alias Toupinette,
chauffeur poids-lourds en container, 26 juin 2019.

Achevé d'imprimer en juillet 2020
sur les presses de l'imprimerie Lego S.p.A. à Lavis (Italie).

ISBN : 978-2-37880-131-1
Dépôt légal : juin 2020

En France, un livre a le même prix partout. C'est le « prix unique du livre » instauré par la loi de 1981 pour protéger le livre et la lecture. L'éditeur fixe librement ce prix et l'imprime sur le livre. Tous les commerçants sont obligés de le respecter. Que vous achetiez votre livre en librairie, dans une grande surface ou en ligne, vous le payez donc au même prix. Avec une carte de fidélité, vous pouvez bénéficier d'une réduction allant jusqu'à 5 % applicable uniquement en magasin (les commandes en ligne expédiées à domicile en sont exclues). Si vous payez moins cher, c'est que le livre est d'occasion.